2014年度教育部哲学社会科学研究后期资助重大项目"主体民族志"的结题成果之二(项目批准号：14JHQ028)

武汉大学社会学系学术著作出版资助

《对蹠人》系列民族志之三

# 自我的解释

朱炳祥 著

中国社会科学出版社

# 图书在版编目(CIP)数据

自我的解释／朱炳祥著.—北京：中国社会科学出版社，2018.12
(《对蹠人》系列民族志)
ISBN 978-7-5203-3551-5

Ⅰ.①自… Ⅱ.①朱… Ⅲ.①民族社会学—研究—中国
Ⅳ.①C954

中国版本图书馆 CIP 数据核字(2018)第 253762 号

| 出 版 人 | 赵剑英 |
|---|---|
| 责任编辑 | 田 文 |
| 责任校对 | 李 莉 |
| 责任印制 | 王 超 |

| 出 版 | 中国社会科学出版社 |
|---|---|
| 社 址 | 北京鼓楼西大街甲 158 号 |
| 邮 编 | 100720 |
| 网 址 | http://www.csspw.cn |
| 发 行 部 | 010-84083685 |
| 门 市 部 | 010-84029450 |
| 经 销 | 新华书店及其他书店 |
| 印 刷 | 北京明恒达印务有限公司 |
| 装 订 | 廊坊市广阳区广增装订厂 |
| 版 次 | 2018 年 12 月第 1 版 |
| 印 次 | 2018 年 12 月第 1 次印刷 |
| 开 本 | 710×1000 1/16 |
| 印 张 | 18 |
| 插 页 | 2 |
| 字 数 | 268 千字 |
| 定 价 | 76.00 元 |

凡购买中国社会科学出版社图书，如有质量问题请与本社营销中心联系调换
电话：010-84083683
版权所有 侵权必究

蛇从尾部吞食自身并能够将此事完成。

——［俄］斯坦尼斯拉夫·里沃夫斯基

我从未征服一切,也从未被一切征服。

——自题

# 序　言[*]
## "生性"的再发现

高丙中

（北京大学社会学人类学研究所教授）

人类学者的常规，是过自己的生活，做他人的研究。炳祥老师开始人类学的职业生涯，本来也是这种模式，他到云南民族地区蹲点做调查，写家族结构、地域社会、民族文化，在学界的认知里是一位在民族地区做参与观察的汉族人类学家。

最近这些年，他在思考处理人类学表述危机的中国方案，提出"主体民族志"的主张，并陆续推出《对蹠人》系列，一方面呈现他十多年在田野追踪研究的发现，另一方面表达他的人类学理念，尝试用"人"学实践"人类"学，拨开"社会"与"文化"的重重迷障来"裸呈"个体的人。

摆在案头的这本《自我的解释》是《对蹠人》系列民族志的第三部。这应该是炳祥老师熬得最久的著作，因为这是写他自己从记事到现在的自传体民族志。自从摩尔根、博阿斯、里弗斯、马林诺斯基、拉德克里夫－布朗等人所开创的以异族的他者为对象、以描述和叙事为文本、把社会与文化作为一个整体来呈现的经典民族志在20世纪80年代广被质疑以来，人类学界经历了一段茫然的时间，但是也由此开启了一个打开脑洞、放飞想象、实验创新的时期。写个人的

---

[*] 几位朋友序言的顺序是按照我收到序言最后校正稿的时间排列的。

传记体民族志以及自传体民族志在其中自成一格。

人类学是大学的一门专业，我们当然是学而成为从业者的。炳祥却是与众不同的。当他把《自我的解释》呈现在世人面前的时候，我们不得不对他另眼相看了：与其说他是学成的人类学家，不如说他是生成的人类学家。他是用人生在准备成为人类学家，当然也可以说他后期有本事把自己的自然人生转化为人类学的人生。其中的基础性是他的一个习惯，从年少就养成的记日记的习惯。这个其实并不太令人意外，因为在雷锋1964年成为毛主席的好战士、全国人民学习的好榜样之后，我们这代人中学会了写字的人都在记日记。对于很多人是趋时应景，但是炳祥老师居然一直坚持下来了，颇为难得。也许，这代人坚持写日记的也不乏其人，但是有幸因此成就自己的人类学职业的人，大概并无第二人了。炳祥老师在以标准动作功成名就之后才独辟蹊径。他找到了自传民族志这种在非常晚近才获得合法性的载体，实践主体民族志的自我主张，写成了这部起点很高、抱负很大的著作。他私下里坚持写日记，也许私心里曾经有过成为另一个时代的雷锋式或鲁迅式人物的念头，但绝不可能设想过要成为人类学家。正是写日记的习惯，仿佛冥冥之中看不见的神力，一直在培育或修炼他这个未来的人类学家。没有日记的"客观""史料"，他如何"裸呈"一个历经数十年的自我？

《自我的解释》里并没有多少可以让好事者窥探炳祥老师隐私的内容。熟悉雷锋日记、鲁迅日记的人知道想象的界限。炳祥老师不是写《忏悔录》的卢梭，也不是在特罗布里恩群岛做调查记日记的马林诺斯基。这不是中国文化和炳祥老师性格里会发生的故事。

那么，我们能够从一部以数十年的日记为"硬资料"的自传体的主体民族志读出什么呢？

这部著作在经验层面是写朱炳祥个人的"自我"的历程，在历史层面是写一代人的"自我"的历程，在哲学层面是写人生的历程，或者说是以中国人对人生的内在一致性的追求呈现一种"自我"拯救的普遍人性。

炳祥老师所代表的这代人经历了中华人民共和国的主要事件，个人曾经在政治的极左与极右之间左右为难，经历了从挨饿到关心减肥的变化，经历了多种职业的转换，看惯了体面人物转身成为阶下囚的现实剧，目睹了洪水、地震、病患的人世苦难。从早年只能听从召唤，到近些年能够追求、成全自己的目标。大家都明白，听从命令最安全，随波逐流最省心。冷漠、麻木、无我，是对自己的最好保护。有多少人可以奢谈"自我"？在一个不断由巨变叠加而成的时代，谁能够维持一种具有内在连续性、一致性的自我？有自我意识，就需要维护自我，而现实的天翻地覆、黑白颠倒完全不允许个人保持自我。

炳祥老师是这代人中的一员，但他又是少数的幸运者。他在年少时就冒出了明确的自我意识，虽然走南闯北，改换多个职业跑道，身经巨幅社会流动，但是他坚持住了那个早早就意识到了的自我。任海面惊涛骇浪，海底的龙宫岿然不动。为了在理论上解释，炳祥老师重新发现了一个民间惯常使用的概念——"生性"。

生性，是一个我奶奶都常用的词，用以解释个人行为的连贯性和内在一致性，是个人对自己有所坚持、对他人有所预期的依据。它与"本性"应该是一个意思，与"天性"的意思相通而又有别。大致说来，天性是共同人性；而生性是个人化的天性。最能够代表中国人对生性、本性的看法的是一句俗语：江山易改禀性难移。炳祥老师认定小时候在乡下表现出来的价值和性格偏好（爱庄稼活、爱自然之物）是自己一生都不变的生性，虽然20岁以后走出乡村，到报社做通讯员，到部队，从部队转业做行政，再到转到院系做教师，不断地变成一个一个他者，但是内心里一直没有放弃自己的生性，直到在人类学的田野作业里重新找到机会焕发自己的生性。这就是炳祥老师的自我的故事，也就是"生性"在变换的世事中被坚持的叙事。

人类学还得讲文化。炳祥老师确实也讲了文化，不过他讲文化就是给文化提供一个依据，他简单概括起来就是：生性为本，文化为用。炳祥老师说，我的人生道路不是一个任由文化模式塑造并变化得完全失去自我的过程，而是受着自我生性所规定，是作为主体的自我生长、展开、最后完成主体自身、实践主体"存在"的过程。作为表现形式的文化都是被那个生性不变的自我所用。

我不是一个把文化当作具有自主生命的实体的人,也不是一个相信个人具有不变的生性的人。但是我相信具有健康心智的人都会维护自我的连续性与一致性。炳祥老师为了替无以辨识自我的一代人找到一个锚定自我的依据,引入了"生性"的概念,这是一种为自己、也是为一代人自我安慰、自我拯救的学术努力。在动荡的时代为漂泊的心灵寻找一个稳固的栖居之所,"生性"是一个具有精神力量的概念。炳祥老师通过人类学的方法从生活中再次发现了它,背后的用心其实是慈悲之心。这算是我的一点感触吧,愿与朋友分享。

# 序　言
# 《自我的解释》读后意见

徐新建

(四川大学文学与人类学研究所教授)

无论在汉语还是西文表述里，人类学/Anthropology 都指关于人类的研究。它的核心在于追问和揭示"人是什么"，若深入一点，还会力图以第一人称的复数方式解答"我们从哪来，在哪里"，以及"到何处去"。由此言之，人类学还可理解为人类以自己为对象的"自我研究"。

但一段时间以来，人类学时常被片面地界定为研究"异文化"的学问，人类学家的写作不过是针对"他者"的描写和解释而已。于是，人类学工作即被概括为到他者的"异文化"去做较持久的田野考察，然后返回自己的"本文化"写作并发表"民族志"作品——其中的佳作能为认识具有多样性的人类整体增添举一反三的实证案例及理论阐述，从而为特定的利益集团提供治理帮助，或为学术史与社会实践关联角度所需的"世界档案"填补空白。

在这样的理解支配下，不但缺少对考察者"本文化"的自觉考察，更鲜见对叙事者的自我叙事。也就是说，以人类学家各自为界，人类被分割为考察及被考察、叙事与被叙事——也即是表述和被表述——彼此区分的二元存在。结果导致人类学最核心的"人"不见了，演变为仅为特定"我群"服务的言说工具，整体人类和个体自我皆随之消逝。在我看来，这样的研究与人类学相去甚远，顶多可称为"群学"或"他者学"（国家—社会学、异群—民族学）。

然而如今面临的问题是，一方面以往研究史上早已有过以整体人类或个体自我为对象的表述值得继承；另一方面演变至今的世界现实更急切地呼唤能将整体与个体、自我与他群相互关联的新人类学，亦即我称为的"整体人类学"。

以此为背景，我以为朱炳祥教授的《自我的解释》开拓了人类学写作的多重意义。其中的突出成就表现为三个层面：聚焦个体、自我镜像和民族志哲学。

总体而论，朱炳祥《自我的解释》是一部具有开创意义的著作。该书超越人类学表述他者群像的叙事传统，由民族志的自我叙事切入，再通过"人志""互镜""对蹠人""日记裸呈"及"自我田野""本体论事实"等精致议题的逐层展开，论题已超越了人类学写作的体裁类别，而进入更为广泛的深层思辨。在我看来，《自我的解释》的贡献与其说是为认知中国社会添加了人类学家的个体案例，不如说更在于另辟了人类学写作的自我镜像，并由此关联出对民族志哲学的方法论思考。对于创建百年的中国人类学来说，这样的论述绝非过多而是太少。自《松花江下游的赫哲族》与《江村经济》以来，汉语学界呈现了一批批各具特色的民族志书写，但对于什么是民族志书写的追问却远远不够。

就一个多世纪以来的西学东渐进程而言，汉语世界需要立足本土又超越其中的深度思考。其中，对民族志写作的话语开辟，无疑将担起重要职责，从而使本土的学科理论有望借助哲学层面的突破，重建人类学整体。在这个意义上，我把朱炳祥教授看作汉语学界稀有的哲学人类学家，尽管其提出的一些论点还有待商榷，我仍认为他以"对蹠人"题名的系列作品称得上与西学对话的哲学人类学佳作。

# 序　言
## 真正回到人的生活场景之中去
——武汉大学朱炳祥教授新著《自我的解释》读后

赵旭东

（中国人民大学人类学研究所教授）

显然人类学是要去认识人自身的，但从实际而言，认识人自身往往又是一件最为困难的事情。哲学的、文学的、艺术的、宗教的，乃至社会科学的各个门类，人类学、社会学以及民族学都在其中，到最终都会在认识人自身这件事情上打转转，翻来覆去尝试着去获得一种超越于他者的最终解答，但结果难有终结。从苏格拉底到柏拉图，然后再到亚里士多德，古希腊哲学思想史的这一脉络之中，最为重要的恐怕是一种观念的转变，这种转变便是思想家们尝试着从之前对物自身的理性认识的强调，而转变到了对人本身的认识的强调上来，特别是对人的感性知识来源的一种强调上来。因此，到了古希腊的哲人亚里士多德那里，他才会更为强调一种人的感官在求知上的作用，特别是会去强调一种视觉知识的来源，而在早期的柏拉图那里，"决不会把求知的欲望与我们的运用感官的嗜好相提并论。"[1] 由此，凡人之事，必会涉及可以凭借感受性所经验体会到的政治、经济、社会与文化的诸多方面，人因此是一综合、复合而又有生命的复杂性存在，并非一般抽丝剥茧般的政治人、经济人、社会人，乃至文化人的那

---

[1] ［德］恩斯特·卡西尔：《人论》，甘阳译，上海译文出版社1985年版，第5页。

种单向度的概念所能予以完全地涵盖，今天所谓机器人的人工智能的概念，尽管加入了人的智能要素这一向度，但仍旧只是对人的智能或某几方面认知能力的一种模仿或仿真而已，根本还是无法真正做到去复制人的全部。在这个意义上，人的问题之难，绝非一般的工程师思维的猜想和模仿所能真正企及。在这方面，人类学不可能离开人本身去谈人，人类学也不可能降格成为工程学，一种人类学的人观是强调如何去真正理解真实语境之中的真实人，这种人往往是多种因素偶然交织在一起的一个不断在变化其形态的复合体，即一种复合人。

而最近，武汉大学朱炳祥教授的新著《自我的解释》这本书，实际上就是尝试着去对这样的一种复合人从一种人类学的角度，或者更为确切地说是从一种现实人、真实人以及主体人的角度去给出一种更为完全和接近的解释，也尝试着能够将诸多的有关人论问题的讨论都实实在在地拉回到具体而微的"人"的这个问题上来，回到哲学家卡西尔所谓的"认识自我乃是哲学研究的最高目标——这看来是众所公认的"这个讨论问题的基调上来。[1] 朱炳祥教授的《对蹠人》系列民族志大概就是想从这个问题切入，有所企图心地对人是什么这一带有根本性的问题给出一种尽可能全面的解答。[2]

他于1949年出生，之前曾经坚持写了五十几年的日记，现在每天大概还仍在写，数百万字的人类学田野写生稿留存在了那里，成为了一个对他而言的自我的客体化的对象存在。而作为一位中国人类学家，对于这些日记材料，在我看来其中必然有许多都可能是会进入人类学学科史中去的珍贵的田野笔记，这些东西的客体化或对象化对人类学家而言自然是不可避免的。但他与众不同，在他年纪尚轻之时，曾经用一套在军队当兵时学会的速记法以及极为用功勤奋的笔耕，记录下了他人生中的多种生活样态以及在生命历程不同阶段里的自我真实存在的状况，在他随着年龄的增长且逐渐有余暇可以对自己随手

---

[1] [德]恩斯特·卡西尔：《人论》，甘阳译，上海译文出版社1985年版，第3页。
[2] 参阅朱炳祥《他者的表述》，中国社会科学出版社2018年版；朱炳祥：《地域社会的构成》，中国社会科学出版社2018年版。

"写生"下来的这些生活真实的记录加以重新整理,并直接对它们进行一种全新审视或直接反思性地去面对它们之时,他开始尝试着要对这个一直以研究他者为怀的人类学家的姿态做出种种的反思或自省,而他这样做实际上借此想要来真正地去研究一下自己,研究自己在那样的种种语境之下的行为的一种实现可理解性的程度,特别是如他所说的那样,是在一种"主体民族志"意义上的实现一种可理解性的程度究竟是怎样的,他在这个主题上已经发表了多篇重要的研究论文。[①]

可以这样说,解释是一种说明,是预先设定有一种神秘的存在,我们对此存在究竟为何实际上一无所知,由此便会驱使着我们的好奇心和求知欲,进而试图对此去给出一种说明,获得一种智识上的认知、理解及满足。但对于这样的人的自我及其围绕自我而展开的丰富多样的人生而言,究竟又有几个人愿意去给出一种真的了解,最终又有多少人能够幸运地并且恰如其分地会有这种理解上的获得、把握,或者收获呢?实际上人们借此所获得、把握或者收获的也不过都是种种带有一些不确定性和不可知性的暂时性的知识存在而已。人类学试图通过一种田野研究的工作办法去了解他人,而在其中,要真正做到费孝通晚年所谓"人看人看我"的那种"相互看"的彼此观照的境界,或者如朱炳祥自己在《自我的解释》这本书中所提及的一种"互镜"的理解,那又是如何的难能可贵和不容易呢?

作为现代人类学奠基人之一的波兰裔的英国人类学家马林诺夫斯基,在其为自己所指导的博士生费孝通 1939 年出版的博士论文《江村经济》撰写的序言中便明确地指出了一种由自己人去研究"自己人民"(his own people)的困难以及开展这方面的人类学田野研究意

---

[①] 关于这一系列的研究论文可参阅朱炳祥《反思与重构:论"主体民族志"》,《民族研究》2011 年第 3 期;朱炳祥:《再论"主体民族志":民族志范式的转换及其自明性基础的探求》,《民族研究》2013 年第 3 期;朱炳祥:《三论"主体民族志":走出"表述的危机"》,《民族研究》2014 年第 2 期;朱炳祥、刘海涛:《"三重叙事"的"主体民族志"微型实验》,《民族研究》2015 年第 1 期;朱炳祥:《事·叙事·元叙事:"主体民族志"叙事的本体论考察》,《民族研究》2018 年第 2 期。

义的重大。① 而在这里，像朱炳祥教授这样，要去真正地研究自己既作为一个人类学家，又作为一个社会中的具体个体的存在，然后再去给出一种人类学意义上的理解，这该又会是如何的难上加难。似乎整个的西方心理学、认知科学都在尝试着要去做这种努力，即对于具体而微的个体去进行一种理解，但对心理学家而言，能够真正精确地理解这个具体的个体人的存在，它所能够积累起来的知识，到目前看来仍旧还只不过是冰山的一角而已。

但今天的人类学家，显然毅然决然地是要全身心地去做这件事的，因此，不论是过往之人，还是当下之人，乃至对于尚未出现的未来之人，人类学的对于人的理解研究的自我意识显然在当下时代变得越来越突出了。《自我的解释》一书开篇所引莫兰的话，也许可以算作是对人类学家的人的研究的新时代给出了一种新的启示或刺激，即"现在我们还没有关于人的理论"。这句话显然是针对既有的全部人类学的研究而言的，在这方面，我们确实需要有一种人类学家全体的自知和自觉，即要知道"人的第一个对象，即人，是自然"，这是关键，也是我们的目标。②

但很显然，作为自然而存在的人如何能够去对他的本身就在变化的存在进行一种研究，却不是一般哲学家能够靠纯粹的思辨就去完全实现的，这引导着人们必须回到人的生活场景之中去。要知道，很多时候，人是会巧妙地隐藏起自己的种种自然属性的，而更多会以多样性的文化的面目表现和表达出来。可以肯定，我们的日记再真实，也不可能道尽自己自然人存在的全部，这包括人的生物性的欲求、本能的冲动以及潜意识里的种种让人焦躁不安的情愫。

---

① 马林诺夫斯基在序言中写道："本书让我们注意的并不是一个小小的微不足道的部落，而是世界上一个最伟大的国家。作者并不是一个外来人，在异国的土地上猎奇而写作的；本书的内容包含着一个公民对自己的人民进行观察的结果。这是一个土生土长的人在本乡人民中间进行工作的成果。如果说人贵有自知之明的话，那么，一个民族研究自己民族的人类学当然是最艰巨的，同样，这也是一个实地调查工作者的最珍贵的成就。"引自费孝通《江村经济》，外语教学与研究出版社 2010 年版，第 iii 页。

② [法]埃德加·莫兰：《迷失的范式：人性研究》，陈一壮译，北京大学出版社 1999 年版，第 187—189 页。转引自朱炳祥《自我的解释》，中国社会科学出版社 2018 年版，第 1 页。

作为精神分析的开创者,弗洛伊德似乎想做到这一点,他的《梦的解析》堪称这方面的典范,但是他的笔下的记录仍旧不是一种真实发生的全部,而是在那时那刻的主观的种种感受而已,对于更为深层的被压抑起来的意识,对他而言,仍旧是有待要去研究和探索的一个领域,后来的诸精神分析大师们的工作不过就是对弗洛伊德心灵探索的一种延续而已。

而马林诺夫斯基这位人类学家,他实际上最想在田野之中用一种日记体的形式去呈现自己作为自然人而存在的在田野异文化之中的那种近乎不能言说的非理性的一面,这其中就包括性、混乱以及杂乱无章的叙述之类,但这些真实表达出来的不成体系的日记表述最终还是被锁进了他耶鲁大学的办公室抽屉里,从来也不肯或者从来也没想着要使之公之于众。但他的墨西哥继妻便以为这是一种公器,因此便自作主张,在马林诺夫斯基死后做主同意将其印成铅字发表出来。① 这一发表,在20世纪60年代的世界人类学中犹如引发了一场地震,一场震感极为强烈的学术地震。在这方面,它所真正引发的乃是有关于民族志是什么以及民族志该如何去书写的一个人类学大问题的讨论。②

当然,由马林诺夫斯基所开启的科学民族志的撰述范式,因他自己私密的田野日记的公开出版也同样遭受到了一种地震般的震撼,这可谓是一种山摇地动般的震撼,由此而带来的一系列的欧美人类学家对于人类学这门学科的反思也是同样具有这种震撼的作用,这是对人类学可能有的对异文化曲解的一种反思,由此人类学不再是理所当然地去与行"间接统治"的殖民者为伍,或无反思性地深度卷入到殖民遭遇的行列之中,反思成了20世纪80年代欧美人类学家们的核心特征之一,由此也促成他们积极主动地参与到借一种反思主体性文化错位的存在而去进一步反思由曾经的殖民或殖

---

① Bronislaw Malinowski, 1967, *A Diary in the Strict Sense of the Term*. New York: Harcourt, Brace & World, Inc.
② 赵旭东:《马林诺夫斯基与费孝通:从异域迈向本土》,载潘乃谷、马戎主编《社区研究与社会发展》,天津人民出版社1996年版,第104—145页。

民心态所带来的一种异文化的丧失乃至覆灭的处境，异文化的存在不再是一种结构与功能的平衡，而是参与者与观察者之间互动时间的自我反思。可以肯定地说，朱炳祥教授的《自我的解释》一书显然也是在此种背景之下而大胆地展开其讨论的。在我对他全书文献的翻检中注意到，他几乎阅读了所有关于20世纪80年代以来西方人类学以及相关学科对文化问题诸多反思性的讨论，当然其中最为著名的就要属已故的美国人类学家格尔兹（Clifford Geertz）关于"文化的解释"这一主题下的那些论述和反思，并适时地将他自己所身处于其中的中国场景以及自己曾经作为一名知青、一名电灌站打水员、一名实习记者、一名军队中的报务员，还有电台台长、作战参谋、军队高层领导秘书、高校行政人员以及大学的一名老师的种种角色转换的经历，都全部地纳入了他的大量而深度的自我反思性的研究和思考之中，他试图去深度思考在这样的多重差异的语境之下，他的曾经的自我的存在以及他对这种他自己所记录下来的客体化自我存在的一种再分析。

在这一点上，他尝试着如何能够比马林诺夫斯基走得更远一些，或者说走得更进一步一些。大多数的人类学家大概都会像马林诺夫斯基一样，采用一种封存自己田野日记的做法，称那是"一个严苛的日子"，田野之中的酸甜苦辣、美丑善恶以及瞬间的好恶感受都杂糅在手写的日记本或者电脑之中，余下来的时间或者在田野工作之后数年，人们会暗地里去尝试修改原本零散、没有顺序编排和不成逻辑体系的那些田野记录或笔记，最终经过许多年才会以一副文化上所能被人接受的面目去出版、去示人，因此，到最后所看到的民族志文本不再可能是一种活灵活现的急就章般的"写生"，而是一册有着篇章结构的写着某某作者姓名的厚重的民族志作品，但这样的人类学家从来都未曾有勇气去吃螃蟹，即面对自己的那些随手记录的日记体的书写，真正能够把有现场感的自我的存在和对自我存在的对象化或客体化的审视相互分离开来，形成对那样一个时代里多样性人生和样态的一种最为直接或"裸露的"呈现，而《自我的解释》这本书则要尝试着去吃人类学家不敢去吃的这只大螃蟹。①

或许可以这样说，如果《自我的解释》这本书其有所贡献，或者说《对蹠人》系列民族志有其贡献所在，那最大的贡献也便在于此了。朱炳祥实际上敢于正视自己的存在，正视曾经发生的一切，并将这些感受和体会都体现在自己的笔端。只要在他看来是真实的，在他看来不能疏忽于其笔端的，他都试图通过一种自传体的方式而去将其纳入一种冷静的沉思之中，然后再梳理出来一种理解或解释的线路图。他显然比更多的心存芥蒂的人类学家幸运，他显然并没有浪费掉这些自己用生命积累起来的辛勤记录，更在此基础上给出了一种私有的人生经验的亲历者本人在时隔多年之后的一种重构自我经验的切身的理解和解释。显然，人类学的今天需要有更多的这样的另类的民族志作品，而且，人类学之中也需要有更多的人去真正直面自己的这种自我的存在。

尽管对许多的读者而言，这些日记太有"故事性"了，同时对个人经历的阅读似乎又太冗长了一些，但从一种真实感、现实感和历史感而言，这些文字都注定将会是对一个特别而不可再去予以复制时代的记忆和整理，在这记忆和整理之中迸发出种种的启示。可以想见，要把人一生极为漫长的分分秒秒的发生都压缩到一本恐怕再厚也厚不过人生历程记录本身的日记之中，那对日记呈现和分析的故事性和冗长性也就自然是不可避免的了。就像我们要了解一种空间意义上的整个世界的存在一样，那到头来，我们就只能把完整的地球地理空间示意性地压缩到一张平面地图上，但要知道，地图本身终究不是世界本身，但似乎又很显然的是，地图从某一方面是真正可以代表这个地球世界的存在，并给予我们一种有关于地球世界存在的大略印象或表征。如果某人想要知道更多的有关这个世界的构成以及存在方面的细节，那就只能是按图索骥，找到一种更细节化的真实存在，去做更进

---

① 但很显然，今天自媒体存在和流行的时代里，直接或者"裸露的"呈现民族志的素材已经变成是一种不争的现实，而我们所试图去推进的微信民族志的研究也是尝试要在这个路径上去进行努力。关于这方面的讨论可参阅赵旭东、刘谦主编《微信民族志——自媒体时代的知识生产与文化实践》，中国社会科学出版社2017年版。

一步的微观追溯和理解才是。

人类学在关于人的文化存在方面便可谓是这样一种指引性的便览,一种方便的世界文化地图或手册。显然,在文化自觉越来越多地表现在不同的文化之中时,人们也不必再去遵循和模仿一种既有的几乎是刻板化的民族志书写模式,书写上的真正的有所创新,才可能是人类学在未来有所前进的动力基础,文化和自我的多样性的存在无疑是多样性书写的前提。应该让每一个人类学家都去书写自己的有关于自我的观照,这或许将成为未来一种新的研究范式而常规性地被研究者所接受下来,成为日常学术实践的一部分。

# 序　言
## "钝感的力量"
——读朱炳祥《自我的解释》之"我志"

彭兆荣

（厦门大学人类学系教授）

在希腊德尔菲（Delphi）阿波罗神庙入口处铭刻着三条箴言，其中第一条就是"认识自己"。在古代希腊神话传说中，德尔菲是"世界的中心"——神圣之点。神庙由是成为圣谕（Oracle）之所。在德尔菲的博物馆里，有一个网状的物体，传说就是中心汇点的"证物—圣物"。在古希腊，人们来到圣谕之所，希冀能够了解自己的命运。当他们进入神庙的时候，首先都读到了这几个字。箴言实在是一个反问：我是谁？

我也造访过德尔菲，我也观赏了那块网状之物，不过，我这个来自"中国"的中国人，是不会认可德尔菲博物馆里的那个"世界中心"。我"笃信"中国才是"世界中心"。我未能照面认识自己的句子，因为我去那儿调查的不是阿波罗太阳神，而是狄奥尼索斯酒神。阿神和狄神两大神庙遗址排在一起，为什么？看一看尼采的《悲剧的诞生》就能明白，而当酒神充当法官的时候，世间一切都将"重估"。

这一句箴言所以不朽，是因为人类在认识"自我"时所遇到了对生命无解的困惑，纵然耗其所终亦难以明白；就像人们不知道自己是酩酊时的"本真"还是清醒时的"本真"才是真正的"本真"，抑或两种境界都是"本真"？因此，无论历史上的先知、贤哲、睿智、大师如何参悟，做何评点，留下了大量深刻的思想、传奇的逸事、绚烂的文饰，皆无以尽善尽美。也因此，认识自己将没完没了地被人所理解、所阐释，只要这个星球上人类还在。

读了朱炳祥《自我的解释》，我又看到了一位学人在求索"自我"的漫漫道路上跋涉，仿佛看到络绎不绝寺庙里的香客，手持敬香，敬献上虔诚的心愿。令人肃然敬佩。回观人类的知识殿堂，难道不就是一代一代学人前赴后继，在前往神圣殿堂的路途上，用虔诚的、朝圣般的追求探索未知，甚至无解。"人文"难道不就是这样吗？她美，因为只有她拥有；"人文"并不求得终极解释，甚至不求共识，提供一种予人启发的"解释"就足够了。

著者以蹠（antipodes）的方式，将"自我"置于不同的两个对蹠点之间，以人类学的学科背景和相关的知识切入，进行了多角度的分析，甚至是自我剖析。按照作者的观点，甚至人类学学科的根基性工具概念"民族志"都受到质疑；理由是：人类学做的是"人志"的工作，"民族志"的表述因此并不确切。人类学这一学科冠之以"人"，无论是人类学（anthropology）、民族学（ethnology）——旧时译为"人种学"，都无妨其以"人"为对象的研究专门，因此，朱教授以"人志"说之，亦不背其本。

对"人"的研究包括"他者"与"自我"，认识"他者"与理解"自我"。故，《自我的解释》中的"自我"原本是一个多维视角的"言说者"和"被言说者"。朱教授从不同的角度出发，以不同"位"的立场对自我进行剖析；包括那些被认为"个人隐私"的私人日记也成了他自我剖析的"手术刀"。

由此，我们也无妨将这一"人志"视为"我志"——以自己的生命历程，包括观察、思考、记录下的日记为"内线"，以人类学对"自我"的相关讨论为"外线"而进行的实验民族志（人志）探索。特别值得一提的是，作者以自己的日志为"事实"之经，以自己的分析为纬，完成了一部特色鲜明的民族志作品。

《自我的解释》主要引述了四种人类学家讨论"自我"的观点：

（1）文化决定论。美国历史学派代表人物博厄斯和两位著名的女弟子米德与本尼迪克特所主张的文化决定论，以及那场旧时的争论，并由此遗留下的"遗产诉讼"。（2）美国人类学家斯皮罗的"文化—个性"观，即个体与文化之间不可能发生冲突，二者处于协调状态。因此，没有普遍的人性，只有特殊的文化性。（3）刘新（流心）"自我的他性"之言说："自我"非"己身"的自我，而是哲学或心理学意义上的"自我"。在特定的历史语境中，"自我"成了"他者"——即重构"自我"道德空间的过程。（4）布尔迪厄关于"自我"的"原始配置"问题。"原始配置"被用作指喻诸如"童年经历与寄宿学校的生活"场景记忆和心理遗迹。

作者显然最为认同布尔迪厄"自我"的"原始配置"之说，因为只有"自我的原始配置"，才能获得对"自我"的真正解释。特引述书中的几段表述：

> 对于"他者"的研究只有在"自我"研究中才能确定其位置并获得意义，对于"自我"研究也只能在"他者"的研究中才能确定其位置并获得意义。

> 我对于自我分析的自觉的学术意识，是1999年才萌生的，但是，这种意识却源自童年时代的一个天真的问题。

> 就个人的心智而言，我一直都缺乏敏感力。少时，母亲曾用"榆木圪垯"一词形容我的木讷；成年后亦未有多大改观，在与人争辩中总是拙口笨舌，输得一塌糊涂。这种迟钝不是大智若愚，不是老谋深算，而是根本没有反应过来，没有意识到事件的复杂性及其间的人情世故的奥妙，这使我的人生中遇到不少尴尬与窘迫。不过，这种心智特征也会产生某种"钝感的力量"，从而获得额外的补偿：它使我永远不会陷入"聪明反被聪明误"的泥淖，而且还带来了一种不受干扰的力量，使我对于我所认定的目标与信念有着执着的坚守。那个童年一团孩气的问题，虽然很

快就在学校的教育中被压沉了，但过了 30 多年以后，也就是到了 1987 年，它终于又浮现出来，成为"我"思想感悟与觉醒的助推力，自此，我决心将"人"作为研究对象。于是，我开始学习人类学。

在方法的表述上，作者对"事实"之"真实性"所做的解释，既非格尔兹三个重要的隐喻所做的"解释"原则；亦非民族志话语体系所建构的"真实性"圭旨，而是借助"互镜"的多维观照作为他自我观察的支点。"互镜"中的三个视点 A1、A2、A3，被附会为三重主体的隐喻：我既是田野工作中的"我"（A1），又是对田野材料进行分析解释的"我"（A2），还是一个民族志书写的"我"（A3）。他相当自信地认为，在认识支点不断移动的"互镜"关系中，民族志者可以胜任这一工作。

至于如何在对事实的"真实性"做解释这个根本性的问题上，作者阐明了自己的立场。尽管我认为，像"真实性"这样的概念，学术界所贯彻的是西方的知识谱系，中国的传统文化中并没有类似的辨析概念。而如果"真实性"采用 authenticity 这样的语汇，在西方的知识考古中包含着"公认的权威"（authority）的意味；那么，"我"的被"公认"便可能受到质疑。这或许也是格尔兹使用"事实"（fact）的一个理由吧，因为"事实"是公示性、公认性的，但"我的解释"，比如"深描"，则是"专属性的"——包含着个人主观性的因素。

毫不讳言，我对是否能够在理解、阐释"真实性"方面得到认知上的共识并不抱持奢望。如果说传统民族志侧重于对"客观事实"（fact）的描述，试图找到"科学"的彼岸；而实验民族志则强调对深层结构的"真理"（truth）理解，坦承那只是"部分真实"（partial truth），那么，人类学家在田野作业过程中，对现实社会的"真实体"（entity）的认知，期待获得"原真性"（authenticity）公认就变得很困难。但如果我们退而求其次，即收获了"自我"，那么，情势便豁然开朗。

这里还存在表述上的困境：同样的"事实"，不同的表述，使得

fiction（小说）和 fact（事实）变得扑朔迷离。早在人类学学科诞生以前，历史上就不断地讨论"神话是否历史事实"的问题，及至 19 世纪末 20 世纪初，考古人类学的发现——尤其是德国考古学家谢里曼和英国考古学家伊文斯等人对特洛伊、迈锡尼、克里特遗墟的成功发掘，使《荷马史诗》以及古希腊神话得到了历史性证实。

这样，在两个文类——历史（真实）与小说（虚构）的表述中难以泾渭，宛如萨林斯的《历史的想象与神话的真实》的破解。历史学家汤因比故而戏之，历史同戏剧和小说一样是从神话中生长起来的，神话是一种原始的认识和表现形式——像儿童们听到的童话和已懂事的成年人所作的梦幻式的——在其中的事实和虚构之间并没有清晰的界限。

朱教授的《对蹠人》系列民族志之三《自我的解释》，打动我的或许并非他所作的各种"解释"——哲学的，心理学的，人类学的；而是他对"个人经历的记录"——既具有个人"编年史"的真实味道，又是他本人所记录，所表达，所解释的部分，让读者了解作者的心路历程：

> 在经历了 16 年的军旅生涯以后，1985 年年底我转业到某高校工作，在当教师之前，我在该高校机关做一年的行政工作（1986 年）。这一年，我从军队的文化模式进入了高校的文化模式，经历了一个"新奇—适应—冲突—离开"的完整的心路历程。
>
> 在告别一种旧的文化模式、进入一种新的文化模式之时，这就是田野工作。田野工作初期总有一些紧张、兴奋与激动，也总有某种宗教企望。日记 1"大雁"，是我从军队到高校的职业转变中记下的第一句话。我一边揶揄这个幻想家，一边却又幻想着新的未来。因为我不知道未来，所以才希望在当下与未来之间建立起某种相关性。而当告别旧的文化之时，总是有一种说不清道不明的复杂感情。日记 2"军人生涯到此结束"，既是希望结束，

又是留恋以往；而日记3"军人生涯彻底结束"的表述已从留恋过去转为告别过去，从犹疑回首转为昂首向前。

　　上班第一天，就遇到一名研究生为了五角钱到工薪科来辩理的事，这对我的心灵冲击是很大的，军人价值观与知识分子价值观的差异在此表现出来。我的日记显示出我与这种文化格格不入。后面的几则日记都加强了我的局外感，我已经从理性上认识到我所面临的是不同于军队文化的一种新的文化制度……

我敬佩作者把这样的材料作为"民族志"表述的胆识，我曾经对人类学家黄树民院士的《林村的故事——一九四九年后中国农村变革》做过书评（受《读书》杂志编辑之托），黄先生对书中主人公叶书记的描述"采用生命史的方法"（life history approach），试用了"对话体"表述方式，"我（作者）"与"他（叶书记）"构成了一种"对话"关系。这样的民族志已经够"实验"了。《自我的解释》干脆使用自己具有"隐私"色彩的日志为民族志材料，建构了一种"我"与"自我"的对话关系。

这种"胆识"或因"钝感的力量"而获得"额外的补偿"，是为著者"心智"的果实，他收获到了。

序说与叙说《自我的解释》，只属于"我志"。让我也成为朱教授的"互镜"吧。

是为序。

# 序　言
# 超越自我
## ——朱炳祥教授《自我的解释》的启示

刘海涛
（中国社会科学院民族学与人类学研究所
《民族研究》编辑部副研究员）

　　我是朱炳祥教授的晚辈。严格意义上讲，作为一名后学者的我并不具备给朱老师专著写序言的资格与学养。我与朱老师从相识到密切交往，缘起于朱老师将"主体民族志"的有关稿件投给《民族研究》。朱老师首次完整展示和系统论证他的"主体民族志"学术思想，选择了《民族研究》这个平台。作为《民族研究》民族学人类学学科板块的初审编辑，我有幸成为"主体民族志"的第一位读者和首位评议者。之后，我与朱老师的学术交往日甚一日，被"裹挟"成为"主体民族志"实践中的一员，[①] 成为"实验民族志之后民族志如何前行"问题讨论中的一员。[②] 朱炳祥教授近日嘱我个人为其新作《自我的解释》写序，想听一下具有学术批评性质的"审稿意见"，实不敢当啊！这里，我再次以一个"近水楼台先得月"的受益者讲一下对《自我的解释》的粗浅认识以及从这部新作中获得的若干启

---

　　① 参见朱炳祥、刘海涛《"三重叙事"的"主体民族志"微型实验》，《民族研究》2015年第2期。
　　② 参见刘海涛《主体民族志与当代民族志的走向》，《广西民族大学学报》2016年第4期。

示吧。首先诚挚感谢朱老师的盛情邀约，同时也衷心感谢《民族研究》为我带来的难得的学习机会。

"自我"是贯穿《自我的解释》的主线索和核心关键词。全书围绕"自我"展开，无论是问题、方法、材料、观点，都建基于"自我"之上。那么，引发我的浓厚兴趣的一个问题由此而来：朱老师表征或再现（represent）了一种怎样的"自我"，朱老师表征的"自我"与朱老师本人之间是一种隐喻的关系，还是一种换喻的关系？

在我看来，《自我的解释》并非一种严格意义上的"自我"再现及剖析，并非一种严格意义上的个人生活史塑模，而是一个以个人生活史片段为线索，通过截取并展示个人生活中出现的一些在作者看来有意义、值得书写的特殊的社会事件，绘写出一种宏大的流动的活态的社会生活变迁场景。朱老师自己有时是事件的主角，有时是参与者，有时又仅仅是旁观者、记录员。在这部作品中，作者所截取的都是社会生活片段，而不是家庭生活细节，展示的是变迁中的社会，个人的所思、所想、所为镶嵌在社会问题之中。借助作者自己社会角色的演变——知青，电灌站打水员，实习记者，军队中的基层连队战士、电台台长、作战参谋、高层领导秘书，高校的行政人员、教师等，同时借助形塑别人（他者）所扮演的社会角色——汽车司机、离休干部、高校行政科长、想出国的一名大学骨干老师等，将中国一定时期的社会变迁淋漓尽致地描绘展示出来。

这种特殊的个人生活史建构，其根本目的并不在于描绘出一种"自我"形象，而是基于自我而建构出一种超越自我的"集体表象"，描绘出一幅活态的如"清明上河图"那样的宏大的社会生活广角。借助这一社会广角，改革开放之初的中国社会是如何一点点地悄然转型为今日的中国社会的，跃然纸上。改革开放之初的中国社会与当今中国社会的差异，成为读者驻足欣赏作品的触发点。这应该是这部作品最为重要的现实意义所在，也应该是打动包括民族学人类学专业读者在内的广大受众，引起大家共鸣的地方。此外，作品提供的鲜活材料，也会成为中国当代史研究的不亚于档案一手材料的原始基础材料，其材料价值会随着时代的发展而愈加弥足珍贵。

这部作品引发我深入反思和进一步追问的问题在于，自我与他者的视界融合问题。事实上，这也是一个"超越自我"的问题。朱老师已经出版的《对蹠人》系列民族志之一《他者的表述》，也可算作是《自我的解释》的姊妹篇，创构了一部"主体民族志"的文本形式，成功地处理了自我与他者的视界融合问题。在《自我的解释》这部"自我民族志"作品的前言之中，朱老师再次强调指出："'人'的研究包括'他者'与'自我'，认识'他者'与理解'自我'，二者互为条件亦互为结果。对于'他者'的研究只有在'自我'研究中才能确定其位置并获得意义，对于'自我'研究也同样只能在'他者'的研究中才能确定其位置并获得意义。"这段话在《自我的解释》中作何具体解释，有何具体含义？换言之，《自我的解释》如何超越自我，实现自我与他者的视界融合？

　　由此推而广之的话，在"后现代实验民族志如何前行"[①]这个总的问题域观照之下，在"主体民族志"框架体系之内，在"裸呈"[②]的叙事风格之中，《自我的解释》这样一部"自我民族志"及其书写的独特意义是什么？

　　这些需要深入反思和进一步追问的问题，或许是一些不太成熟的问题，但它们毕竟是在阅读欣赏《自我的解释》中萌发出来的，是在"自我民族志"和"主体民族志"学术思想的"照耀"下生产出来的，期待它们能够和前面的问题及其我个人的解答见解一起成为朱老师的这部新作留给学界的重要启示。

　　以上浅见，难免有误解作者和误导读者之处，敬请朱老师以及《自我的解释》这样一部特殊类型的民族志的多种主体批评指正！

---

[①] 参见刘海涛《民族志理论与范式专题学术研讨会综述》，《民族研究》2014年第4期。

[②] 参见朱炳祥《三论主体民族志：走出"表述的危机"》，《民族研究》2014年第2期；朱炳祥、刘海涛：《"三重叙事"的"主体民族志"微型实验》，《民族研究》2015年第2期。

# 目　　录

导　言 ……………………………………………………………（1）

第一章　问题与方法 ……………………………………………（6）
　　第一节　何种问题 …………………………………………（6）
　　第二节　何种方法 …………………………………………（19）

第二章　民族志的自我书写 ……………………………………（26）
　　第一节　自我叙事的"真实性" ……………………………（26）
　　第二节　材料问题 …………………………………………（32）
　　第三节　"互镜"的概念 ……………………………………（40）

第三章　文化位置 ………………………………………………（54）
　　第一节　初位在"外" ………………………………………（55）
　　第二节　中位在"内" ………………………………………（70）
　　第三节　上位有"思" ………………………………………（92）
　　第四节　亢位有"悔" ………………………………………（117）

第四章　个性取向 ………………………………………………（121）
　　第一节　痛恨 ………………………………………………（122）
　　第二节　厌恶 ………………………………………………（129）
　　第三节　轻蔑 ………………………………………………（139）
　　第四节　怜悯 ………………………………………………（147）

第五节　喜爱 …………………………………………（152）
　　第六节　赞颂 …………………………………………（163）

**第五章　禀赋类型** ……………………………………（183）
　　第一节　一张成绩表的"粗描" ………………………（184）
　　第二节　"庄稼话"：诗性的劳动 ……………………（192）
　　第三节　离开原点 ……………………………………（207）
　　第四节　心性的陡度 …………………………………（219）

**第六章　文化性—个性—生性** ………………………（235）
　　第一节　"自我"的同一性 ……………………………（235）
　　第二节　"树形"的隐喻：第三种型式 ………………（246）

**主要参考文献** …………………………………………（253）

我赤脚走在乡间田埂上，
踩塌了多少蚯蚓的新房？
孩子们一齐跳到河滩边，
惊吓的小螃蟹慌慌忙忙。

——《童年》

# 导　　言

　　法国思想家莫兰在讨论人类学的前景时认为，人类学的基本问题就是"新科学"的基本问题，"现在我们还没有关于人的理论"，因而，人类科学不像一个需要完善化的建筑物，而是一个有待构筑的理论。"新的人类学的基本范式要求对知识的普遍结构进行改组。它远远不只是在各自肯定自己主权范围的学科之间建立外交和商业关系。它是要对那种把复杂对象肢解、割裂开来的学科建设原则提出疑问，因为这些对象基本是由组成要素的相互关联、相互作用、相互干预以及既互补又对立的关系构成的，而现在这些组成要素却被分别囚禁在不同的特殊学科中。为了有一个真正的跨学科性，必须使各个学科相互衔接和向复杂的现象开放，当然应当有一个适用于此目的的特别的方法论。还应该有一个超学科的理论，一种思想，来尽力把握科学的对象"[①]。这一任务非常重大，时间非常紧迫。它既是摆在人类学者面前的一个现实，同时也是一项责任与义务。人类学过去对于文化的研究视野，是过于狭窄了。人类学需要建立一种新的完全开放的跨学

---

① ［法］埃德加·莫兰：《迷失的范式：人性研究》，陈一壮译，北京大学出版社1999年版，第187—189页。

科的"关于人的理论",民族志也应该真正地成为一种"人志"①,而不仅仅是"社会志"、"文化志"。列维-斯特劳斯说:"人是值得研究的。"②"人"的研究包括"他者"与"自我",认识"他者"与理解"自我",二者互为条件亦互为结果。对于"他者"的研究只有在"自我"研究中才能确定其位置并获得意义,对于"自我"研究也同样只能在"他者"的研究中才能确定其位置并获得意义。但是,过去的人类学与民族志,由于它产生于殖民时代,仅将"他者"的异文化作为研究对象,而且存在着严重的西方文化中心主义,这使得人类学研究的"他者—自我"天平失衡。如今殖民时代已经逐渐远去,当下,对于"自我"的研究应该得到强调,并且应该努力从这种研究中探索新的理论。哲学家说"认识自我乃是哲学探究的最高目标"③,对于将"人"的研究作为学科对象的人类学来说更应如此。

  本民族志为《对蹠人》系列民族志之三,也是教育部哲学社会科学研究后期资助重大项目《主体民族志》结题成果之二。前两卷是对"他者"的研究④,本卷则是对"自我"的解释。我用"对蹠人"的概念作为诸卷民族志的总题目,其含义不仅包含着"自我"与"他者"的对蹠关系,也包含着一般性与特殊性的对蹠关系。在《他者的表述》中,我呈现了一个"他者",这个"他者"既是独特的"这一个",同时也是一般意义上的"人"。在本民族志中,我呈现的是一个"自我",这个"自我"既是一般意义上的人,同时也是独特的"这一个"。

  我对于自我分析的自觉的学术意识始于1999年,但是,这种意

---

① 严格意义上说,"民族志"是一个并不确切的概念。人类学是"研究人类的科学",人类学的田野作品"民族志"也就应该成为一种"人志"。人类学只是在某一个特殊的历史阶段才将研究"民族"作为重心。但因为这个词已经约定俗成,成为现代人类学的一个核心概念,所以本书依然沿用这一概念。

② [法]迪迪埃·埃里蓬:《今昔纵横谈——列维-斯特劳斯传》,袁文强译,北京大学出版社1997年版,第231页。

③ [德]恩斯特·卡西尔:《人论》,甘阳译,上海译文出版社1985年版,第3页。

④ 参见朱炳祥《他者的表述》(《对蹠人》系列民族志之一),中国社会科学出版社2018年4月版;《地域社会的构成》(《对蹠人》系列民族志之二),中国社会科学出版社2018年4月版。

识的最初源头，却来自童年时代的一个天真的问题。孩子好奇的眼光，总是能够发现许多新鲜有趣的东西。大约在五六岁的时候，一次玩伴失约，我大惑不解，极想知道原因。我当时想，如果我的灵魂能够进入他的躯体，就很容易知道他的想法了。于是，我以一个孩童想象中的最大努力尝试着与他交换灵魂，却无法达成目的。不过我已经明白，我与他不仅身躯相异，心灵也不同。此刻我又想知道世界的其他地方会不会有一个同样的"我"存在着，但既然我的心灵以及身体器官感觉不到其他躯体中的"我"，那就说明这个世界上的"我"具有唯一性。这件事，使我第一次好奇地发现了"自我"与"他者"的分类，我既想弄清楚"我是谁"，也想弄清楚"他是谁"。

这么个巨大的问题，当然得不出答案，注意力很快转移到其他地方去了。我随意走向河边，河边长着各种杂树，杂树间有我最喜欢的两种果实：山野果和葡萄。它们虽然都长在河岸上，又同属于藤本植物一类，却各自不同：山野果长在叶柄间，每一片叶间一般只有一颗果实，葡萄则是成串地挤在一起；山野果颜色深沉，葡萄晶莹透亮；山野果清雅香淡，葡萄甘甜可口。这正像两个孩子一样，它们的生性不同。

就个人的心智而言，我一直都缺乏敏感力。少时，母亲曾用"榆木疙瘩"一词形容我的木讷；成年后亦未有多大改观，在与人争辩中总是拙口笨舌，输得一塌糊涂。这种迟钝不是大智若愚，不是老谋深算，而是根本没有反应过来，没有意识到事件的复杂性以及人情世故的奥妙，这使我的人生中遇到不少尴尬与窘迫。不过，这种心智特征也会产生某种"钝感的力量"，从而获得额外的补偿：它使我永远不会陷入"聪明反被聪明误"的泥淖，而且带来了一种不受干扰的力量，使我对于我所认定的目标与信念有着执着的坚守。那个童年一团孩气的问题，虽然很快就在学校的教育中被淹没了，但过了30多年以后，也就是到了1987年的一次思想觉醒中，它终于又浮现出来，成为一种助推力。自此，我决心将"人"作为研究对象，并开始学习人类学。1989年6月5日，"对蹠人"的概念第一次出现在我的日记中，显示了童年情结的复萌，反映了我希望用学科知识对于"自我"与"他者"进行探索的意愿。后来,当我读到列维-斯特劳斯《忧郁的热带》中关于"对蹠点"的句子以及罗蒂《哲学和自然之镜》中关于宇宙空间内"对蹠人"的有关章节,产生了强烈的共鸣与浓厚的兴趣,确立了我运用这一概念作为学术研究基础性概念的坚定想法。

早在20世纪80年代,我就已经断断续续进行田野调查,自1995年起,我开始利用寒暑假自觉地、较为系统地做田野工作。在对"他者"研究的过程中,对"自我"研究的意识也逐渐形成。在1999年2月5日的日记中,我记载了要写作一部解释自我的民族志著作①。我希望在对自我的研究中,"一直'自在'着的精神通过反思终于转化为'自为'的精神,即成为意识到自身的东西"②。我拖延得太久了,到现在整整19年过去,才终于写完了这部民族志。

本民族志的写作意图与主旨并非在于个人生活史的叙事,更不是自传,而是希望通过作为"他者"的"自我"来叙述并论述个体的"生性""个性"与"文化性"之间的关系,进而回应既有的相关理论。我当然也希望在本民族志中遵循"要从存在者身上来逼问出它的存在来"③的研究路径,弄清楚"我是谁"。但是,在这个千古难题上我并不奢望有多少收获,因此,我只是在某种意义之上,在某种视野之下,通过一种直接呈现的方式,显示一个既是"独特"的唯一的"自我",又是作为"一般"的人类一员的"自我",并在我当下所能够认识到的范围之内对这个"自我"略加解释。在"独特"与"一般"的均衡关系上,为矫正以往研究偏于"一般"一方,本民族志的研究略为偏重于"独特"一方。"独特"是一个中性词,它不是基于"好"与"不好"的价值判断,而是基于"同"与"不同"的性质判断。

---

① 当时在日记中定名为《自我的理解》。
② [德]曼·弗兰克:《正在到来的上帝》,章国锋译,载[法]利奥塔等《后现代主义》,社会科学文献出版社1999年版,第29页。
③ [德]海德格尔:《存在与时间》,陈嘉映、王庆节译,生活·读书·新知三联书店1987年版,第9页。

本民族志是一部名副其实的"严肃剧",即"剧情即是生活中最普通的情节"①。"马克思提出的人类学的中心概念,不是社会的人或文化的人,而是'作为类的存在物的人'。……'人的第一个对象,即人,是自然'。"②在本研究中,我虽然重视社会文化背景对"我"的意义,但更重要的工作则是力图将"我"从"社会""文化"背景中抽离出来,放到"人"的背景中去。而作为"人"的人,"头脑的效用远不如心性"③。这部民族志是一部"心性"之作,我跟随我的"心性",呈现我的"心性",并试图解释我的"心性"。

这部民族志践行主体民族志的"三重主体叙事"理念。衷心感谢我的几位朋友的思想深刻、见解独到的精彩序言,他们是本民族志的最重要的参与创构者,是"批评家"的叙事即"第三主体叙事",与"他者"(日记中的"我")叙事(第一主体叙事)、民族志者叙事(第二主体叙事)相互并置。"第三主体"代表了社会的一般的价值观、学术思潮与学术规范,他们的意见对于我来说,其重要性在于:它可以起到规定、匡正乃至指引我《对蹠人》诸卷民族志的写作方向的作用。批评家总是能看到作者没有看到的东西。另外,我的博士生徐嘉鸿(现为武汉大学讲师)和邓娟(现为新疆大学讲师)认真细致地阅读了初稿,亦提出了评论与修改意见,并校正了部分文字,一并致谢。

---

① 狄德罗语,转引自[美]克利福德·格尔兹《地方知识》,杨德睿译,商务印书馆2014年版,2000年版扉页。

② [法]埃德加·莫兰:《迷失的范式:人性研究》,陈一壮译,北京大学出版社1999年版,第5页。

③ 语出海明威《真正的高贵》诗篇。

> 我遵循先贤指引的方向，
> 走到那脚印消失的地方；
> 停一停歇一歇继续行路，
> 深一脚浅一脚满是泥浆。
>
> ——《行路》

# 第一章　问题与方法

本民族志以"自我"为对象，呈现与解释"自我"的文化位置、个性取向、禀赋类型。本章说明问题意识与研究方法。

## 第一节　何种问题

当个人志趣转换为学术问题时，需要有一种从学科领域中概括出来的明确的问题意识以及理论对话旨趣。

我对个体差异性的最初学术兴趣来源于1987年所接触的本尼迪克特的文化模式理论。20世纪初，人类学领域就发生了一场关于"先天—后天"的争论，一边是生物学家，认为儿童是"遗传倾向的严格的综合体"；另一边是人类学家，主张后天的教育而不是先天的因素决定着儿童成为什么样的人。在这一场争论中，博厄斯学派的文化决定论具有很大的影响。[①] 本尼迪克特在1934年出版的《文化模式》中说："个体生活历史首先是适应由他的社区代代相传下来的生

---

[①] 参阅［澳］德里克·弗里曼《玛格丽特·米德与萨摩亚——一个人类学神话的形成与破灭》，夏循祥、徐豪译，商务印书馆2008年版。

活模式和标准。从他出生之时起,他生于其中的风俗就在塑造着他的经验与行为。到他能说话时,他就成了自己文化的小小的创造物,而当他长大成人并能参与这种文化的活动时,其文化的习惯就是他的习惯,其文化的信仰就是他的信仰,其文化的不可能性亦就是他的不可能性。每个出生于这个团体的孩子都将与其一起分享它们。"① 这个"风俗"就是文化模式。本尼迪克特认为:"大多数人被依其文化形式而受到塑造,这是因为他们有着那种与生俱来的巨大的可塑性。面对他们降生其中的社会的模铸力量,他们是柔软可塑的。"② 米德将这一理论发挥到极致,以至认为"两性人格差异是由社会文化所致"③,而不是由生理特征决定的。她对三个原始部落进行研究以后说道:"我们不能不得出这样的结论:人类的天性是那样的柔顺,那样的具有可塑性,可以精确地并有差别地应答周围多变的文化环境刺激。所以,不同文化成员间的差异,如同处在同一文化内的个体间差异一样,可以完全归因于作用不同的社会条件。尤其个体发育的早期的条件作用特别重要,而该作用又是文化机制所决定的。于是,我们说性别之间标准化了的人格差异也是由文化'监制'的。"④

当然,本尼迪克特也注意到了同一个文化模式之内的"例外者",但她没有解释这些例外者产生的原因,只是说:"这些变态的人是那些不会得到他们文明制度支持的人。他们是那些不轻易接受他们传统文化形式的例外者。"⑤ 既然有"例外者",文化模式的决定作用就失去了普遍意义;既然这些例外者"不轻易接受他们传统文化形式",不同个体的区别性特征就被彰显出来。米德也注意到了并没有按照文化模式行动的个人,她解释为"离轨","'离轨'是指:某些个体由

---

① [美]露丝·本尼迪克特:《文化模式》,何锡章等译,华夏出版社1987年版,第2页。
② 同上书,第197—198页。
③ [美]玛格丽特·米德:《三个原始部落的性别与气质》,宋践等译,浙江人民出版社1988年版,第295页。
④ 同上书,第266—267页。
⑤ [美]露丝·本尼迪克特:《文化模式》,何锡章等译,华夏出版社1987年版,第200页。

于先天气质缺陷、早期意外经历和异质文化作用影响"[1]，"离轨不是因先天缺陷就是因早期发育过程的偶然事故所致"[2]。从这些原因来看，她已经注意到"先天"、每个人的特殊的"经历"以及"异质文化影响"三个方面。首先，"先天"问题本来是文化决定论者所回避的，现在却被用来解释离轨者，这为文化模式论打开了一个缺口，说明这种理论并不完满，它不能解释所有的现象。其次，"经历"问题如果深究下去，也与文化模式理论相悖：既然文化不能决定个体经历，那么经历的差异就不与文化相关而与其他方面相关。反过来说，每个人的经历不同，从而每个人成为异样的，文化模式的塑造作用便是有限的。最后，"异质文化作用影响"表面看来，依然是文化模式（另一种模式）的作用，但是，为何只是影响了此一个体（离轨者）而没有影响其他个体呢？即使是最"原始"的部落，总存在着与外界的市场交换、通婚或宗教活动的交流。如果承认这种交流，那么在米德所述的三个部落之间，假如让温柔的、顺从的阿拉佩什女性嫁给德昌布利族那些娇滴滴的、天天摆弄着各种鬈发不干活而专事于取悦于女人的男人那里去，而需要保持旺盛的精力、担当起各种事务的经营时，她们到底是被原来阿拉佩什的"女人是女人"的文化模式决定呢？还是被德昌布利的"女人似男人"的文化模式决定呢？在这里，文化模式的边界是很难找到的，甚至可以说并没有绝对的边界。这就是说，文化模式论仅是从理论上假设了绝对封闭的不同文化对个体的影响，而不是从文化存在的实际状态来说明问题。在现实生活中很难找到这种纯粹的理想模式，各种模式总是相互交融、相互影响。因此，即使文化模式理论依然有效，那么各模式之间的分隔意义已经得到了很大程度的消解与削弱。

对于文化模式论的简单化趋向，另一位美国人类学家斯皮罗在

---

[1] ［美］玛格丽特·米德：《三个原始部落的性别与气质》，宋践等译，浙江人民出版社1988年版，第276页。

[2] 同上书，第285页。

《文化与人性》（1987年）[1]一书中进行了质疑，并提出了一种"文化—个性"观。斯皮罗认为，人类行为不具有无限可塑性，跨文化的变化是表层结构，而不是深层结构。文化如果通过一种牛顿式的万有引力定律影响行为，那么个性的箱子永远是空的，于是只能导致如下的结论：个体与文化之间不可能发生冲突，个人与文化处于协调状态，没有普遍的人性，只有特殊的文化性。文化作为个性的一部分，通过社会文化支援的方式获得。这是一个内在化途径。但是，斯皮罗发现，这种内在化（获得过程）与其他个性需要冲突。于是他将"个性"的概念引入分析之中，否定个性可以归结为文化，认为个性是种系发生所决定的生物（遗传）特征与社会系统的功能要求相互作用的结果。斯皮罗的理论新增了一个"个性"的维度，他从本尼迪克特的"文化模式"的单维框架过渡到了"文化—个性"二维框架。

斯皮罗举出三个田野工作例证来说明他的思路进程。第一个例证来自埃法卢克的田野工作。从现象上看，埃法卢克人没有攻击行为，他们有一个合作的社会制度，其精神气质强调不攻击的价值观。犹如本尼迪克特所提出的普韦布洛人不具有攻击性和竞争性一样，这是支持文化决定论的观点的。但是斯皮罗通过心理测试发现个性层次上存在着敌对冲动，而且当地文化制度资料如民间故事、神话、宗教信仰都展示了重要的攻击主题。于此，他提出了两个问题：第一，在缺少一种竞争性文化的情况下，怎么解释埃法卢克人的敌对性？第二，假定存在着敌对性，为何不表现为攻击性的社会行动？斯皮罗发现，当地的婴儿每天黎明时就会被他们的母亲带到环礁湖寒冷的水里洗澡，他根据敌对性不是本能的假设和敌对性产生于挫折的假设推论："或许他们的敌对性不是环境形成的，而是性格上的；他们的敌对冲动体现了各种动机倾向，这些倾向一般由那些形成个性气质的环境——即

---

[1] ［美］M. E. 斯皮罗：《文化与人性》，徐俊等译，社会科学文献出版社1999年版。本书为作者1961—1984年的论文集，共包含12篇文章。

婴幼儿时期的经历所产生"①。这种产生于童年期的攻击性并没有表现为社会攻击行为，是因为它们在宗教仪式中被消解了。埃法卢克人的精灵是邪恶的，在驱逐精灵的仪式中攻击性被转移、投射到精灵身上，从而消解了攻击性。这种功能性解释是一种远距离的解释，近距离的原因则是首领的世袭制度，渴望首领认可是遵守非攻击性精神气质的最主要的社会因素。斯皮罗的这个发现不支持文化决定人性（个性）的观点，但也不对文化决定论提出挑战。

斯皮罗的第二个例证是以色列合作农庄的田野工作材料。他所提出的问题是：合作农庄这种文化模式多大程度上培养出没有攻击性的孩子。按文化决定论的逻辑观点应该全部的孩子都没有攻击性，然而，"尽管几乎全部文化条件都无例外地被设计为促进合作和分享，但是资料清楚地表明，合作农庄的儿童和其他儿童一样，并不愿意分享珍贵的和有价值的东西。……尽管他们学会将攻击行为看成是错误的，但当他们受挫折时仍变得愤怒"②。问题说到这里并没有结束，他又发现，虽然这种文化模式没有培养出没有竞争、敌意或贪婪的动机的一代"新人"，不过，"合作农庄成功的真正标志是，尽管它的孩子们发展了竞争并渴望获得的倾向，也发展了合作和分享的倾向；作为成人，当他们之间发生冲突时，解决的办法通常有利于后一种倾向。总之，合作农庄的价值观已渗透到那部分个性中，这是文化价值——超我——内在化的真正尺度"③。这就等于说，竞争和敌对动机的强度因为受到不同文化的影响是可变的，文化能够驯服这些动机。斯皮罗的这个例证是挑战性的，"个性"动机虽然受到文化模式的影响，但它是存在的。

斯皮罗的第三个例证是对共同人性的进一步说明，材料取自他在缅甸的实地考察。这个例证以佛教和基督教中共同的人性的认知取向来说明许多认知取向是人类共同的，不受文化的影响。这些认知取向

---

① ［美］M. E. 斯皮罗：《文化与人性》，徐俊等译，社会科学文献出版社1999年版，第13页。
② 同上书，第18页。
③ 同上书，第19页。

包括对延长生命的渴望、享乐的欲望以及宗教仪式可以博得神的帮助等，这些是泛人类取向，与作为一种文化模式的宗教教义相对立。①但在这个例证中，抽象的人性与文化影响之间并没有建立起关联性。

斯皮罗的结论有两条：第一，文化不是个性的唯一决定因素。人作为生物体不是一个空盒子，而是有着不变的心理特征（感情、需要、希望、信仰），有一部分特征是由生物学决定的，这些生物体的特征是社会行为和个性的重要决定因素，如爱的需要及敌对情绪。文化可以被看作"人性的一个决定因素"而不是"人性的决定因素"，决定人性的还有其他因素。要把表层结构（表现型结构）和深层结构（遗传型结构）区分开来，文化表现型差异并不意味着遗传型差异。第二，个性并非完全由文化的内在化构成。文化决定论中的个性模式是"无差别的个性模式"，这是有问题的；应该将个性设想为一个系统，由不同功能的结构组成。那么同一种文化中就可能有不同的个性，即文化相同而个性不同。个性既是由文化（超我）决定的，也是由生物特征（本我）决定的。斯皮罗将这种决定作用放到童年期。个体个性不仅与文化发生冲突，也与自我发生冲突，自我冲突有些是无意识的。社会行动者不是无差别个性的表现，也不是外在文化影响的简单结果，个体与文化并不一致。文化内在化模式不可能从行为推出个性，也不能从行为推出文化。②

近年来，美国人类学者流心（刘新）的《自我的他性》（2002年）一书受到关注，因为这个问题切入了中国社会变革中人格断裂的实际问题。

流心所说的"自我"并非作为"己身"的自我，而是哲学或心理学意义上的"自我"。他的"立论的出发点是超个人性的"，是指"当代人的历史性格"。他的基本观点是"生成的存在"，即"自我"在文化变化之中成为了"他者"。他论述道："个人本身何以变为自我的他者——不是说人们改换职业或工作，而是说竟然在短期内（比

---

① ［美］M. E. 斯皮罗：《文化与人性》，徐俊等译，社会科学文献出版社1999年版，第20—24页。

② 同上书，第24—33页。

如几年）彻底改变了性格。……人们可以重构自己所依生的道德空间，这就是我所说的'成为他者'。在这里，'他者'即自我的他者性，它所强调的是，一种道德构型被隐含在与之对比鲜明的另一种道德构型里，由个人自己孕育而生，可在一夜之间便创建出此人全然不同的道德风貌。"[1] "成为他者的过程，是自我这一道德空间被重新构造的过程。其间，个人的自我理解出现了断裂。……成为他者，可被界定为个人自行转变为他者所带来的道德重构。"[2] 流心认为，在当代中国所经历的一场激烈变革中，中国人的性格发生了极大的变化，他们随时改变自己，甚至很容易就能在性格上变为另一个人。由于中国社会能够出其不意地自我改换，来回换挡，屡变方向，于是一位颇具潜质的年轻物理学家竟在一年之内转而从商，去经营肯德基店。而随之而来的是性格变化，这种人格上的断裂就是"自我的他性"[3]。他强调这并非只是该书中所列举的几个孤立的个案，而是普遍现象。

流心将"自我的结构"定义为"特定历史存在模式所固有的关系体系"[4]。他的论述逻辑是这样展开的：因为叙事决定经验，时间决定叙事，现代中国经验是由时间决定的，所以可以用时间概念来定义人的本质。《自我的他性》所列举的 H 也好，L 也好，他们之所以变了性，成为"他者"，都是在时间中造就的。但这种时间又是不连续的，他提出了一个"新型的时间概念"。对于"现代中国经验"而言，就是"三种历史时刻"：传统、革命与现代。于是，流心将从萨特借来的"存在与虚无"的概念颠倒过来了。萨特的存在主义哲学本来是一种主体哲学，在萨特那里，人可以自由决定自己的存在，自由地选择自己的本质，因此，存在先于本质，自由是人存在的基础。萨特的主体哲学强调的是不变，而被流心颠倒过来以后，强调的是变。

---

[1] ［美］流心：《自我的他性——当代中国的自我系谱》，常姝译，上海人民出版社2005年版，第116页。
[2] 同上书，第120—121页。
[3] 同上书，第2页。
[4] 同上书，第97页。

流心对于主体的分析，是借用了拉克洛与莫菲的观点，所得到的结论是："主体之为主体，仅在于其在两个空间之间进行协调——这种协调本身不可表述，因为它没有自己的空间。""'任何主体都是神话的主体'，这是对任何有关'我们'之构造的本质主义论调的强烈反击，因为以实体论术语界定主体所必需的'结构客体性'，仅仅是神话——即把错置的元素缝合成为客观现实整体的机制。主体性是由结构错置带来的；主体位置是在'结晶化的神话'中固着的时刻；主体在结晶化的神话与结构错置的效果之间进行协调：它本身一无客体性。"① 流心说：行动在传统意义上，往往依据地理位置来界定的共同体角度，而在当代由于电信领域的技术革新，以真实地理位置为基础的地方性共同性，已不再是集体行动的天然场所。在这种情况下，"主体位置"就不是一种客观现实，而只不过是结晶化的神话。我们所造成的误解，是将主体本身视作实体才有这种位置的看法。"一言以蔽之：我们本身不具有客体性。"这里三个概念的解释是："主体"是神话的主体，而非实体论的主体；"主体性"行动仅是由结构错置带来的；而"主体性位置"仅仅是在结晶化的神话中固着的时刻。作为主体的"我们"是在时间中被打造出来的，"因此，对历史的理解，意味着不仅要以'我们'作为视角，而且还要了解在历史上'我们'如何被构建而成。就其本身而言，当前的全球化进程是一种历史力量，借此构建出了新型的人类主体性"②。

流心的分析模式其实是本尼迪克特文化理论用于时间的分析，其基本逻辑是：因为主体既没有一致性，也没有稳定性，因此在不同的时间内，不同的文化模式便起着决定作用。他对中国人的性格分析，仅仅是文化模式论在当代中国背景下的具体运用。

真正将"自我"作为"己身"进行分析并对"自我"个体特殊性进行解释的，是法国哲学家及人类学家布尔迪厄。他写于2001年、

---

① ［美］流心：《自我的他性——当代中国的自我系谱》，常姝译，上海人民出版社2005年版，第156页。

② 同上书，第157页。

出版于2004年的《自我分析纲要》①一书中关于自我的分析，是他的实践理论的延伸。布尔迪厄曾在褒扬拉宾诺《摩洛哥田野作业反思》所作的"跋"中提出"求知主体的对象化"的学术理念②，这一理念的自我实践就集中体现在这本《自我分析纲要》中。布尔迪厄的反思社会学原则可理解为使主观性主体科学地客观化过程，对于自我的认知，事实上被视为发表世界现实言论的一个前提，同时，对自我的研究，也成为他的全部学术研究的一个组成部分。这是研究者与他关于科学真理的观念达到最终一致的全新举动。③ 布尔迪厄在这部著作的开头郑重地宣告："这不是传记"④，"自传这种体裁多么俗套而又虚幻。"⑤ 对自我的研究与自传具有重大的区别。对自我的研究，是关于自我的意识，是意识返回到自身，总是显示出反思与批判的性质。在《自我分析纲要》第一章中，布尔迪厄说到他的自我意识并非开头就有，而是后来将对自我的研究作为全部研究的一部分时才逐渐形成的。他趋向于一往直前，听其自己，其后，对自己客观化，努力理解和解释自己。因此，他表示要诚实陈述他的经验，交付批判的对比。

当布尔迪厄将他的反思社会学运用到对自我分析问题上时，他要寻找的是他的"原始配置"。在《自我分析纲要》第二章中，他首先分析了他的大学时代。在20世纪50年代的大学生活中，布尔迪厄进入了哲学场的可能性空间。大学是封闭的，是分隔的、脱离真实世界的世界，学者在这里被培养出来。同质集团的存在并延续下去，使他们处于共居生活之中，这使封闭得到了强化。当时大学里的流行的各种思想流派（文化模式）对他并无影响，他的思想是反

---

① ［法］皮埃尔·布尔迪厄：《自我分析纲要》，刘晖译，中国人民大学出版社2017年版。
② ［美］保罗·拉宾诺：《摩洛哥田野作业反思》，布尔迪厄"跋"，高丙中、康敏译，商务印书馆2008年版，第155页。
③ ［法］皮埃尔·布尔迪厄：《自我分析纲要》，热拉尔·莫热"序"及出版社按语，刘晖译，中国人民大学出版社2017年版。
④ ［法］皮埃尔·布尔迪厄：《自我分析纲要》，热拉尔·莫热"序"，刘晖译，中国人民大学出版社2017年版，扉页。
⑤ 同上书，第1页。

叛的，他的研究"与高贵的人文主义传统有分歧"。他似乎谁都反抗，既反抗20世纪50年代萨特的存在主义的主体哲学，也反抗20世纪60年代的结构主义的无主体哲学，还反对20世纪80年代的费里和雷诺主张"主体的回归"。

在该书的第三章，布尔迪厄认为他正是在反对当时流行的各种学派中，显示出他的学术个性。萨特把知识分子神话化：全能、理想，但布尔迪厄在反思中看到，许多知识分子对世界提出质疑，但很少有知识分子对知识世界提出质疑，因为这会遭到群起而攻之。布尔迪厄有勇气将枪口瞄准自己，这种独特性从两个相互矛盾的方面获得：一是将他导向这个场的社会和学校教育的轨迹，二是人种学家的经验。后者是在战争条件上感受到的。他说他从事人种学是对经院观点的深恶痛绝，经院观点是傲慢的、与社会疏远的原则，这将他推向人种学。从阿尔及利亚带回人种学家的经验，使布尔迪厄对社会学和社会学家就产生了一种相当具有批判性的观念，使他与学校教育经验决定性的决裂，有了一种放弃哲学的意愿。但他很快发现，人种学以相当自相矛盾的方式远离社会世界，甚至否定社会世界，并由此把社会世界审美化。这种特定方式由列维－斯特劳斯代表，浓缩在"遥远的目光"的比喻中，布尔迪厄对此同样持批判态度。

布尔迪厄认为，他拒绝与大学哲学思想相连的哲学世界观，几乎是批判一切的态度，与他的社会出身相关，这种社会出身使他与世界的关系与经院观点不同，使他与知识分子的高傲伪善决裂，使他远离各种时髦的重大知识"运动"。在《自我分析纲要》第四章，布尔迪厄终于说到了他的自我分析最重要的"原始配置"问题。这一"原始配置"，就是他的童年经历与寄宿学校的生活。他的基本逻辑是：他后来的一切学术性格与思想特征都决定于他在少年时代寄宿学校中的生活，童年体验在他对社会世界的态度的形成中产生很大影响。他的父亲是邮递员，在贝亚恩小村庄，他的母亲来自一个农民的大家庭。他说他非常接近他的小学同学，与小农、手工业者或商人之子相同。他最平常的表达方式掺杂了好斗的害羞和斥责与狂怒的粗暴，与出身高贵的巴黎人的超脱自信形成了对比。他与学监争吵了一次，差点在中学毕业前被开除。寄宿学校的经历,无疑在他的配置的形成中扮演了决定性角色,使他倾向于对社会关系采取一种福楼拜式的现实主义的和战斗的观念。这种观念在他童年的教育中就已存在,它与和平的、中立的观念形成了鲜明对比。为了保住自己的地位,总是准备动拳头,他在一种倔强有力的愤怒中过着寄宿生活。寄宿学校的双重经验是他对教育世界矛盾态度的根源:对被认可的自信,又对认可机构的不信任;一方面是服从,另一方面是反抗。分裂的习性是"对立面的协调",这显示了他后来的研究风格:把宏大理论投入到低微的经验对象上。他说他总是站在占统治地位的模式的对立面,与精英主义和民众主义都保持距离。对立面的紧张从未在和谐综合中得到解决,他多次拒绝法兰西学院的候选人,这种迟疑来自他的内心深处。

在法兰西思想界,18世纪的卢梭就对自我作过深度探索。卢梭在《忏悔录》的开头说:"这是世界上绝无仅有、也许永远不会再有的一幅完全依照本来面目和全部事实描绘出来的人像。……它可以作为关于人的研究——这门学问无疑尚有待于创建——的第一份参考材料。"[①] "我现在要做一项既无先例、将来也不会有人仿效的艰巨工作。我要把一个人的真实面目赤裸裸地揭露在世人面前。这个人就是我。只有我是这样的人。我深知自己的内心,也了解别人。我生来便和我所见到的任何人都不同;甚至于我敢自信全世界也找不到一个生来像我这样的人。虽然我不比别人好,至少和他们不一样。"[②] 卢梭看到的是:写《忏悔录》的这个人与别的任何人的不同是生来就不同,而布尔迪厄则将这种不同归结于少年经历的不同,即归结于在踏入社会初期接受的文化所造成。他认为个性的差异是由早年的特殊文化影响所决定的,这显示出布尔迪厄依然具有文化模式决定论的倾向,只不过这种模式不是知识界的那些模式,而是童年生活阶段的那个模式。这种运用是在斯皮罗意义上的运用,即对斯皮罗的"文化—个性"观重视童年经历特殊性的运用。而对于童年时代个性的差异性到底从何而来,布尔迪厄的自我分析并未作答。

---

① [法]卢梭:《忏悔录》,黎星译,人民文化出版社1980年版,扉页。
② 同上书,第1页。

综上所述,本尼迪克特—斯皮罗—流心—布尔迪厄,形成了文化与个体问题研究的不完整逻辑链条。

本尼迪克特的文化模式论既不能解释例外者,也未曾说明多个文化模式交融状态下如何运作。显然,我童年的问题在本尼迪克特的理论中不能得到解答,因为这一理论无法解释同一文化模式所属个体的差异性。而且,在我后来的人生经历中,不同的文化模式也对我有着影响,文化模式理论也不能解释这种变化。它不能解释"先天气质"问题、同一文化模式之下为何有些有"早期意外经历"以及同一模式中为何有不同个性的人。斯皮罗的"文化—个性"观将文化模式论打开了一个缺口,在模式之外追问"个性"问题。他的结论认为个性是一个复杂的结构,既是文化(超我)决定的,也是由生物特征(本我)决定的,他将生物性与文化性的交汇层放在儿童时期。问题在于,当对人类的一般生物性特征("爱""敌对情绪"等)与不同的文化模式结合所出现的相异性进行分析时,仍然可能滑向文化模式的决定作用,因为一般的生物性是相同的,只有文化才是相异的。而且,斯皮罗"文化—个性"观中强调人的普遍生物性特征而非个体特殊的禀赋问题,他的学术注意力在于用心理学和精神分析理论去解释个性的生物学、生物心理学和社会心理学的一般本源问题。

流心将时间引入到人的分析中来,但他忽略了一个基本问题:时间并不能改变一切,每个人并非在时间中都有一颗"流动的心"。时间并不只具有当下性,而人作为存在者,也不仅仅是当下的存在。海德格尔说:"只有这样一种存在者,它就其存在来说本质上是**将来的**,……作为将来的存在者就同样源始地是**曾在的**,只有这样一种存在者能够在把继承下来的可能性承传给自己本身之际承担起本己的被抛状态并**在眼下**为'它的时代'存在。"[①]"现在""曾在""将在"在同一个体中同时并存,这才是人的本质,而不能将其割裂开来。流心强调新的时代的变迁给人的影响,但他只计算了当下的时间。本民族志与流心的对话点在于两个层面:第一,流心说的自我在一定的条件下成为

---

[①] [德] 海德格尔:《存在与时间》,陈嘉映、王庆节译,生活·读书·新知三联书店1987年版,第452—453页。黑体字为原作者所加。

他者，只是一种可能性，而非必然性。第二，那些自我变成他者的人，其实并非是道德重塑，而是他的生性中本来就具有的某种嫩芽在适当的土壤和温度下发出了新枝。自我并没有成为他者，改变性格只是个体禀赋与"新的文化模式"相激相磨所致。在大海表面、深海暗流以及海底固定结构三者之间，变化的只是表层，深海暗流不容易起变化，而海底结构则是不变的。流心所说的像一只鸡"沐浴神奇的雨水，过后变成了鸭子"，这才是真正的神话。批评这一论点只需要一个简单的事实：在同一种文化模式的影响下，并不是所有获得教师职位的经济学博士都变成了H经理式的人；更不可能的是，在金钱观念的刺激下，所有的乡村姑娘一夜之间都变成了"小姐"。只有在个体禀赋上具有变化可能性的那些人，才会在适当的条件下出现变化的现实性。变化仅是个体禀性在不同环境下的外部显示，就像变色龙一样，变化的只是表皮，它的本质没有变化。而且，流心的命题与他举出的例证存在着矛盾。他举出的典型例证之一的L，她的金钱物质等欲望都得到了满足，却感到百无聊赖，说出了"活着真没意思"的话。这个例证并不能证明他的理论甚至可以成为一种反证。流心的理论只能说明某些特殊的个体。在20世纪八九十年代的下海风潮中，我身边的教师只有大约百分之一趋时追潮，这是一个极小的比例。就我而言，1991年一位朋友拉我下海，我没有任何犹豫甚至没有经过我的脑子的任何思考就婉言谢绝了，因为那完全不是我的心性所在。后来这家公司成为上市公司，我的朋友也有了数亿元的个人财产。

  布尔迪厄关于自我的分析，同样关注米德所说的"早期"和斯皮罗所说的"儿童时期"，并且用自我的例证来经验性地证明这个问题。但布尔迪厄只是"解释了不同"，并没有"对不同的解释"。布尔迪厄仅仅将自己说成与知识人的不同，而其实他与那个贝亚恩小村庄的其他少年也是不同的，他与那个寄宿学校的其他学生也是不同的，因为我们至今尚未听说那个小村庄或那所寄宿学校有数个与布尔迪厄相类似的著名社会学家和人类学家出现在学术界。而且，即使同样出生在那个"相当落后"的贝亚恩小村庄的少年，并非所有的人都傲慢、炫耀并为小事而愤怒；也并非所有那个村庄在寄宿学校的学生都有双重性格。布尔迪厄就是布尔迪厄,他是唯一的,与众不同的。故而,他的解释并未"寻根",并未找出他的"原始配置",他最多只是找到了他的"早期配置"。

以上问题的存在,留下了继续探索的空间,后继的研究者可以在前人的脚步停止处继续前行。由于本尼迪克特、斯皮罗、流心、布尔迪厄的逻辑链条缺乏某种基础性环节,本民族志试图追索这一基础性环节并对"文化""个性"与这个基础性环节的关系作出一致性解释,从而将这一逻辑链条补充完整。

## 第二节 何种方法

人类学之根在哲学,本民族志所运用的"解释"方法来自哲学领域中的进展。

所谓"解释",简单来说,就是语言的意义阐释。西方的古典解释学源自对《圣经》的解释,而中国古代的解释学则是一门训诂的学问。近现代的解释理论早在康德的著作中,就已经出现了一种较为明确的思想。"在康德意义上,外在世界的现象性并不意味着客观性,而是'整理、简化、图式化、解释'。"[①] 而哲学领域中的"语言转向",催生出现代解释学。"语言转向"是西方哲学史上的第二次根本性变革,也被称为"哥白尼式的革命"。在古希腊,哲学家们关心本体论问题,追问"世界是什么"。各派哲学分别认为世界的本质是水、火、气、数等。笛卡尔和康德等人把哲学研究的中心问题从本体论转移到了认识论,这是哲学的第一次根本性变革,他们给哲学规定的任务是要回答"认识是什么""我们知道什么""我们是怎么知道的"等问题。这种认识论转向到了弗雷格和维特根斯坦那里,再一次发生了扭转,他们把逻辑或语言放到了哲学的基础地位。本体论研究超验的、不依赖于人的主观意识的客观世界,认识论研究主客体关系以及在这种关系中所形成的知识,而第二次转向以后,哲学家们探究

---

[①] [法] 保罗·利科:《作为一个他者的自身》,佘碧平译,商务印书馆2013年版,第24页。

的则是表达知识的语句的意义。

在"语言转向"中,哲学和社会科学的研究对象出现了大的变化。任何一种研究总有自己的本体论对象,被"语言转向"催生出的现代解释学,关注的重点是语言问题。美国哲学家蒯因在他的《从逻辑观点看》一书中区分了"本体论的事实"与"对本体论的许诺"两个不同的概念,蒯因所说的"本体论的事实",是指客观世界存在的事实,而"对本体论的许诺",则是指以语言作为叙事手段所表述的事实。他认为本体论问题,简言之,就是"何物存在"(What is there)的问题。①但要注意区别两个不同的问题:一个是"何物实际存在"的问题,另一个是"人们说何物存在"的问题,前者是关于"本体论的事实"问题,后者则是语言使用中的"本体论的许诺"问题。"一般地说,何物存在不依赖人们对语言的使用,但是人们说何物存在,则依赖其对语言的使用。"② 在这里,"本体论的争论趋向于变为关于语言的争论"③。关于"对本体论的许诺",蒯因解释说:"我所问的只是,按照那个理论有何物存在","一个理论的本体论许诺问题,就是按照那个理论有何物存在的问题"④。蒯因反复提醒人们注意他关于"解释"的观点,即他并不是告诉人们在本体论上确有何物存在,而只是告诉人们,一种理论、学说在本体论上许诺了何物存在。任何理论、学说都要对何物存在作某种本体论许诺,而这种许诺是通过语言的叙事表达出来的。

在蒯因之后,戴维森是其最重要的追随者。戴维森在本体论许诺的基础上讨论了解释的融贯性问题,他反对传统的符合论的真理观,指出:真理不是与外在世界的对照或对质来确定其真值条件,而是在

---

① [美] 威拉德·蒯因:《论何物存在》,载《从逻辑观点看》,江天骥等译,上海译文出版社1987年版,第1页。
② [美] 威拉德·蒯因:《逻辑与共相的实在化》,载《从逻辑观点看》,江天骥等译,上海译文出版社1987年版,第95页。
③ [美] 威拉德·蒯因:《论何物存在》,载《从逻辑观点看》,江天骥等译,上海译文出版社1987年版,第16页。
④ [美] 威拉德·蒯因:《悖论方法与其他论文集》,哈佛大学出版社1979年版,第203、201页。转引自威拉德·蒯因《从逻辑观点看》,陈启伟序,江天骥等译,上海译文出版社1987年版,第4页。

融贯论的基础上去理解真理。"我建议我们应当放弃这样一种看法,即认为意义或知识是以某种充当证据的最终源泉的东西为依据的。"①戴维森说:"融贯性只不过是相容性。一个人的诸多信念不可能不趋于自我相容,因为信念部分地是通过它们的逻辑特性被个体化的;不在很大程度上与其他很多信念相容的东西不可能被识别为一个信念。"②他又说"融贯论所坚持的不过是,一个融贯的信念集合总体中的大多数信念是真的。"③"某个具有一组融贯的信念的人有理由假定他的信念大体上没有出错。……我极力主张,对一个人的言语、信念、愿望、意向以及其他命题态度的正确理解导致得出这样一个结论:一个人的大多数信念必定是真的。因此,便可作出一个合理的推断,即一个人的任何一个信念只要与其余的大多数信念相融贯便是真的。……任何一个人的信念(包括我们自己的信念)在总体上是真的。"④"当解释者得到说话者的一个语句,而说话者在他所辨认的条件下恒常地赞同这个语句,那么,解释者便把这些条件作为说话者的那个语句的真值条件。……把说话者所接受的东西解释为真的,这样做有利于相互理解,从而有利于作出较好的解释。"⑤戴维森在"任何一个人的信念在总体上是真的"的宽容原则下对"本体论事实"作出了许诺。在戴维森之后或同时,普特南的"内在实在论"和"允许价值事实存在"的理念⑥以及罗蒂的"实用论"都与蒯因、戴维森有着相通的思想,不复赘述。

当从哲学领域转入人类学领域时,我们重点考察一下格尔兹的"文化的解释"观点。格尔兹在1973年出版了《文化的解释》一书,

---

① [美]唐纳德·戴维森:《关于真理与知识的融贯论》,载戴维森《真理、意义与方法——戴维森哲学文选》,牟博译,商务印书馆2008年版,第348页。
② [美]唐纳德·戴维森:《关于真理与知识的融贯论》"补记",载戴维森《真理、意义与方法——戴维森哲学文选》,牟博译,商务印书馆2008年版,第362页。
③ [美]唐纳德·戴维森:《关于真理与知识的融贯论》,载戴维森《真理、意义与方法——戴维森哲学文选》,牟博译,商务印书馆2008年版,第338页。
④ 同上书,第349页。
⑤ 同上书,第353页。
⑥ [美]希拉里·普特南:《理性、真理与历史》,李小兵、杨莘译,辽宁教育出版社1988年版,第2页。

创建了解释人类学理论,其后的一系列著述及论题都围绕着"解释"这一核心概念进行阐述。在"解释"的理念下,格尔兹所许诺的"本体论的事实",不是所谓真正的、客观的"事实",而是一种解释中的"事实"。经典民族志者认为事实是客观存在的,只要运用如马林诺夫斯基式的科学方法就可以获得这种事实;格尔兹颠覆了这一理论,认为"事实"并非"躺在沙滩上闪闪发光",等待着被发现与被描述,而是被民族志主体构建出来的。"没有一个总体的故事,也没有一幅纵观全局的画面。……从诸多单纯的事实中摸索,将其汇聚到一起,拼凑成某种叙述,就形成了所谓的知识,错觉的形成也是同理。某种叙述的形成,都是得益于现成可用的观念和积累而成的文化工具。"① 人类学家所谓"追寻事实",其实只是将事实"拼凑成某种叙述",而且这种"拼凑"得益于当下的文化工具。②

对于"事实"与人类学家主体"建造"之间的关系,格尔兹有三个重要的隐喻,体现了他"解释"(即对本体论的许诺)原则。第一个是"椅子"的隐喻。他说:"一把椅子是文化的(历史的、社会的……)构造物,是行为人根据并非完全属于自己的概念建造的产物。"③ 格尔兹讽刺了那种看似客观地平铺直叙地描述事实的民族志方法不见得是天真无邪的浪漫,言外之意是它们必然带有其他目的。"事实是建构的",民族志主体并不是描述"可靠的发现",而是根据某种话语体系将事实建造成"椅子"。④

那么,如何评判人类学家制作的这一把"椅子"呢?对此,格尔兹的第二个隐喻给予了解释:"有一个讲述某英国人的印度故事——至少我听上去是印度故事——他被告知世界立在一个平台上,那个平台立在一头大象的背上,大象又立在一只乌龟的背上。他问(也许他

---

① [美]克利福德·格尔兹:《追寻事实》,林经纬译,北京大学出版社2011年版,第2页。
② 同上书,第21页。
③ 同上书,第68页。
④ 格尔兹在另外一个地方还说到"人类学著述是小说;说它们是小说意思是说它们是'虚构的事情'、'制造出来的东西'。"参见[美]克利福德·格尔兹《文化的解释》,纳日碧力戈等译,上海人民出版社1999年版,第17—18页。

是个民族志学者；他们总是这样）：那只乌龟又立在谁的背上？回答是另一只乌龟。这只乌龟呢？'啊，先生，从那儿以后全是乌龟。'"①判断对于田野材料解释的好坏、深浅就看民族志主体能否找到深层的乌龟。寻找深层的"乌龟"就是"深描"，深描就是对事实的深层解释。"深描"相对于"浅描"而言，"浅描"只是对一种行为作出动作性的叙述，"深描"则是对这一行为作出意义的解释。无意义的动作不列入深描之内，而有意义的动作又有着多种层次，这一寻找"乌龟"的过程就是解释不同层次意义的过程。然而，因为乌龟下面永远有乌龟而不能发现那一只最后的乌龟，于是，人类学家只能找到一只相对意义上比较深层的"乌龟"，最深层的那只乌龟只具有理论意义而不具有实践意义。

格尔兹的第三个隐喻转入意义探寻的时间维度，他引述了另一则印度故事，说的是一个智者在一头大象走过去以后，只能依据大象的脚印来肯定"的确有一头大象来过"。他认为，人类学和民族志也是这样，只能"努力从大象在我心中留下的足迹，来重新构建难以捉摸、虚无缥缈、已经消失得无影无踪的大象。"②

从"椅子"到"乌龟"，再从"乌龟"到"大象"，"事实"与"意义"之间的距离也越来越远。他在1983年出版的《论著与生活》一书中指出："列维–斯特劳斯、埃文斯—普里查德、马林诺夫斯基、本尼迪克特等人的作品建成的熠熠生辉之塔……其本身是一种修辞策略，一种说服模式"。③也就是说，无论是什么样式的民族志作品，都是也仅仅是一种叙事的解释模式，一种"对本体论的许诺"。

从哲学与人类学的解释理论出发，本民族志将"解释"作为自我分析的方法和叙事策略的本体论许诺，包括如下三个方面的内涵。

首先，借鉴蒯因的理论，本民族志对"自我的解释"中的"本

---

① [美] 克利福德·格尔兹:《文化的解释》，纳日碧力戈等译，上海人民出版社1999年版，第32页。
② [美] 克利福德·格尔兹:《追寻事实》，林经纬译，北京大学出版社2011年版，第184页。
③ [美] 克利福德·格尔兹:《论著与生活》，方静文、黄剑波译，中国人民大学出版社2013年版，第197页。

体论的事实"是我自 1964 年以来 50 多年中的个人日记。日记是一种"人的行动","可以根据以往本体论的资源,把人的行动当作一种基本的'存在方式'"①。传统的本体论是一种"存在—实体"形式,即将世界作为一种存在的实体来研究的方式,而当"谁在说""谁在行动"作为本体论来研究的时候,就是一种"存在—行动(言说)"本体论的形式。这是第一个许诺。

其次,遵循戴维森的融贯论原则,本民族志将"日记的句子为真"作为出发点。戴维森认为,在一个巨大的整体语词体系中,彼此相关,是无法掺假的。在本民族志中,在一个跨越了 50 多年的日记系统中,"一个人的诸多信念不可能不趋向于自我相容"。我将"自我"作为"他者"来研究,确信(自信)我的人生存在着自我相容的、一以贯之的思维内容与行为特征。在连续数十年的叙事中,隐藏自我是无法做到的,冰山显露在海面上的 1/8 与没入海水中的 7/8 是同质的。② 在这里,每一则日记,既是事件,又是格局,时间上的事件可以成为"空间上相关事物的共时多样性图表的结构"③,这就是柏格森意义上的"深度时间",即是一种永恒的空间性现时。于是,各种看似不同具有时空差异的事物或事件在新的"飞地"中形成了

---

① [法]保罗·利科:《作为一个他者的自身》,佘碧平译,商务印书馆 2013 年版,第 32 页。

② 例如《一本严格意义上的日记》中马林诺夫斯基,与《西太平洋的航海者》中的马林诺夫斯基,无论是理论诉求还是人格精神皆未出现改变,二者是统一的,他们是同一个马林诺夫斯基。只不过在这一本书中写得稍显裸露,在那一本书中写得略显隐蔽。在日记中他承认自己是一个自恋者:"1914 年 9 月 20 日,今天,星期一。我做了个怪梦;同性恋情,对象是我自己的分身。经常有这种奇怪的自慰般的性欲;有一种念头,想亲吻一张和我一样的嘴唇,和我的曲线相同的脖颈和额头。"(参见[英]马林诺夫斯基《一本严格意义上的日记》,卞思梅等译,广西师范大学出版社 2015 年版,第 34 页)而这种自恋与他 1922 年出版的民族志著作《西太平洋的航海者》中的自恋是一脉相承的。在这本民族志中他虽然通过库拉圈的考察对西方文化进行了反思,然而从根本上说,他依然是一个自恋的自我中心主义者,即西方文化中心主义者。退一步说,即使民族志者有"自立崇高"的动机,读者也不必担心,也如我在《对蹠人》第一卷所说明的那样,假话与真话二者之间具有可逆性、可置换性特征。(参见朱炳祥《他者的表述》,中国社会科学出版社 2018 年版,第一章第三节)。

③ [美]史蒂芬森:《关于后现代主义:与弗雷德里克·詹姆逊的一次谈话》,李素苗译,载[法]利奥塔等《后现代主义》,社会科学文献出版社 1999 年版,第 86 页。

一种新的结构关系，它上升到了一种新的水平，"在这种水平上，对具有根本差异的形象所产生的生动感觉，其本身就是对曾经被称为关系的这个东西的新的把握方式。"① 这是第二个许诺。

最后，沿着格尔兹的路径，本民族志仅仅追求解释的相对性深度。由于材料本身的"裸呈"具有本体论意义，本民族志的日记共有69则（隐喻69岁的年龄），文字量占总数的39%②，这是"第一主体叙事"，也是主体民族志所强调的最重要的叙事。作者、批评家和读者据此可以有着不同的其他"解释"，故而本民族志具有开放性特征。本民族志还应用了"元叙事"策略，这一策略对"叙事"进行了条件限定，抑制了解释过度以及自我扩张的欲望。这是第三个许诺。

---

① ［美］弗里德里克·詹姆逊：《后现代主义，或后期资本主义的文化逻辑》，金衡山译，载［法］利奥塔等《后现代主义》，社会科学文献出版社1999年版，第58页。

② 在《对蹠人》第一卷《他者的表述》中，当地人的讲述也占较大比例（38%），这是主体民族志重视"第一主体"叙事的表现。

> 我为何这般模样，
> 头脑被安插在上方？
> 双目浅且凹，
> 两腿直而长？
>
> ——《我问》

# 第二章　民族志的自我书写

本民族志就其体裁而言，大体可以归属于自我民族志的类别，但与国外自我民族志者在学术理念上亦有若干差异。对于自我的解释与研究，涉及如下几个问题：我对"自我"的解释具有真实性吗？我用怎样的材料呈现与解释"自我"？我对"自我"的解释在认识论上具有合法性吗？

在本章中，我将对这三个问题进行论述与说明。

## 第一节　自我叙事的"真实性"

个体叙事的真实性是自我解释需要释疑的一个问题。

一些批评者认为，过去的那些故事不可能是明确和完整的，通过记忆的失真和语言的中介，叙事所讲述的总是一个源自过去但又不完全是过去的故事。这种个体叙事追求"自我的浪漫建构"，叙事文本只不过是自我发现或自我创造的代名词而已。过度的自我关注，成为一种艺术表达，而不成为民族志的真实叙事。如果是故事的讲述者而不是故事的分析者，这种叙事文本不可能是一种学术化的文本。对此，国外自我民族志者作了如下的回应。首先，讲故事的目的并不在于真实"复制"个人生活，它并不试图再现意义。展现在我们面前的故事其实是不完整的、不明晰的和变形的，因为我们是站在现在来书写过去的故事，所以过去的意义和重要性是与我们目前的生活境遇息息相关的。故事经过了重新编排、复述、编造、省略与修订，这没有关系。此外，也可以同时存在几个不同的叙事解释，不存在一个客观标准来衡量哪一个叙事不符合事件本身的意义，因为作者的前叙事经历的意义已经被揉进叙事表达中了。叙事既是讲述生活的，又是生活的一部分。其次，个体叙事是作者对人类困境的一种回应。强调个体叙事的重要性，是为了强调我们生活在一种张力之中，一种过去的回忆和将来的期望之间的紧张。个体叙事希望挖掘和保存我们生命中一些永恒的东西，以回应当下出现的人类困境。作为叙事者所面临的挑战在于能否在叙事中达到一种连续性，使我们的过去、现在和未来连成一体。因此，问题不应该是"我的故事能精确反映我的过去吗?"应该问的问题是："我的故事会带来什么结果？它会将我形塑成哪一种人？它能给我的生活带来哪些新的可能性？"自我创造本来就是叙事的意图，一个人书写自己的故事是因为他必须创造出一个他在其中生存的世界。最后，对传统学术的前提进行反质疑。传统观点的经典说法是："如果你坚持己见，你就将被抛弃出科学共同体。"这种观点不仅是如批评家简·汤普金斯所说的那种"情感的败类"，而且具有虚伪性，因为研究者的个人故事一直被嵌入他们的研究论文中。问题是我们是愿意将我们最容易受到攻击的地方和主观性公开呈现在文本中呢？还是把它们隐藏在"社会分析"的背后？个体叙事承认情感性、主观性，这既是道德行动又是伦理实践。① 自我民族志者的回应批评了传统的观点既窄化了研究对象，又忽略了叙事道德乃至学术道德，还错置了学术研究的前提预设。他们还批评传统学术的问题提出方式，指出在传统的写作中，作者坚持认为科学知识是积累的和线性发展的，因此学者们必须不时地回过头去评估本学科的状

---

① [美] 艾利丝、博克纳：《作为主体的研究者：自我的民族志、个体叙事、自反性》，载 [美] 邓津、林肯《定性研究：经验资料收集与分析的方法》，风笑天等译，重庆大学出版社 2007 年版，第 792—795 页。

况，遵循传统的惯例用那种"去主观性"和"去个人能动性"的被动语态写作。自我民族志者反问道："那些老一套的做法，如列出参考文献、定义概念、文献回顾与评论、明确提出评判标准以及理论化自己的视角，究竟有多大帮助呢？"[1]

自我民族志的思想既是时代思想潮流的一个部分，也从时代潮流中获得滋养。韦伯对价值中立的否定；列维-斯特劳斯认为做研究的目的，是为了建造一种模型；格尔兹认为没有一个总体的故事，也没有一幅纵观全局的画面；罗蒂承认研究是个体的价值创造，研究者一直就是被卷入其研究产品中的；利奥塔质疑了那种认为专家叙事是可能的或正当的观念；巴特、德里达、福柯成功地消解现代主义关于作者的概念，改变了理解作者、作品与读者之间联系的方式；巴赫金鼓励多元视角、意义的解放、多重的声音、地方性和非正规知识……这些超越传统的理论观点都为自我民族志提供了丰富的理论资源。

本民族志承继自我民族志的基本学术理念，但在对事实的"真实性"这个根本性的问题上保持着自己的立场，认为真实性是民族志遵循的基本规则，否定这一规则容易模糊民族志叙事与文学叙事的界限。以下，我通过叙事的"呈现""解释""建构"三个环节来说明"真实性"问题。

首先是"呈现"的真实性。这是指民族志必须呈现社会生活中实际存在的真实的人物或事件，不能虚构，这是最基本的也是最重要的真实性。艾莉丝·博克纳认为，在故事中，"掩盖或改变一些会使他人对号入座的信息；或者你可以拆散原来的事件，再重新组合成一个更加引人入胜的故事"，并且说"尽管它已经不是历史中原来的那个故事了，但从叙事的角度看却可以更加真实"[2]。这样的做法会造成对事实的偏离，容易混淆民族志与小说的区别。民族志不能因为要"引人入胜"而去编辑一个不存在的故事，那样民族志将名不副实，

---

[1] [美] 艾利丝·博克纳：《作为主体的研究者：自我的民族志、个体叙事、自反性》，载 [美] 邓津、林肯《定性研究：经验资料收集与分析的方法》，风笑天等译，重庆大学出版社 2007 年版，第 779 页。

[2] 同上书，第 803 页。

"志"将"不志"。依靠多年以后的回忆进行的自我建构与依靠当时记录的真实事件进行解释与建构是相当不同的,其性质已经发生了变化。我坚持认为,对于民族志而言,在任何时间与任何地方,都需要强调"事实"①的真实性,这种真实性不仅仅是具有"回忆"的心理学性质,更重要的是具有"事物"的物理学性质以及"事实"或"事件"的社会学性质。民族志中的"人物"与"事件"绝对不能是现实生活中没有发生过的,它们必须是"存在"的,不能是想象出来的。这应该作为"第一原理",不可移易!仅仅依靠时隔多年的记忆虽然也可以追索事件,但记忆本身的不准确性质则可能导致与原来的事件发生错位与偏离,甚至为了平衡作品而创造出一些东西来。"事实"是一个活的生命体,它独立于解释与建构之外,解释与建构只能屈从于事实,而不是让事实屈从于解释与建构。② 自我民族志中的"自我"具有过去、现在和未来的统一性,应该从历史表面的断裂与接续中去寻觅这种统一性线索。如果暂时找不到这一线索,也应该毫不犹豫地保留历史材料的原貌并指出材料与解释之间的张力关系以及不圆满性,留下缺憾并邀请批评家和读者加入到这种开放性之中参与文本的创构,而不应该用民族志者当下的统一性去重构历史的统一性。同时,民族志者应该呈现其立场、观点与方法,以此达到一种自律性。只有民族志中的每一个事件与人物都是现在或过去生活中实际存在的,它才是"活"的,有着自己的指向,就不会出现"自我浪漫建构"的问题。民族志不是哲学,不能用纯粹的思辨逻辑去构建;民族志也不是文学,不能超越事实去虚构。③ 这是本民族志与回忆式写法的自我民族志的一个根本区别。

其次是"解释"的真实性。与材料呈现的真实性有所不同,"解释"的真实性是指对同一事实或事物的不同解释都具有真实性。说墨

---

① 这里的"事实"的概念包括"事物""事件"等内涵,下同。
② 关于"事实""解释""建构"的关系,参阅朱炳祥《地域社会的构成》(《对蹠人》系列民族志之二)第二章第二节,中国社会科学出版社2018年版。
③ 本民族志遵循"保护隐私"的原则,将日记中人名(除劳动日记中的参与者外)虚化或用化名,但这一技术处理并不涉及所呈现事实本身的真实性问题。

西哥存在着泰普兹特朗村庄以及说这个村庄中存在着各种社会文化事实，这是属于呈现事实的真实性；说这个村庄"浸染了宗教和家族价值的村社图景，协调和合作是村社的规范"，或者说这个村庄"是被敌对情绪、嫉妒和竞争搅得四分五裂的村社，自我利益甚至压倒亲属关系的联结"①，则是雷德菲尔德和刘易斯这两位人类学家的不同解释，它们都具有真实性。这种"解释"的真实性并不是说雷德菲尔德与刘易斯对同一村庄的不同的看法形成了互补，而是说他们在不同禀赋、人格、养育他们的亚文化、政治观点、培养他们的理论学派等影响之下看到了不同的意义。事实或事物的存在是一回事，对这种事实或事物的解释又是一回事。前者是一元论的，具有封闭性；后者是多元论的，具有开放性。在"符号扇面"所许可的范围内的多元解释是不可避免的，被允许的，甚至是被鼓励的。总之，解释的真实性有两个含义：一是解释不能脱离事实，更不能虚构事实；二是不同的民族志者依据事实的解释同样真实，同等有效。

最后是"建构"的真实性。这是指研究者从目的论出发的建构具有真实性。叙事的目的是建构性的，建构指向未来、指向理想。人是意义的动物，只有在意义中才能获得"存在"。建构是一种"想象的事业"，"即以自然提供的材料去创造第二自然"，"在这个世界之上再创造一个世界"。② 民族志者的研究目的就是在叙事的呈现与解释中进行符合他的理想诉求的建构。建构可以采取一种"意义移镜"的叙事策略，这是指将在时间中历时性叙述的各种事件的意义移出原先的语境，使其加入空间中的共时性意义的并置结构中去，进而建构一种整体的意义关联。"建构"的真实性同样要求民族志者不能虚构事实，而只能在真实存在的田野事实基础上并在解释所允许的范围之内进行建构，这种建构决不能是"浪漫的建构"。西方自我民族志者所使用的"重新改写""虚构一些情节""把几个人物角色糅杂在一

---

① ［美］罗伯特·墨菲：《文化与社会人类学引论》，王卓君、吕乃基译，商务印书馆1991年版，第279页。

② ［法］雅克·德里达：《书写与差异》，张宁译，生活·读书·新知三联书店2001年版，第9—10页。

起来写"①等方法，与本民族志的理念不合。

　　当然，"呈现—解释—建构"是一种叙事形式，民族志叙事与事实的关系是：一方面，叙事总是对真实存在的事实的叙述；另一方面，叙事又不等于事实。叙事——一切讲述与书写，是人的存在的基本方式。叙事是人类的一种符号创造，它与事件本身是两个分离的世界。事实本身并没有形式，形式是叙事所赋予的。叙事总是一种特写，即以某种符号形式只写出、也只能写出事物或事件的某个部分，并且具有削减的力量或加强的力量。因为叙事不等于事实，故叙事文本就提供了如下的一种可能性：文本总应该是"自圆其说"的，不"圆"的地方也要把它"做圆"，这是经典民族志的理念。但是另一种叙事理念同样应该得到尊重，即认为文本本来就应该是某种"不圆"的形态。作品的"片断性、琐碎性和冲动性"就是几种方式，"叙述的断裂性、叙述的非润色性、在一些句子上的回旋性"也是另外几种方式。②这种"作为文本结构组织方式的不断的反结构化"所形成的叙事的断裂性、分散性，正是生活的非连续性的本色；而这种叙事的非润色性、琐碎性也正是显示了生活本身的特征。这种看似非结构化、非连续性的叙事的本身也是一种结构化与连续性，只不过这种非结构化的结构化以及非连续性的连续性所实现的是一种内部的真实性，而不是全能的经典民族志者所描述的那种外部的完整性。对于一项独特的自我描述与分析，经典民族志所提供的独家规范并不适应。承认并保留民族志的某种不完整性，承认材料的片断性、琐碎性的意义不仅仅是忠实于事实的应有态度，也是民族志者的学术伦理的体现。

　　以上是本民族志所奉行的自我叙事"真实性"的理念。

---

　　① [美]艾利丝、博克纳：《作为主体的研究者：自我的民族志、个体叙事、自反性》，载[美]邓津、林肯《定性研究：经验资料收集与分析的方法》，风笑天等译，重庆大学出版社2007年版，第810页。

　　② [俄]马·利波维茨基：《陡度的规律》，吴晓都译，载[法]利奥塔等《后现代主义》，社会科学文献出版社1999年版，第162—163页。

## 第二节　材料问题

一般说来,传记作家是难于闯入传主的。美国作家哈贝格在撰写狄金森传记的时候就深有体会:"我无法声称自己跟她有任何特殊的个人的同情或契合,而且我也要劝告读者警惕那些传记作家的夸张之词:诸如强烈的情感契合、靠直觉的飞跃顷刻间化解难解之谜。每个传记作家都与他(她)的传主迥然有别。没有谁卸掉了狄金森房门上的锁或从墙上拆除了她的门。秘密的核心绝没有被解开。"[1] 那么对于自我民族志的体裁是否会好一点呢?难道我对于自己还不熟悉、不了解吗?其实这是一个很大的错觉。可以这样说,自我田野工作较之在异文化中的田野工作如果不是说难度更大,起码是同样巨大。自我有着一层坚硬的外壳,不易被打破。

认为自我田野工作是一件易事,原因之一是我们用回忆的方式去处理自我的历史,像一般的回忆录与自传那样。上文已说到,这种方式的主要问题在于回忆的不准确性、错位以及为了作品平衡而生造一些东西,它总是从个体当下的文化观念出发,以当下的思想的统一性去重构人生历史的统一性。回忆录或自传几乎全是单色调的,合乎逻辑的,人物是单面的"扁平人物"而不是"圆形人物"[2],事件也恰好与观点高度吻合。它缺乏具有生命的真实的事物所应有的内在张力。布尔迪厄曾警告说:"采取知识分子的自传体方式来回答,这会使我去选出我的历史中的某些面向;然而,这些面向并不必然是最重要的或最有趣的,即便在知识上也是如此。更尤甚者,这会使我倾向于以某些方式将事实进行予以合理化,并合理化那些事实对我的意

---

[1] [美]阿尔弗雷德·哈贝格:《我的战争都埋在书里:艾米莉·狄金森传》,王柏华等译,北京大学出版社2013年版,作者序第11页。
[2] "扁平人物"和"圆形人物"为福斯特提出的概念,福斯特说:"扁平人物称为'性格'人物,而现在有时被称作类型人物或漫画人物。他们最单纯的形式,就是按照一个简单的意念或特性而被创造出来。""一个圆形人物给人以新奇感,必须令人信服。圆形人物的生活是丰富多彩的。"参阅[英]爱·摩·福斯特《小说面面观》,苏炳文译,花城出版社1984年版,第59、68页。

义。而这其实是某种专业上对名誉的重视。"① 另外，当回忆自我的时候，我们往往看到人生中各种事件鱼贯相连，一个事件跟随着另一个事件在思维的逻辑中出现，我们很容易将整个人生都用因果关系的线性链条连接起来，并找到解释的理由。这是很多自传所采用的叙事方式。我们经常会说："啊，如果不是青年时代的这一件事，我可能是另外的样子了。"当人生事件被回忆中的因果链条所决定的时候，叙事就显得不可信。写一个文学家就写他小时候语出惊人，写一个科学家就说他童年才华出众，这种"司马光砸缸"式的陈词旧调充斥在各种传记作品中。休谟反复提醒过前件和后件的关系并非全部是因果关系，即使如烧火煮开水，我们在经验之内也看不到因果关系，只看到火烧着锅以及水开了这种"前件"与"后件"的关系；而且，我们在经验领域也同样看到了火烧着却怎么也没有把水烧开（高原地带）。"我们只能说，一个物象，或一件事情，跟着另一个，另一件，而不能说，这一个产生了另一个，这一件产生了另一件。"② 再有，将传主生硬地镶嵌在家庭背景、社会关系、时代潮流之中，将一个独特的具有创造力的生命体全都归之于文化模式的被动造物，这又成为另一种千篇一律的套路。

为了打破自我的硬壳，避免人物的单线勾勒，排除单线因果论的干扰及老套的叙事方式，跳出时代决定论的陷阱，也为了践行"民族志是一种人志"的学术理念而不是将个人仅仅看作社会文化模式的机械铸塑物，本民族志将材料的问题放到关键位置，重视初始材料不可重塑的原质，坚持主体民族志"裸呈"初始材料的方法。我将50多年中不同时期记载的日记选择了69篇作为本民族志的基础材料，作为我个人思想与生活的直接证据。对这些日记的编辑原则与《对蹠人》第一卷中对当地人讲述的编辑原则相同，保持其原初记录的自然形态，只进行"最低限度的编辑"。原日记简短则任其简短，原日记冗长则任其冗长。"裸呈"是主体民族志者的"自律"要求。"日记"

---

① ［法］布尔迪厄：《所述之言：布尔迪厄反思社会学文集》，陈逸淳译，台湾麦田出版社2012年版，第63页。
② ［英］休谟：《人类理解研究》，关文运译，商务印书馆1957年版，第75页。

属于"他者",当下的"我"是没有资格和权力进行修改的。主体民族志区别于经典民族志,不求"自圆其说",而始终保持一个开放的姿态。作者并不是全知的、万能的,材料并不完全与分析解释的思想框架彻底吻合,这应该成为研究工作的常态。总之,本民族志希望贡献三种相互关联却又是决然不同的东西:一是具有生命力的原初日记材料,这些材料是历史的存在,是不可商榷的、不可更改的。每一则日记都是"活"的,砍砍削削则会伤害其生命。只有生命之树才是常青的,只有自然形态才是最好的。二是本民族志对这些日记的"解释"与"建构",这是作者当下的思想,它是可以更改与批评并期待更改与批评的。三是批评家的五篇序言,这既是对民族志材料的重新解释,亦是对民族志者的解释的批评,又是对民族志者与材料相互关系的评论。

与《对蹠人》第一卷中将当地人的讲述集中放置不同,本卷则将日记材料分章放置。这种处理方法出于如下的考虑:我在50多年中记下的日记过于丰富庞杂,无法被容纳于同一部民族志之中,只能采撷其中的一小部分;而被采撷的那些日记就不具有记述的连贯性,故而只好分别放在各章之中,聚集于文化性、个性、生性三个话题之下。之所以选择了这一些而舍弃了那一些,仅仅是一种偶然性所致。就其质量而言,所有的日记都没有好坏之分。

当然,在这里也可能会产生如下的质疑:所选择出来这些日记仅仅是一个局部,何以说明人生的整体呢?对此,我从结构要素与结构关系两个方面作出说明。第一,从结构要素上说,局部与整体同质。事实就像浩瀚的大海,一项研究无论如何也不能做到对材料竭泽而渔式的把握。海水舀出一杯,矿藏采集一块,便可以知道整体的质量。格尔兹关于斗鸡游戏的分析提供了一个经典例证。斗鸡不仅不是巴厘岛的经验世界的唯一文本,其他的礼仪、大型祭典等,也是有关在巴厘岛人生的层次性、敌对性现实以外各侧面的雄辩的文本,而斗鸡其实只是巴厘岛社会生活中的一个无足轻重的游戏。然而,它之所以能够成为研究巴厘文化的基本材料,是因为斗鸡作为巴厘文化"诸多文本的集合体"的文本之一,与其他文本一样,"在斗鸡中,巴厘人同时形成和发现了他的气质和他的社会的特征。"①在巴厘岛，斗鸡和其他各种不同的文本都可以对地位等级及自尊进行评论。这种被选择出来的文本，与当地文化的其他文本是同质的。第二，从结构关系上来说，局部就是整体。佛教经典《华严一乘教义分齐章》中有一个"椽即是舍"的经典辩题，这个辩题的论证逻辑如下："何者是舍耶？答椽即是舍。何以故？为椽全自独能作舍故。若离于椽舍即不成，若得椽时即得舍矣。问若椽全自独作舍者，未有瓦等亦应作舍？答未有瓦等时不是椽，故不作，非谓是椽而不能作。今言能作者，但论椽能作，不说非椽作。何以故？椽是因缘。"椽从结构要素上看，它只是舍的局部，但是从结构关系上看，没有椽，就不能成舍。椽在房舍建成时才称为椽，房舍未成不称为椽。从椽与舍的结构关系上说，椽即是舍。马林诺夫斯基对于西太平洋的库拉圈的研究以及莫斯对于礼物研究中的"整体论"，并非就全部事实而言，而是从某些选择出来的事实来论证它们与社会整体的其他要素之间的结构关系。日记既与我的整体人生具有结构性的关联，又作为"集合体中的文本之一"是其结构要素，由此出发对自我解释，虽然不是唯一的路径，却是一条重要的、有效的路径。

更为重要的，这些日记之所以能够解释自我，是因为它们"为我地存在"。②我对于日记中的人物事件的分析，是因为我"意识到自身是这个认识"，人物与事件本来"自在地存在"，而进入了日记之中就成为"为我地存在"。日记是一种叙事形式，叙事的理论立场是："我们是什么"是通过我们关于"他人和自己的故事"的讲述以及"我们想要成为什么"的讲述显示出来的。我对"事件"与"自

---

① [美] 克利福德·格尔兹：《文化的解释》，纳日碧力戈等译，上海人民出版社1999年版，第510页。

② "为我地存在"是萨特的一个概念。他曾举对"桌子"为例说明这一概念："使认识意识成为对它的对象的认识的充分必要条件是：它意识到自身是这个认识。说它是必要条件，是因为如果我的意识没有意识到是对桌子的意识，那么它就会意识到这张桌子，而没有意识到是这种意识，换言之，它是对自我无知的意识，一种无意识的意识——这是荒谬的。说这是充分的条件，是因为我意识到有对这桌子的意识，这是我事实上意识到它已经足够了。这当然不足以让我肯定这张桌子自在地存在——但也足以肯定它为我地存在。"参见[法] 萨特《存在与虚无》，陈宣良等译，生活·读书·新知三联书店1987年版，第9页。

我"的认识是一致的,不仅通过记述与分析事件来透视自我,而且记述与分析事件本身就是直接的自我呈现与自我分析。意识与自我意识是一体的。日记是我彼时彼地的"现实意识",其意向性是指向外部世界的;但是,当初我记下这些日记时,这些事件作为我对人、对事、对文化的理性或感性思考,也表明了我对斯人、斯事、斯文化的立场、观点与情感态度。在臧否人物、褒贬事件之中,呈现了我的禀性特征、思想倾向、个性取向、人生追寻以及理想诉求,因此,日记中也包含着自我意识。而当我写作这部民族志的时候,自我意识更被提升到彰显的位置。这就是说,我在当初日记中所记述的关于人物与事件的话语,以及当下我对这些人物与事件的呈现及进一步的分析,都在表明"我是什么""我怎样看世界""我想要成为什么"这些问题的自我回答。日记是自我本质的符号式呈现,由日记出发,是达至我人生内核的高速通道。

我从1964年7月24日开始断断续续地记日记,我的日记并不是磨炼意志与理性训练的产物,并非出于学位、成就、职业选择等功利性目的,也不是老师与父母的要求。我愿意记的时候就记,不愿意记的时候就不记;心情好的时候就记,心情不好的时候就不记。我即兴为之,记下的都是对我的心性有所触动的东西。因此,虽然这些日记零零落落,却是"人心自然之音",是我禀性的自然呈现,是心灵的主动性与自觉性产物,具有对于自我本质及人的本质的认识的真正优势。一种非学科意义上的材料自然积累具有特殊意义,因为它视界辽阔,自然生长。"人类学经常因为自己是一门研究'学科'而感觉'不舒服',反而渴望成为'非专家'以便处理社会文化背景中的经验的复杂性。而且,在对社会文化现实的表述过程中,人类学曾经追求使其话语反常化的争论,并希望藉此使对人的经验的思考成为可能:'坚持不懈地〔构建〕重新理解世界的条件'。到了这个地步,人类学已经成为'实际上的反学科'了。"[①] 甚至日记的反形式、相互脱节、跳跃、偶然、无序、无主题、缺乏中心、含混、不确定等特

---

[①] 〔英〕奈杰尔·拉波特、乔安娜·奥弗林:《社会文化人类学的关键概念》,鲍雯妍、张亚辉译,华夏出版社2005年版,第255页。

征，因其具有一种自然性特征也同样成为一种优势。"自我的存在（本质）完全在于自己把自己设定为存在者的那种自我，就是作为绝对主体的自我。"① 举一个经典例证来说，正是由于《一本严格意义上的日记》中天上一句、地上一句看似凌乱的书写，我们才在更大的宽广度和深刻度上了解作为民族志者的马林诺夫斯基这个人。②

我的所有日记都是"写生稿"。这有如下三种情况，一是"当场写生"。我在1977—1985年先后担任某军区空军司令员和参谋长的秘书期间，因工作需要学会了速记，对于工作中的事件以及我感兴趣的事件，我会当场将其速记下来，这种速记材料无一字一句增减。即使不用速记，我的快写速度也可以记下普通讲话速度的90%。我从1976年开始一直到2015年周城田野工作告一段落的40年间，口袋中随时都带着一个小本和两支笔，形成了即时记录的重要习惯。二是"当天写生"。有时由于工作忙碌或事件发生得过于突然，我没有即时记录的条件，则速记主要梗概，事后尽快补足全部内容，最多拖延至当天晚上一定将其写完。如果晚上加班或开会，则在第二天清晨四点起床补记。三是"事后写生"。对一些持续时间长的事件，则每日记下有关材料，待事件结束后集中整理，但这种情况较少，日记12戈星月工资调查就属于这种情况。另外，少数几篇回忆性日记也属于

---

① ［德］费希特：《全部知识学的基础》，王玖兴译，商务印书馆2009年版，第12页。
② 这里仅举马林诺夫斯基的日记中的某一天的冗繁杂乱记载的例证："21号，星期二：阿休亚在法院忙了一天。于是找来伊古阿帮我整理行李。周二晚上，感觉虚弱不堪，根本不想去找辛普森博士。周三早晨，阿休亚从11点就开始忙碌。下午去拜访了奥马利，他也没什么有意思的事情对我讲。我见到了漂亮的科瑞，她皮肤光滑，文身精美；尽管藏在古铜色肌肤下，这种永恒的女人味依然迷人。周四早晨和阿休亚待在一起；下午去了趟村子；很累。晚上贝尔来找我，我们讨论了当地的土著。周五早上遇见汉特先生，和他共进午餐，下午我们闲聊了一阵；我累得吓人，什么也做不了。哦，对了，前几天晚上我还洗了一些照片；今天，即使是洗照片也让我疲惫。周六早晨，汉特来访；他这次又起了很大的作用；之后和阿休亚待了一小时；接着去见了贝尔，不请自来地到长官那里吃了午餐。午餐后，我读了点滕内尔和莫图语语法。晚上在帕戈山散步——感觉恢复了点体力；和斯坦福·史密斯聊天。很早入睡……我仍然爱着［……］——但不太自觉，也不甚明确。我对她所知甚少。但在生理上——我的身体又很渴望她。我会想念母亲［……］有时［……］。迈鲁，1914年10月21日。种植园，河边。"（参见马林诺夫斯基《一本严格意义上的日记》，卞思梅等译，广西师范大学出版社2015年版，第37—38页）这段日记所显示的思想与感情较之《西太平洋的航海者》要宽广阔大得多。

这种情况。如日记58就是1984年回乡探亲所写的回忆童年生活的，日记41、42记载两篇动物的日记也是回忆性的。之所以将这些日记也作为"写生"，是就书写日记之时的情感与思绪而言，而不是就日记中所记事件发生之时而言。正因为是"写生"，观察视角与参与程度都是有限的，故而人物与事件的记载具有"片断"性特征，这是日常生活的常态，也是日记的常态。我只记下我当时看到的与听到的，不追求事件"完整性"，事后也不主动去追问其发展与结局，这也正是体现了"真实性"的要求。进一步说，所有的事件都在时空中绵延，前不见头，后不见尾，本身就没有完整性，所谓"完整性"都是人为想象和切割生活的结果。

2008年8月28日至2010年8月25日，我利用整整两年的工作之余，集中地阅读、整理、打印了1964至1993年的日记，同时收集归类各种我所保存下来的图片与实物资料。我沉浸于各种事件、图片、实物之中，尽情享受着一种微醺的感觉，这是惬意的"自我田野工作"，它没有任何功利性诉求。我开头阅读这些日记时，那些繁乱的篇章，犹如杂树野茅，乱生乱长，似乎没有头绪。不过当我静下心来，探入日记的底部进行寻绎时，却发现这些繁杂文字准确而深入地记载了几十年人生道路中我的心性的一贯性。我1968年高中毕业后当知青，后期在乡村担任一名电灌站打水员。1969年去扬州报社做实习记者，在珍宝岛事件的背景下投笔从军希望捐躯国难。军旅生活中我当过报务员、电台台长、前线作战参谋，最后担任军队高层领导的秘书。我在军队工作的后期读了大学。1985年从军队转业到高校，做了一年行政工作后当教师，开始从事《楚辞》《诗经》以及中国古代文化的研究。我从20世纪80年代后期即开始进行短期田野调查，自1995年起，我完成了将学术志趣从重在典籍向重在田野的转变，自此至2015年，持续做了20年的田野工作，其中包括2000年一个完整年。2007年5月至2013年5月，我担任了六年武汉大学社会学系[①]系主任。在多种生活中，我时而是局内人，时而是局外人，时而

---

[①] 社会学系为武汉大学直属系。

是非内非外的"边际人"。我体验到乡村生活的单纯美妙、报社生活的沉闷压抑、军营生活的如火如荼、机关生活的自我异化,教授生活的矜持刻板、田野生活的自在自为以及系主任行政工作保持自我与放逐自我的失衡与苦痛……

在这数十年漫长的历程中,我的生命犹如一股泉水,穿过山川,流经平原,曲曲折折,但它旗帜鲜明,目标确定,朝着同一方面宁静而有序地"行行重行行"。而这种鲜明性与确定性并非受制于我的理性,而是自然的禀赋与情性使然。我自少年时代起就不对自己进行设计,在人生道路上从未开展过"个人奋斗"运动。我只是一凭生性,听之任之,随心所欲。这使我成为一名行者,不固守于某处,永远处于"在路上"的状态;有时累了略作行脚小憩后,接着又继续行路。我的生性有着它特有的弧度,前行的方向总是被这个弧度所规定。在此过程中,我惊叹于我个人经历中的周期性规律竟然是如此准确,即每隔16年我的生活道路就会出现一个大的转换。如果将缺乏记忆的孩童时代去掉四年,那么从1953年开始算起到1969年离开家乡,这是我在乡村生活的16年。1969年是转变性的一年,这一年有报社工作的半年作为过渡。1969年年底至1985年年底是我的军人生涯的16年。1986年至现在(2018年)共有32年则是在高校工作。这32年中又可分为两个16年:1999年年底至2015年我一边从事教学,一边在周城白族村做了16年的田野工作。其余的16年也成为一个单位:1995年前主要是穿梭于课堂与书斋之间,只有较少时段出外间断地做田野工作;1995年以后田野工作则成为自觉的行动,每年的寒暑假都是在田野中度过,主要田野工作点有哀牢山地区摩哈苴彝族村、湘西苗儿滩捞车土家族村、平峰汉族村,也曾去西藏和新疆等地做过短期调查。

我在"导言"中已经说明,我的研究的路向主要并非将个体作为社会的棋子进而通过个体的生活事件来展示社会文化面貌,而是试图将对象从"社会"与"文化"背景中抽离出来,放到"人"的背景中去。无论在《对蹠人》系列民族志第一卷中对于"他者"的研究,还是本卷对于"自我"的研究,都是遵循这一路径。我一直奉行

"民族志是一种人志"的学术理念,主要不是通过个体来研究"社会",而是通过个体来研究"人"。在这部民族志中,我沿着如下的路径来进行我的研究工作:首先,通过一系列事件分析我在"文化"中的不同位置,这些不同的位置反映着文化对我的制约与影响。这是对"自我"的表层分析。其次,探索我的内在"个性"特征,这种个性与我的人生道路选择具有相关性,显示了我对"生活世界"的理想。这是对"自我"的中层解读。最后,对我的个人禀赋与生性进行探索,找到我在数十年生活中所具有的那种一以贯之的内核,弄清我的人生轨迹基本走向的潜在确定性。这是对"自我"的深层阐释。"视其所以,观其所由,察其所安。人焉廋哉!人焉廋哉!"① 我敲碎硬壳闯入"我",并张开数重大网捕捉"我","我"还能逃到哪里去呢?

## 第三节 "互镜"的概念

本节讨论自我解释的认识论问题,这是相关于自我的解释能否成立的问题。

在学科高度分化的当代学术界,存在着一种"东边日出西边雨"的现象,确如霍克海默所说:"同一对象为某一学科提出了在未来也几乎难以解决的问题,而在另一学科里它们却被公认为简单的事实。"② 现代人类学在创构之初或许就与那个时代的思想步伐并不合拍。19世纪至20世纪关于人的研究已经有了诸多重大成果,如马克思主义发现了人的"物化"和"异化"本质,弗洛伊德发现了人的潜意识的存在,荣格发现了集体无意识,存在主义发现了生存的荒诞性和非理性等。然而,这些重大成果在经典民族志者的著述中,几乎

---

① 《论语·为政》:子曰:"视其所以,观其所由,察其所安,人焉廋哉?人焉廋哉?"意为:孔子说:对于一个人,看他都与什么人来往与交朋友,观看他办事情的时候采用什么手段,洞察他的内心安于什么不安于什么,那么这个人怎么能藏匿得住呢?

② [德]霍克海默:《霍克海默集》,曹卫东编选,渠东、付德根等译,上海远东出版社2004年版,第176页。

没有得到体现,他们只是陶醉在追求所谓"科学性"的迷雾之中。就拿现代民族志诞生的1922年来说,人类学有马林诺夫斯基的《西太平洋的航海者》与拉德克利夫-布朗的《安达曼岛民》问世,其他学科同样有一些重要事件发生:在哲学领域,维特根斯坦《逻辑哲学论》面世;在文学领域,乔伊斯的《尤利西斯》出版,普鲁斯特的《追忆逝水流年》第二卷出版,卡夫卡的《城堡》写于此年,艾略特的《荒原》、里尔克《杜伊诺哀歌》、瓦雷里《幻美集》都在这一年发表;在语言学领域,索绪尔《普通语言学教程》出了第二版;在历史哲学领域,斯宾格勒《西方的没落》出版;如此等等。这些作品所反映出的20世纪初期的时代意识已经由文艺复兴至19世纪所崇尚的"科学"精神转向一种强烈的反思与批判精神。

这里仅举上述诸例证中维特根斯坦1922年出版的《逻辑哲学论》[①] 来说明现代民族志与当时思想界的疏离。维特根斯坦前期著作《逻辑哲学论》所做的全部工作就是考察和批判语言,其最终目的是要给语言划定界限——在分清了"什么是可说的,什么是不可说的"之后,对于可说的要说清楚,对于不可说的则应保持沉默。逻辑实证主义更坚决地主张关于经验之外的世界的实在性问题是一个没有意义的问题。维氏研究"图像论"也好,"真值"问题也好,主要注意力不在于"世界是什么"这个本体论问题,而在于语言逻辑如何与世界发生关系的问题。语言哲学的命题是:"语言(逻辑)是什么","它怎么与世界相关联"。不仅如此,在后期的著作《哲学研究》(1945—1949)中,维特根斯坦彻底抛弃了命题的图像论、否定逻辑形式存在,强调日常语言表达式。维氏前期与后期相同的是,关心的主题都是对思想的语言表达,而非科学地描述世界。本体论关注世界、关注事物,认识论关注思想(思想与事物的关系),语言论关注语言(语言与思想的关系)。关注语言即是关注"表述"问题。马林诺夫斯基与维特根斯坦是同时代人(马氏长维氏5岁),1922年维氏关注的是语言的"表述"问题,而马氏还在关注"异文化是什么"

---

[①] [奥]维特根斯坦:《逻辑哲学论》,张申府译,北京大学出版社1988年版。

的问题。而且马氏的思想一直未变，在他最后一本著作《科学的文化结构》（1944年）中，依然固守着本体论意义上的"科学"守则。具有讽刺意味的是：英国功能主义人类学受到经验主义哲学传统的影响，而维特根斯坦正是逻辑经验主义的代表人物。

20世纪的各门学科研究工作的基础都在更新，这种更新总的趋向是"由外向内"转变。如物理学领域中的"相对论是为通达自然本身的道路提供条件的理论"；生物学领域中抛弃了机械论与活力论的种种规定，"深入到这种种规定之后进行追问，要重新规定生命体之为生命体的存在方式"；在具有历史学性质的精神科学中，"直趋历史现实本身的倾向日益强烈"。[①] 而人类学对于异文化的研究一直没有进入"内部"，研究者并不重视当地文化的自身呈现。格尔兹曾讨论过"外部视角"与"内部视角"的问题，提出了"第一人称"的，"内部描写"的，"现象学方法的"，"音素学的"，"认知性的"，"贴近感知经验"的方法[②]，形成与科学民族志鲜明对照的新的民族志方法学。他还清醒地认识到人类学家（包括他本人在内）在写作民族志时，已经从当地文化中走出来，到了另一个书写的领域，成为"一个任由思绪飘荡的狂热的修补匠"[③]。然而，格尔兹却并未实践"内部视角"这一重要理念，他自己的民族志作品依然是外部视角的，是用全知式的"零聚焦"叙事手法写成的。

其实"科学"的意义并不能让人们如实地认识现实，科学的方法在那些并不遵循自然的先后次序的对象中假定一个秩序，哪怕是一个虚构的秩序。按照李凯尔特的看法，"科学""只能在概念上把现实的连续性和异质性分开，使之或者变为同质的连续性，或者变为异质的间断性"，它将所有异质的、不相同的、不相关的，都化作序列链条上的前后排序的连续系列；又将所有异质的、不相同的放到同一个

---

[①] ［德］海德格尔：《存在与时间》，陈嘉映等译，生活·读书·新知三联书店1987年版，第13页。

[②] ［美］克利福德·格尔兹：《地方性知识》，王海龙等译，中央编译出版社2000年版，第72页。

[③] ［美］克利福德·格尔兹：《追寻事实》，林经纬译，北京大学出版社2011年版，第22页。

结构当中来看其功能。① 至于怎么排列"异质的"链条，如何放置"不相关的"顺序，是纵向放置、横向排列，还是横向放置、纵向排列，抑或斜向放置，错落排列，这要看研究者的意向和预先设计及在研究过程中如何调整与平衡。如果科学民族志作者承认他们的民族志是材料平衡出来的，是按照他们自己的思想结构设置出来的，这也许才谈得上"科学"的态度。但他们并没有做到这一点，反而认为他们的民族志是对当地文化的科学描述。他们按自己的想法向田野对象"发问"，规定了田野对象回答的范围；接着在民族志写作中，又按自己设计的"软件"去构建材料。我想吃咸食，我就放盐；我想吃甜食，我就放糖；我得到的正是我给出的，我接受的正是我施予的。经典民族志作品中关于异文化的描写充满了紧张关系：一方面，它对于作者是合法合理的，因为它是他自我主体的设定；另一方面，对于当地人来说，是不合法不合理的，因为它不是当地主体设定的。它永远走不出这一困境。纯粹的"异文化"描述是不存在的。纯知识应清除，知识总是伴随着情感及目的等附件。在人们的思想中，"推导取决于那些最普遍的命题，而最普遍的命题取决于逻辑学家本人的总的哲学观，后者不是被视为经验判断、归纳，就是被认为是明显的洞见，或是被当作随意的公设"②。

近代哲学的认识论转向所激发的思想，对于理解民族志的本质特征具有根本性意义。所谓认识论转向，是指由对"对象是什么"的追问到"认识是什么"的追问。这一转向"出现了认识论的难题：一个非物质的、无展延的心灵何以能了解运动着的物质"③。也就是说，认识何以成为可能，必须找到它的支点。17世纪的笛卡尔最先提出这一问题，他在《第一哲学沉思集》（1641年）④中预先设置了一种对世间一切普遍怀疑的态度，其任务是要找出第一性的认识，这

---

① ［德］李凯尔特：《文化科学与自然科学》，涂纪亮译，商务印书馆1986年版，第28—36页。
② ［德］霍克海默：《霍克海默集》，曹卫东编选，渠东、付德根等译，上海远东出版社2004年版，第169页。
③ ［英］丹皮尔：《科学史》，李珩译，商务印书馆1975年版，第13页。
④ ［法］笛卡尔：《第一哲学沉思集》，庞景仁译，商务印书馆1986年版。

个认识必须是完全明证的认识,不包含可疑性。他找到的这个"支点"就是"我思",除此之外,没有一件东西完全在我们的能力范围之内。笛卡尔将感官得知的和通过感官得知的一齐去掉,只有作为纯粹思维的"我思",是绝对明证的,是"第一哲学""第一原理",是阿基米德支点。其后,18世纪的康德,则在另一条路径上思考认识论问题,这就是"理性批判"路径。他在《纯粹理性批判》(1781年第一版,1789年第二版)①中提出认识的可能性问题,其基本要求是用理性批判使形而上学成为可能。康德指出人类理性所揭示的比能够获得的要多,而且,人类理性又认识到自己的局限性,它在认识世界的同时,存在着另一种反思的力量,这就是道德能力。这种能力使人对认识世界的局限性进行反思和自我约束而不至于脱缰,于是,人类的认识被局限在一个有限的视角之内,这是人的自觉的一种表现。这样,我们就成为既是理论与经验上的洞察者,又是道德上的自我约束者、自律者。"哲学可以通过表明'我们确能领悟其不可领悟性'而使自己得到满意。"②

在现象学哲学中,胡塞尔是通过对认识本质的研究来解决有关认识与客体的关系问题的。在《现象学的观念》(1907年)中,胡塞尔询问道:"自在事物同我们的思维活动和那些给它们以规则的逻辑规律是一种什么关系呢?"他的问题是:"认识如何能够超越自身,它如何能够切中在意识框架内无法找到的存在?在思维的直观认识中,这个困难却迎刃而解了。"③既然在"意识框架内无法找到存在",那么胡塞尔要求在"我思"中排除经验自我,还原到主体的纯粹思维上。"对象在意识中的构造问题就移到了胡塞尔思想的中心,或者,按胡塞尔的说法是,'存在在意识中的消融'。"④ 现象学还原就是还

---

① [德] 康德:《纯粹理性批判》,韦卓民译,华中师范大学出版社1991年版。
② [美] 霍埃:《批评的循环》,兰金仁译,辽宁人民出版社1987年版,作者序言第3—6页。
③ [德] 胡塞尔:《现象学的观念》,倪梁康译,上海译文出版社1986年版,第7、9页。
④ [德] 胡塞尔:《现象学的观念》,瓦尔特·比梅尔"序",倪梁康译,上海译文出版社1986年版,第2页。

原到纯粹的主体性上。而在1936年出版的《欧洲科学危机和超越论的现象学》①中，胡塞尔认为文艺复兴产生的物理主义的客观主义为欧洲人性危机埋下了祸根。他批评实证主义看不到客观事实依赖于由主体所建立的理论。他主张人的有目的的生活的核心是人的意识生活，这种目的论，从普遍的人类本身的观点出发，从无限的任务出发，自由构造自己的存在，自由构造自己的历史，并将人类的实践引向更高更新的发展阶段。

胡塞尔的批判趋向在解释学那里得到延展。解释学的基本问题是："理解何以可能"，即"理解的条件是什么"。"理解"是一种认识，因而解释学的问题同样是认识论问题。解释学将康德哲学中的理性能力与道德能力的先后顺序颠倒了过来：康德将理性放在第一位，理性里面包含了道德，而解释学将道德放到第一位，由道德来约束、限制理性。也就是说，在解释学中，首先被说的是解释的历史性问题，局限性问题；其次才说明解释在历史性、局限性之下，它是怎么解释本文和事物的。海德格尔明确了三个维度：前因素的制约、语境的制约、情境和目的的制约。"我们在事先就有了一个包含物的网络，在这个网络中，总是已然存在着一种观点，我们就是从这种观点出发而预先看出已被释义着的东西的。"②自康德以来，认识论一直试图将知识与其他信念形式分离开来，而解释学否定哲学的基本任务是提供基础，确保确定性，它将知识看成与理解语境有实用关联，认为不存在由释义去表现的物质的"事物之事实"。

总之，在持续四个世纪艰难地实现着认识论转向的过程中，笛卡尔和康德的基本问题是寻找支点问题，而胡塞尔哲学虽然承继着这一传统，要找寻"有关认识可能性的认识"，但中心问题变成了"对象在意识中的构造问题"，而到了解释学，则否定了哲学的提供基础的任务，将知识看成与理解语境有着实用性关联。认识论转向的重要成果是将客观世界与认识的世界看作两个不同的世界，二者并不具有相

---

① ［德］胡塞尔：《欧洲科学的危机与超越论的现象学》，王炳文译，商务印书馆2001年版。
② ［美］霍埃：《批评的循环》，兰金仁译，辽宁人民出版社1987年版，第6页。

似性而只有相关性；并且将认识的"支点"不再放在客观事物那一头，而是放在纯粹的主体上。这一重要成果对于民族志的意义在于它规定了民族志的性质：一部民族志根本不是从知觉到概念的理性化运动，它始于概念也终于概念。与现实生活相比，民族志文本更有可能自圆其说，自成一体，构筑起独立王国，成为独立于现实生活的外部存在。经典民族志是洗练的、醒目的、清晰的、结论是合乎逻辑的，而要做到这些，就要扯破生活，将生活撕成碎片，然后将这些碎片按照文章的规则而不是按照生活的规则重新缝合起来，这是一种"符号的暴力"。主体民族志撬翻了经典民族志者"科学"基点，民族志者不再去考虑客观世界如何反映在我们的主观世界中形成的图像——这种图像一直被认为与客观世界具有相似性，而是考虑我们主观世界如何运作与构建从而形成图像的——这种图像仅仅被认为与客观世界具有相关性。"我们对于心的事物的所谓的直观，不过是某种技术性词汇的能力，这种能力仅只是我们赞同某种专门哲学的语言游戏的倾向而已。"①

　　把认识支点放在主体这一端而不放在客观事物那一端，认为主体的认识与对象世界之间只具有相关性而不具有相似性，这启示我试图借鉴哲学领域中的"镜"与"无镜"的争辩进而导引出一个"互镜"概念。美国当代哲学家罗蒂认为，传统哲学是一种"镜式哲学"。其所构成的知识论框架，是将人类心灵看作一面映照外面世界的镜子，认知的任务就是要在镜式本质中去准确地映照外面的世界。一方面，镜子中的形象是经过反射后形成的，因此旧哲学所试图把握的东西也不只是素朴的感性自然自身，而是在反思再造中形成的理智形式；另一方面，镜子本身是由光滑的平面构成的，因此"镜式"哲学所把握的"镜式本质"也必然具有严整齐一的理想结构。从这两方面来看，"镜式"哲学所代表的实质上也就是一种本质主义的诉求，即认

---

　　① ［美］理查德·罗蒂：《哲学与自然之镜》，李幼蒸译，商务印书馆2003年版，第20页。

为哲学活动的目标就是要抵达感性世界后面的普遍结构。①心是反映外界的镜子，那么镜像的知识就必须与外在世界相符合。这种符合论就是企图解决知识论（认识论）问题。罗蒂批评的要旨在于：当从本体论转向认识论的过程中，不能再持有"镜式本质"的观点，因为这正是本质主义的特征。在"镜式哲学"中，镜中之物就是客观之物，起码镜中之物是客观之物的反映与模拟，二者是具有"相似"性；而罗蒂提出"无镜的哲学"，既然是"无镜"，并不映照外界事物，二者之间不具有相似性。认识的世界与客观的世界是两个完全不同的世界，一个是外部世界，另一个是内在心灵，不是一回事。罗蒂的认识论主要的关注点已经移到了主体性这一端，认为对于主体心灵的探索再用那种本质主义的"镜式哲学"是不能奏效的。对于任何一项研究，"这一切只不过是一个思想实验"②，如此而已，仅此而已！

"镜式哲学"强调主观图像与客观世界的"相似性"，"无镜哲学"则强调主观图像与客观世界的"相异性"，本民族志的"互镜"概念重在说明主体与对象二者之间的"相关性"，进而将此作为本民族志自我认识的基点以达到在自我解释中的实际运用。为了说明这一概念，我们设置一下具体场景：眼下，民族志者在田野工作中已经坐到当地人的面前，我们将民族志者设定为 A，当地人设定为 B。在第一种场景下，民族志者的视点设定为 A1，他看着对面的 B，也只能看到对面的 B。此时，民族志者的身体就是他的视点所在处。然后，我们在他们两人旁边竖立一镜，建立起第二场景。当民族志者将目光转向镜中时，设定其视点为 A2，他在这面镜中不仅看到了对面的当地人（B），同时也看到了自己（A1），还看到了自己与当地人坐在相隔不远的地方，即两个主体之间的关系（A1—B）。现在，我们再在这面镜子的对面复立一镜，使两面镜子成为"互镜"，建立起第三场景。当民族志者转头朝第二面镜中看去时，设定其视点为 A3，他在这第二面镜中看到的是一个复杂繁

---

① ［美］理查德·罗蒂：《哲学与自然之镜》，李幼蒸译，商务印书馆 2003 年版，第 35—39 页。
② ［美］理查德·罗蒂：《偶然、反讽与团结》，徐文瑞译，商务印书馆 2003 年版，第 148 页。

多的镜像,他不仅看到了刚才在第一面镜中看到的三个对象,即 A1、B、A1—B,还看到了如下几个新的对象:一是看到第一面镜子的那个自己(A2),二是看到 A2 在观察着 A1(A2—A1),三是看到 A2 在观察着当地人 B(A2—B),四是看到 A2 在观察着 A1 与 B 的关系(A2—〈A1—B〉)。以上"互镜"中的各种对象关系如图 2-1 所示:

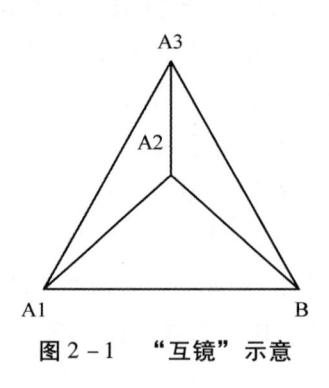

图 2-1 "互镜"示意

  可见,民族志者之所以能够在"互镜"中看到更为复杂的关系,是因为作为主体的 A 的认识支点(视点)是移动的,即先从 A1 向着 A2 移动,再从 A2 向着 A3 移动。[①] 在这种繁复的关系之中,"互镜"的意义在于超越与打破了经典民族志"镜式"地反映客观事物的学术理念,也不同于仅仅在"纯粹主体"这一端脱离客体的思辨式认识问题的倾向。在"互镜"的认识关系中,由于认识支点的移动,存在着主客体关系的多重互动与转换关系。一方面,这里并不存在纯然的客观知识。"名副其实的真正的人文科学无非就是在一面镜中看到的其他东西的镜像而已"[②]。"作者往镜子里看,却只能看到写作的东西。这是一种隐喻,它似乎要打消写作想要描绘或反映不是它本身

---

  [①] "互镜"概念除了理论思考之外,也受到经验的启迪。2011 年我带了两位博士生去参加学术会议,途经扬州在一家餐厅吃饭时,餐厅房间三面是镜,互相映照,内中的镜像极为复杂,突然悟出这正是人类学者工作的写照。

  [②] [法]列维-斯特劳斯:《神话学:裸人》,周昌忠译,中国人民大学出版社 2007 年版,第 693 页。

的那种东西的雄心。"① 另一方面，主体也不能随心所欲地建构，因为客体已在镜像之中。"互镜"中的三个视点A1、A2、A3，正是本民族志所要表达的"主体的三重性"②，即我既是田野工作中的"我"（A1），又是对田野材料进行分析解释的"我"（A2），还是一个民族志书写的"我"（A3）。"主体的三重性"概念解决了自我的解释能否成立的难题：在"互镜"关系中，研究者既可以是社会文化的承担者，又可以是社会文化概念的反思与批判者，还可以是这种反思与批判的表述者。③

为了进一步理解"互镜"概念的含义，我再引格尔兹关于"分层"与"并列"的论述以及费孝通先生的"我看人看我"论题进一步作些说明。格尔兹对于"深描"，他除了引用赖尔所说的"眨眼"例证，还从逻辑上说明了两层意思：一是"从动作行为本身到动作意义之间的深描"，这说的是人类学的解释并不是描述动作行为，而是通过这种动作行为进而对动作的意义作出解释。二是"动作意义之间的不同层次的深描"，即"对于意义本身之间的分层与并列的分析"。这里"分层"是指文化事件是"一个分层划等的意义结构"④，即历史纵深所形成的意义。"并列"指的是这些分层的意义又是并列在一个结构之中的。格尔兹对于"深描"既强调动作与意义的不同，又强调意义的分层不同，还强调意义的分层与并列的不同。这些说法都很抽象，如果我们用"互镜"概念解释，则容易理解得多：动作与动作的意义可以理解为通过一个"镜面"映照出来的，而动作的不

---

① ［英］马克·柯里：《后现代叙事理论》，宁一中译，北京大学出版社2003年版，第143—144页。
② "主体的三重性"与前述"三重主体叙事"是两个不同的概念。
③ 再举一则中国古代画论来说明主体的三重性内涵。郑板桥曾有一个"三竹"理论："江馆清秋，晨起看竹，烟光日影露气，皆浮动于疏枝密叶之间。胸中勃勃遂有画意。其实胸中之竹，并不是眼中之竹也。因而磨墨展纸，落笔倏作变相，手中之竹又不是胸中之竹也。总之，意在笔先者，定则也，趣在法外者，化机也。独画云乎哉！"这里的"眼中之竹"相当于田野工作中的"我"（A1），"胸中之竹"相当于对田野材料进行分析解释的"我"（A2），"手中之竹"相当于民族志书写的"我"（A3）。
④ ［美］克利福德·格尔兹：《文化的解释》，纳日碧力戈等译，上海人民出版社1999年版，第7页。

断深入的意义又是通过另一"镜面"映照出来的。这两面镜子所形成的"互镜",既映照了不同的分层与并列结构,又同时映照了动作"行为"与"意义"之间的关系。

费孝通先生的"我看人看我"[①] 概念表述了与格尔兹"分层"与"并列"大致相同的内涵。"我看人看我"是一个歧义词组,它可以分解出三种不同的动词性谓语类型,即连动谓语、动宾谓语和兼语谓语。费先生利用这些不同巧妙地构建出丰富复杂的语义。第一种语义是"我〈看人〉〈看我〉",这是将句子的谓语部分理解为一个"连动谓语",它可以分解为"我看人"和"我看我"两个句子,意为:"我看别人,也看自己。"这里的语义有类格尔兹所说的"并列"。第二种语义是"我看〈人看我〉",这是将句子的谓语部分理解为"动宾谓语",意为"我看别人是如何看我的"。这里的语义有类格兹所为的"分层":第一层语义是作为下位类型的宾语"人看我",第二层语义递进为上位类型的"我看别人是如何看我的"。第三种语义是"我看〈人〉看我",这是将句子的谓语部分理解为"兼语谓语"。"我看人"与"人看我"是重叠在一起的,其中"人"既是第一个动词"看"的宾语又兼作第二个动词"看"的主语,故而称为"兼语"。它可以分解为两个句子:"我看人"与"人看我",意为:"我看别人,别人也看我",这里的语义既是"分层"的又是"并列"的:"我看人"与"人看我"是并列的表层意义,"人""我"互看达到相互理解则是分层递进的深层意义。这三层意思正是一种"互镜"的方法。在费孝通所设置的多重场景中,只有"我看人"可以看作现场的实景。"我看我",是在第一面镜子中看到的,因为"我"只有在反思(镜子就是反思的隐喻)中才能看到我自己,我将"我"作为自己的认识对象。"人看我"也是在第一面镜子中看到的,此时的"我"也是作为客体,即将自己作为别人的对象。而"我看〈人看我〉"和"我看〈人〉看我"则是在"互镜"关系中看到的,这

---

[①] 费孝通:《我看人看我》,载《费孝通自选集》,首都师范大学出版社2008年版。

里面已经包含了多重复杂的相互关系了。①

"互镜"概念的要点是主体的三重性之间的视点移动，我们可以用笛卡尔的"我思"哲学来说明这种视点移动。在近现代思想史上，笛卡尔是提出"自我"问题的第一人。他提出了一个著名论题"我思故我在"，这里的"我思"是一个有着丰富层次内涵的哲学概念，他曾以"蜡块"为例说明了三个不同层次的"我"：

> 举一块刚从蜂房里取出来的蜡块为例：它还没有失去它含有的蜜的甜味，还保存着一点它从花里采来的香气，如果你敲它一下，它就发出一点声音。总之，凡是能够使人清楚地认识一个物体的东西，在这里边都有。
>
> 可是，当我说话的时候，有人把它拿到火旁边：剩下的味道发散了，香气消失了，它的颜色变了，它的形状和原来不一样了，它的体积增大了，它变成液体了，它热了，摸不得了，尽管敲它，它再也发不出声音了。在发生了这个变化之后，原来的蜡还继续存在吗？必须承认它还继续存在。蜡是一个刚才在那些形式之下表现而现在又在另外一些形式之下表现的物体。（这种）只有有广延的、有伸缩性的、可以变动的东西，我必须承认我甚至连用想象都不能领会这块蜡是什么，只有我的理智才能够领会它，仅仅是用精神去察看。
>
> 可是，当我考虑我的精神是多么软弱，多么不知不觉地趋向于错误的时候，我不能太奇怪。因为即使我不言不语地在我自己心里考虑这一切，可是言语却限制了我，我几乎让普通言语的词句引入错误：因为如果人们把原来的蜡拿给我们，我们说我们看

---

① "互镜"概念还可以在中国古典诗词中找到例证，温庭筠《菩萨蛮》词有"照花前后镜，花面交相映"之句。而关于移动视点，古人也早从日常生活中总结出这种方法，如敦煌曲子词有一首"浪淘沙"说道："五里竿头风欲平，张帆举棹觉船轻。柔橹不施停却棹，是船行。满眼风波多陕灼，看山恰似走来迎。仔细看山山不动，是船行。"当视点放在"船"上时，我们看到的山是移动的，是迎面而来的。而当视点放在山上时，就看到山不动，是船在移动。在这里关键在于我们需要放开眼界，能够不以自我为中心，将视点从船上移到山上。

见这就是那块蜡,而不是我们判断这就是那块蜡,由于它有着同样的颜色和同样的形状。①

在这个经典例证中,第一个"我"是一个行动者,这是一个直接与世间各种事物接触的"我",在这种接触中,"我们把一切物体都领会为是可分的"②。第二个"我"是"我思",这是对这种行动进行怀疑者,"经过怀疑,'我相信无物存在过'",这就是"我思"。对"我思"的进一步表达是"确切地说,我只是一个思考的东西,也就是说,一个精神、一个理智或一个理性,这些术语的意义是我以前不知道的。"在"我思"的阶段,"我那时还不知道我是属于我的本质的,我只知道我是一个在思维的东西"③。第三个"我"是"在'我思'中反思自身"的那个"我",这被笛卡尔称之为"形而上学怀疑",经过这种怀疑之后,"我要发现的,是'一种确定和真实的东西'"。利科对此解释道:这个"我"是"对'属于我对我自己的认识的'东西,或者说得更明白点,对'属于我的本性的东西'的述谓研究"④。在这个阶段,"我"已经知道"我是属于我的本质的"。

笛卡尔对这个蜡块的观察与思考,说明了一种"游移的'我'",即从"我看见的东西"游移到"我思",又从"我思"游移到"对'我思'的反思"。当我把"我看见的东西"都看作是真的时,我只是与我所看见的那些东西相同的"事物的存在"。当我把支点挪移到"我思"上来,此时的我,"是一个在思维的东西"⑤,我就是一种思维的"我思的存在"。而当我将支点又挪移到"在'我思'中反思自身"的时候,我就是一种"反思的存在"。在这里,主体性是通过对

---

① [法]笛卡尔:《第一哲学沉思集》,庞景仁译,商务印书馆1986年版,第29—31页,有删节。
② 同上书,第11页。
③ 同上书,第8页。
④ [法]保罗·利科:《作为一个他者的自身》,佘碧平译,商务印书馆2013年版,第11—13页。
⑤ [法]笛卡尔:《第一哲学沉思集》,庞景仁译,商务印书馆1986年版,第27页。

自己怀疑的反思提出的。

  本民族志对自我的观照,正是一种"互镜"的观照,对自我的解释也正是在这种"互镜"观照中达成的解释。

为何晚风吹拂的时光，

再无那惬意的凉爽？

——《晚风》

# 第三章　文化位置

　　本章所呈现的文化位置，是我的心灵或意识所处的位置。"意识是对世界的位置性认识。所有意识在超越自身以图达到对象时都是位置的，毋宁说它干脆就是这个位置。"① 我在个人的生活道路上，主要经历过八种不同的生活样式，这些样式本民族志都将其看作不同的文化模式②，它们依次为：乡村生活、电灌站打水员生活、报社生活、军营基层连队生活、军队高层机关生活、高校机关生活、高校教师生活和田野生活。在这八种文化模式中，乡村生活、电灌站打水员生活、军营基层连队生活和田野生活与我的心性相合；报社生活、军队高层机关生活、高校机关生活和高校教师生活则与我的心性存在着较大的张力关系。我在前四种生活中心性是宁静的，故而并没有文化位置变动不居的问题。也就是说，在这四种生活中，自我、自然、（社会）文化三者合一。而在后四种生活中，我的心性则显得躁动与焦虑，这种躁动与焦虑经历着同样的过程：初期是新奇，中期是适应，后期是冲突，末期是离开。我将这一过程看作四种不同的文化位置，

---

　　① ［法］萨特：《存在与虚无》，陈宣良等译，生活·读书·新知三联书店1987年版，第9页。

　　② 这里所谓"文化模式"，并非指那种封闭而原始的文化模式，而是一种亚文化模式。在本民族志中，各种不同的现代职业文化以及城乡各种相异的生活样式，都同样被看作是"文化模式"。

即初始位置是"局外人",中间位置是"局内人",上端位置是"反思者",最高的"亢"位①便成为"有悔者"与"逃离者"。为避免冗繁与重复分析,达到在材料运用上相互避让与穿插,本章仅选择高校机关生活作为代表来分析,这一分析对报社生活、军队高层机关生活以及教师生活同等有效。

## 第一节 初位在"外"

在经历了 16 年的军旅生涯以后,1985 年底我转业到某高校工作,在当教师之前,1986 年我在该高校机关做了一年的行政工作。这一年,我从军队文化模式进入了高校机关文化模式,我的初始位置是一个"局外人"的角色。先呈现日记。②

### 1. 1月23日:"大雁"③

一个人闭着眼睛朝天放了一枪,他希望在眼睛睁开时面前掉下一只被击中的大雁。

### 2. 1月24日:"军人生涯到此结束"

去转业干部办公室办手续,开介绍信,并领回一个箱子,一个电毯,一个吸尘器及 50 元钱,算是宣告 16 年军人生涯到此结束!

### 3. 1月25日:"军人生涯彻底结束"

下午去"军队转业干部安置善后办公室"领转业费。我是正营职,转业费为 1897 元(14 个月工资,每月 135.5 元。其中基本工资 127 元,军令 8.5 元,每年 5 角),春节补助费 40 元,2 月工资 166.5

---

① 这里"初""中""上""亢"诸种位置,借鉴《易·乾》爻辞之语意。
② 本章 29 则日记皆为 1986 年所记,故每则日记前省去年份。
③ "日记 1"是本民族志 69 则日记中最短的一则,只有一句话共 36 字;而"日记 12"是最长的一则,长达 8391 字。对于这种"不嫌简短,不避冗长"的日记的处理方式,是由主体民族志"裸呈"理念所决定的,第二章第二节对此已作了说明。

元，共 2103.5 元。16 年的军人生涯彻底结束！

### 4. 2月1日："不是为了五角钱"

又是一番新桃李，到新单位工作了，在工薪科上班。今天是上班第一天，遇到一件有趣的事情：某系一个研究生为了五角钱到工薪科来争执。

"我不是为了五角钱来的，你们要说一个研究生为五角钱跑几趟工薪科，怎么回事？"那边的声音越来越大，渐渐近乎争吵了。

"这是你自己想的，我们不会这么说，你想多了。"

"啊呀，不是想多了，现在什么事情都有。我只是想把问题弄清，人家扣两年，我为什么扣三年，弄清了，哪怕不要这五角钱也可以。"

"你也就是为了这五角钱来的，咱们说话直来直去。"

范科长在与他说明，科里几个人都只在听，小张在一旁不大打紧地帮腔："我们扣你这五角钱又不发财，你说，我们扣你这五角钱发财吗？"

"不说这个，为什么人家扣两年，我一个人扣三年？我如果为五角钱而来划不来，我的人格难道只值五角钱？我知道来了确实耽误你们的工作。"他一直背对着我，无法看清他的脸面。

"不，这是我们的工作。"范科长说。

"说实话，我也不愿意为这件事情来。系办刘老师跟我讲了这个事情，为什么别的和我同时毕业的研究生扣两年，我独扣三年？你要看文凭，我拿给你看，我不是无理取闹。"①

"我给你解释，我们不会扣你的钱，当时搞工改，学校专门成立了一个班子，弄完了，这一摊子的事交给工薪科了，你现在找我们是对的。不过你不要这么跑，你找系里，让系里给你办。"

"这件事涉及自己的利益，只有自己跑。"

"工资改革，确实也复杂。你是下乡的，他是进城的，一角钱也有，二角钱也有，名堂特别多。"

---

① 此研究生的在校时间是：1979 年 9 月至 1982 年 3 月。

范科长翻了几个文件，接着就出门了，小张仍旧说着'我们扣你五角钱又不发财'的话，而研究生忽而颂扬起明处长[1]来：

"老明有魄力。说：'如果省里有文件，大家不扣就都好；如果别的省不扣，我们省要扣，我马上上中央。'这样的领导水平高啊，有魄力！"

大约10分钟，科长回来了，语调变得平和：

"给你改过来，这样算就宽一点，如果那样算就偏严一点。你在校刚好是两年半。"

问题解决了，我以为他就要走了，可是他却问：

"我没听懂什么叫宽，什么叫严？"

"什么叫宽呢？你的学制是两年，我们打听了。我们给你改过来，就宽了。我们不是对哪一个人，不是你和我吵了就加了。"

"我也没和你吵。"

"工资改革开始算工资时我们都没有参加。今天刚好你碰到我们两个没事了，要如果开会了，就没有时间了。"

"党的政策通过你们的手实现，当然允许出现偏差。这工作关系到我们的切身利益。"

"这都是改革带来的结果，今天这个不算了，明天那个又算了，自己打自己的嘴巴。"

研究生重又颂扬起明处长："上回我见到明处长，他说：'如果别的省不扣，我们省扣，我马上上中央。'我说你很有魄力，这体现党的阳光照耀到我们学校来了。这件事不能怪你们，因为不是你们搞的，可我们以为是你们搞的。"

"当时有的领导说扣，有的领导说不扣。昨天说扣，今天他又变了。"

"我也是说气话，你们也理解我的心情。我刚好扣了三年，就更气了。扣三年就我一个，而且也没跟我打招呼。你们也受了我的屈，刚才有些气话，你们也不要计较。"

---

[1] 人事处有三位处长：孙处长为正处长，明处长和郝处长为副处长。按照高校机关的文化习惯，"副处长"亦称为"处长"。

"这，我们经历得多了，有的还来骂呢，你还没有骂。"

"你这样说就与工薪科无关了？"

"当然也有关系，现在归我们这里管。你说清楚了，就补起来。"

"那好，就这样，耽误你们很多时间，如果每个人都这样找，就麻烦了。"研究生站起身来告辞。

"你这时来碰巧了，刚好我们都在。你过春节回家不回家？"

"不回家。你们是六号放假吧？"

"是六号。"

### 5．2月15日："找个凹脸"

上了几天班，就与科里的几位同事熟悉了。今天小张在办公室里说：

"范老师给我介绍对象，开头我不同意，哭。我想我再怎么也不会找个凹脸。范老师做我工作，做了一个星期工作，我还是想不通。后来就告诉我爸爸，我爸爸说，不要看长相。但我还是不同意。那边天天催见第二次，你猜范老师怎样将我的军？意思是说别人长得不好，你自己也有缺点。这一激，我说那好，就这样见了第二面。觉得脸也不那么凹了。这个地方（她用手指向脸上），也有点儿平了。"

### 6．2月16日："熟悉工作"

我开始熟悉工作，将那些工资册以及1985年工资改革的文件，还有历年的政策文件拿出来背。一口气就记下了许多。各类毕业生见习工资和转正后的工资：初中见习工资39元，定级工资50.5元；高中（包括中专）见习工资45元，定级工资56.5元；大学专科50.5元、62.5元；本科56.5元、68元。第二学位的本科生和未取得硕士学位毕业的研究生62.5元、74元。硕士研究生和博士研究生没有见习期，直接定级，一个是80元，一个是86.5元。

工资制度沿革：1950年1月20日政务院制定了统一的工资标准，将工作人员按职务分成25级。第一级工资标准为3400斤小米，第25

级120斤小米。1952年国家对工作人员的工资报酬制度进行改革，统一以工资分作为供给制人员的津贴标准和工资制人员的工资标准。供给制人员的津贴标准分29级，最高职贴1706工资分，最低为85工资分。工资制人员的工资标准亦分29级，最高为2200工资分，最低为85工资分。1955年实行物价津贴，1956年实行工资改革。1959年工矿企业30%调级，高教部门20%调级。1960年高校40%调级，职工20%调级。1963年40%调级，1977年普调，1978年20%调级，1979年40%调级。

办工作证是我的一项重要工作。一个大大的工作证编号和照片存根本，每个人的相片都在这里贴着。还有一个硬皮本，是登记校徽的。再就是独生子女入托报销、上学报销，都归我管。幼儿入托，他们拿来发票，我写上"同意报销2.25元"，签个字，事情就算办完。独生子女上学，小学2—4年级报3元杂费，4—6年级报4元，初中7元，高中8元，这些都有严格的标准。还有经常来来往往办统筹医疗的，也是我负责。我要对他们说：拿独生子女证，拿本人的报告，拿单位的审批，拿户口本，一项都不能少。有人不满意这些繁琐的手续，说马虎点，我说不行。

对于每一项工作，我都非常熟悉细节。例如办工作证，来人找到我，我请他在照片的反面写上姓名、年龄、性别、工作单位、职务，叮嘱他下个星期来拿。核对准确后，我打开分给我的那个小柜子，从中抱出两个大本，进行编号登记和校徽登记。再取出印有"工作证"三个字的红皮小本和工作证芯，一项一项地填好，用糨糊把照片贴好，这样就算完成第一步工作。等积累多了，就统一到教务科去盖钢印。那边有个小马老师，坐在装钢印柜子不远的地方忙她的事，我每次去就说："小马老师，借你的钢印用一下。"她头也不回，说："你拿。"我打开她的那个挂着一大串钥匙的柜子，取了钢印，盖完了就走，一个个簇新的红皮工作证就算办好了。办证过程中，也有新奇之事：有的把自己的职称往高处写，例如刚刚毕业的大学生，只能填"教师"职称，他却写"助教"，我就需要纠正过来。另外一些又相反。有一次一位老头，是讲师，我一下填成了"教师"，正要换一份重写，他连忙阻拦说："不要换，就这个好。教了三十年的书了，全国带研究生的讲师就我一个！"遇有特殊情况也可以不按程序来。上回部里要开教师体育运动会，各学校要争名次的。有两个出色的运动员，可恰恰不是教师编制，是普通的职工，上面同意给办了教师工作证。这种情况就不用证明了，科长直接通知我开绿灯。还有其他诸多事项就不一一列举，例如调动工作的事更是热闹，有的憋着气来吵架的，有的笑着进门哭着出去的。但这些事不归我管，我只是听听故事，看看热闹。

### 7. 3月17日："烦恼事"

今天，小张说她遇到了一件烦恼事：

"最近上面发了一个文件，工资问题补充规定了八条，要调整一部分人的工资。我去省里开会，回来跟他们传达的。可是现在一位领导的爱人也想调，她是以工转干的，按规定不能调。她一调，这批人就都上去了，共二十多个。说要把档案中的以工转干的时间改一改，这是什么做法呢？我是有看法的，不符合上级精神。人家要说，领导的爱人就可以调，我们为什么就不能调？我是要求进步的，向党组织靠拢，心里有什么，就应该说什么，不应该隐瞒自己的观点。我说了我的看法，我不同意这么做。可上面说：'不关你的事，你按领导意图办，有什么事领导承担。'话都说到这个地步了，可是我有我的看法。这弄得我烦死了，你们看我最近心情不好吧，就是为了这个。

"前天晚上你们在开会，我被叫出去了。我去档案室加班查工资，那个领导的爱人明显不符合规定。今天上午的时候，说再查一查，查一查。我说'这怎么查，明摆着的。'他们要把她弄上去，可是这怎么弄？我说我这几天心情不大好。你说，省里的会是我去开的，我记了回来也是我跟他们传达的，这位领导的爱人是以工转干的，按照文件规定不能调。她如果一报，一下子涉及她们一批二十几个，又怕另一批同期转的有意见。再把那一批人也调上，就会多出四十多个。我这不是自己打自己的嘴巴？我是要求进步的共青团员，我正在接受组织对我的考验，我应该坚持原则。你们说是不是？我这次确实是有看法的，我不能因为这个丧失了党的原则，禁不住考验。我觉得这不符合上级精神，我作为搞具体工作的，有义务抵制。我就对他们说：'他要调，他自己来调，他自己拿着他爱人的表格去批吧。'

"我有点气愤就说这个话。他们一听，说冷静点，说组织对我怎么怎么信任的话，说参加工作不到两年的工人站到干部的岗位上，管全校的工资。而且不是党员的同志，能够像党员才能做的那样去查阅许多人的档案。在大家的心目中，我小张就是一个干部，就是一个党员了。我说，正因为如此，我觉得我的责任太重大，全校人都在看着我，我不能干偏了。我现在正在接受党组织的考验，我不应该去讨好领导，而且我想，领导的觉悟也不会那么低。

"到你们开会开完了，我们还在走廊的一头说话。正好这个领导开完会经过，我就对他说了这个事。他说：'不行就算了，你们也早点休息。'领导走了以后，他们说我刚才对领导说话的态度不对头，好像是领导自己要让他的爱人调工资似的。我说：'还不就是那么回事。我这个人脾气不好，说话有点冲人的。'为什么要这样做呢？我真想不通，即使这次调不上，还有下次嘛。这也涉及到一个领导的威信。"①

### 8．3月29日："汽车司机阮小昌"

汽车司机阮小昌，高高兴兴地要调到高校了。可是，现在又不要他了，今天他到科里来理论，大声说道：

"什么手续都办好了，你们又说没有指标了。你们看了档案，没提出什么问题，要我办三个手续，又是体检呀，透视呀，什么都检查过了，你们又说没指标。这么大的机关，高等院校，开玩笑似的。开始的时候，你们说有指标，一个劲催我快点来。我说，你们先看好，我不是一定要进你们这个单位，你们不要，别处还要我。可你们说要！催我，等我都回绝了其他单位了，你们这边又说没有指标。我知道不是涉及指标问题，这么大的学校没指标，我不相信。涉及其他问

---

① 这件事的结果我不知晓，但根据平素的观察，这位领导是一位具有自律性的领导，可能此事停办了。

题，你们讲清楚，或许是我档案有什么问题，你们就提出来。你们没有提出来，看了档案，让我办三个手续。或许是你们有这个亲戚那个朋友把我顶了，你们也应明说，我心里还好受些。你们这样做，害得我好苦。下面叫我怎么找单位？别人会说：'这人有问题，咦，被哪个大学刷下来的。'如果有人这么说你们，你们受得了吗？调个人是严肃的事情，我的档案看了，身体检查了，什么都搞完了，你们又说不要了，你们这是怎么回事？你们如果不解释，我要问问你们的校领导。"

科长不在，他对着小张和小韩发牢骚，我坐在一旁没插嘴。下午科长回来了，这些话，小张大部分转告了。三点多钟，那个阮小昌又来了。

"来了？听说你跑了好几次？"

阮小昌又把上午的话说一遍。

"你找汽车队长，是他要的人，司机的进人权在他那儿，我把权交给他了。我说，你们要，你们负责办手续，你又不要了，你去退材料，本人工作你做。你去找他，再不找生活服务公司。"

"生活服务公司说，他们不知道。你们为什么不要我，你们得说清楚。是不是什么亲戚朋友把我顶下了？"

"那倒不是。这是怎么回事呢，那是汽车队长没跟生活服务公司讲，他自己定了，一报上去，生活服务公司卡了，不表态。这在我们这一方也有责任，没有事先跟生活服务公司打招呼。你单位的工作我们来做，我们派人去说，必要时，我亲自跑一趟，拉着汽车队的人到你们单位去说明情况，好不好？另外一个呢，在没有发调令之前，都是审查阶段，这是有权不要的。发了调令以后，那才是我们的责任。我卡着调令还没有发。"

"范科长这样说话也可以听得，你们也该把不要的原因说清楚，是不是档案有什么问题？我没有犯过什么错误，当然平时稀拉一点，这我可以改嘛，我是党员。"

那阮小昌火气消了些，走了。紧接着汽车队长进来了，范科长说：

"你看你这个事，处理得！刚刚打发走。你弄到这个地步又不要，我给你找了个台阶，说生活服务公司不同意，这才把他的气平下去了。我要你们来看档案，你们没有提什么问题。老实说，已经到了这个地步了，你又说不要，他要到校领导那里去闹，你等着吧。"

"他去闹，我才不怕呢。审查阶段，可以不要。"

"你还是这么说？张明道一个，王立义一个，这又是一个。一个工作没做完，另一个又来了。我跟他说了，我们到他单位去说一说。"

"我不去。你要去你去，我没有错。"

"你还没有错？我把审查权都交给你了，技术上的问题你们审查，符合了，调令也交给你了。"

"范科长，你不用担心，出了事我负责。我是从你这里要过去这个权的，他告到校领导那里我也承担责任。况且，他不敢告到那里去，他也怕。档案里写得不大好，调了三四个单位。他把事情弄大，对他也没有好处，他还要想办法调出来呢。"

"话不能这么说，反正是下不为例。"

我正听着科长与汽车队长的说话，猛然间，那个阮小昌突然出现在面前。原来他没有走，恰好在走廊里遇到一个熟人说了一会儿话。

"原来你们这样的高等院校，高级机关，处理问题就是这样的水平！"

因急着出去办事，后面的事我就没有听到，只看着了"半出戏"。

### 9. 4月6日："刘一明"

办工作证还是出了错。

给刘一明办工作证，他写的"工作单位"是教育科，我也就填的"教育科"，没有请单位开证明进行核实。隔了几天，范科长说刘一明分到××系，在教育科是临时的。而这个刘一明偏偏不愿下基层，于是就把我办的工作证拿出来，向那边的人说："喏——，我分到教育科，你们看，工作证都办好了。你们只要说一声不同意接收，我就可以回教育科去的。"

后来，刘一明传出话来，说："工作证都办了，在教育科的，是别人把我顶了。"刘一明的老父亲来工薪科找了无数次,这个高高瘦瘦的穿着黄军裤的老人几乎每天都出现在门口。有一天下班了,他又找来,科长正在处长办公室谈事情,他就站在走廊里等,像个钉在地上的木桩,下班的人要从旁边绕过去。我也就站下来等,看他又要说什么,因为此事的责任在我。范科长从处长办公室出来,刘老头迎上去。

"为什么周克一进去,就把一明顶出来了?"

"这是工作需要,那边教育科人多了。"

"那开始分去的时候怎么不说工作需要?老范,不要这么说了。周克是怎么回事谁都清楚,当然应该分得好一点。可是现在职工教育又缺编,他们两个人一同在那里工作不可以吗?说心里话,我们也是面子上过不去,你说说,都是一起当兵回来的,又都是党员,周克能在机关待着,非要让一明下去,别人会怎么看呢?"

"是的,人心大家都知道,可现在我也没有办法。分下去,跟着那些教授老师做实验,只要努力,可以学习不少东西。况且单位又不是一成不变的,你干得好,还不是可以上来。如果不到××系去,那么就到校办工厂去。"

"干脆让他去环卫处打扫马路算了。"老父亲愤怒了。

"那你自己找单位。"

不久,我就听说刘父找了相关领导,刘一明到保卫处上班去了。

### 10. 4月7日:"逼上梁山"

上午上班,一团乱麻似的。

几天前科长让我找卫生科李科长商量一下,只能有两名同志从事放射工作并领取营养补助。如果让刚从部队转业下来的史兰香从事放射工作,就该停了那个该退休而没有退休的苏梅花的补助(每月14元)。可是卫生科要给三人都补,而且史兰香元月份调来工作至三月份起薪这两个月也要补。那天史兰香到工薪科来大闹,范科长不在,明处长在。她说:"范科长不懂,是你们要我来工作,打电话叫我来工作的,不是我要来工作。为什么没有营养补助?从事这个工作就应该有，我在部队从去年八月开始就没有上班单位了。"范科长回来，科里的小韩怕她发火，没有将"范科长不懂"的话告诉她。科长让我打电话去卫生科，让原单位开个证明，证明一、二月份没有补，这样就有个手续好办。又说："我和明处长商量了，只能安排两个人，不管他们安排谁。反正你卫生科只有两个人搞放射，卡死它。"

当天我找卫生科李科长一起到医务处伍处长那里去，商量两个方案：第一个方案是维持现状，苏梅花什么时候退休了，营养补助什么时候停发。这是最好的方案，大家平安。因为她原来报退休，明处长答应不退。"有我们什么责任呢？"医务处伍处长问道。第二个方案是只安排两人，那么卫生科把苏梅花的停掉，有矛盾人事处处理。

那边伍处长找到明处长，按第一方案办。并且说，史兰香前两个月也补。这事就这么解决了。

范科长昨天晚上对我说："你是管统筹医疗的，你应该坚持原则。不管苏梅花是什么人的亲戚，她找谁，我们还是要坚持原则。只两个人，他们自己安排。"我说苏梅花是谁的亲戚我不知道，这事是明处长定的。她说："明处长是逼上梁山的，他有苦说不出，所以当时只好答应伍处长。我们这里坚持原则，实际上是帮了他。你那天和伍处长说，让他找明处长说，那是不对的，把矛盾推到领导那里去了。我们办事情不能这样。当然，你刚来没有经验。我们这里卡他两个，促使他们将苏梅花退休。她靠了裙带关系就不退休了。我们要坚持原则。"

※ ※ ※ ※ ※ ※ ※ ※ ※ ※ ※ ※

春天的日记有些青涩，显示了一个"局外人"对于科层制的观察与感受。

在告别一种旧的文化模式、进入一种新的文化模式之时，工作初期总有一些紧张、兴奋与激动，也总有某种宗教企望。日记1"大雁"，是我从军队到高校的职业转变中记下的第一句话。我一边揶揄这个幻想家，一边却又幻想着新的未来。因为我不知道未来，所以才希望在当下与未来之间建立起某种相关性，无论这种想象中的相关性在实际生活中何等不相关。而当告别旧的文化之时，又总是有一种说不清道不明的复杂感情。日记2说"军人生涯到此结束"，既是希望结束，又在留恋以往；日记3说"军人生涯彻底结束"，表明已从留恋过去转为告别过去，从犹疑回首转为昂首向前。

上班第一天，就遇到一名研究生为了五角钱到工薪科来辩理的事，这对我的心灵冲击很大。军人价值观与知识分子价值观的差异在这里表现出来，日记显示出我与这种文化格格不入。就一个局外人的"客位"观察，我最敏感的是这些事件所显示的制度形态与制度的实践形态二者之间的紧张关系。就制度形态而言，现代社会的行政管理机构是一个实施管理的严密的职能系统，它将整个社会变成一架非人格化的庞大机器，使一切社会行动都建立在功能效率关系之上。这种制度是权力依职能和职位分工和分层、以规则为管理主体的管理方式和组织体系，亦称科层制。马克斯·韦伯认为这是现代社会不可避免的"命运"。一方面它使人们的行动逐渐淡化对价值理想和意识形态的追求，专注功能效率；另一方面无情地剥削了人的个性自由，使现代社会深深地卷入了以手段支配目的和取代目的的过程。科层制是以合法的权力为基础的，它为管理活动、管理人员和领导者行使权力提供了正式的规则。现代社会的管理就意味着按照正式规则对组织活动进行控制，韦伯列举了"现代官员的特殊的动作方式"："1. 存在着固定的、通过规则即法律或行政规则普遍安排有序的、机关的权限的原则。2. 存在着职务等级的和审级的原则，也就是说，有一个机构的上下级安排固定有序的体系。3. 现代职务的执行是建立在文件（案卷）之上和建立在一个各种各样的常设官员和文书班子的基础之上的……"[①]。这种等级制的权力矩阵关系，在一所高校的行政机构设置中表现为图3-1：

---

① ［德］马克斯·韦伯：《官僚体制统治的本质、前提和发展》，载《韦伯文集》（下），林荣远译，中国广播电视出版社2000年版，第322—325页，有删节。

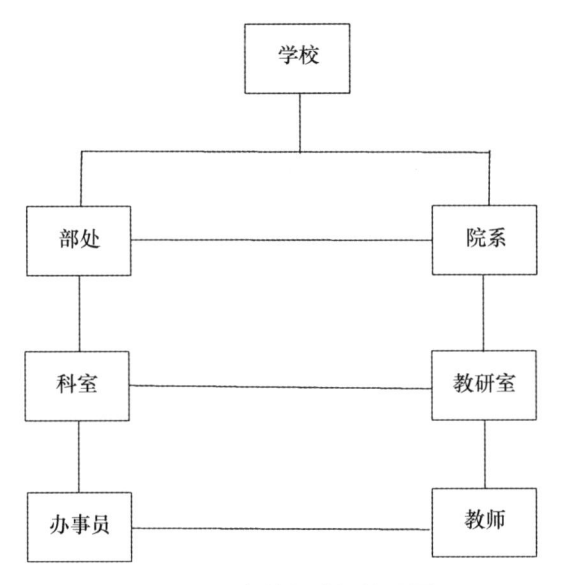

图 3-1 高校行政机构设置

然而，就制度的实践形态而言，在科层制的矩阵之中，却并不按纵横"规矩"办事，处处都存在着一种我将之概括为"斜向的实践"的形态。如图 3-2 所示：

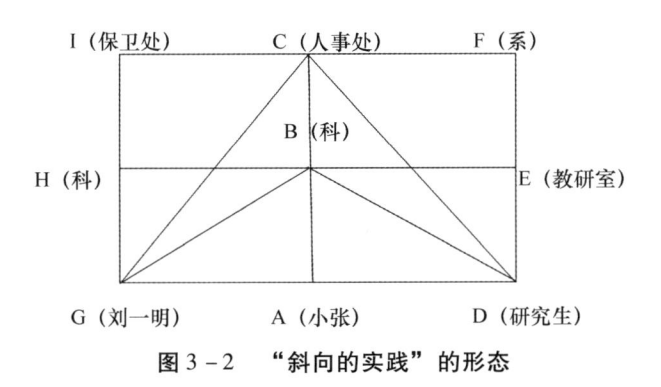

图 3-2 "斜向的实践"的形态

如果按照科层制的刚性要求，只允许有两种关系：第一种是纵向关系，这是不容僭越的上下等级关系，其实践关系应该是"A——B——C"（人事处纵轴）"D——E——F"（系纵轴）"G——H——I"

(保卫处纵轴)。在办事过程中,只能拾级而上,不能越级行事。第二种是横向关系,这是平级关系,不形成领导与被领导的关系。图中"G——A——D""H——B——E""I——C——F"为平级关系。科层制结构泾渭分明,路径选择只能由图中的纵横线条决定。在日记4中,如果按照体制规定,D(研究生)本来应该向E报告,再由E向F报告(如范科长所言,"你不要这么跑,你找系里,让系里给你办");然后F与C协商;再由C向B下达指示、B向A下达指示执行。但是,那个研究生的行动打破了这种正常的办事程序,他跨越了两个纵向序列,走了"D——B"和"D——C"这两条科层制内部并不存在的"斜向路径"。这条既似"鬼道"又似"神道"的路径将体制内的纵横结构搅乱了。然而,这条斜向路径迅速而高效,相当灵动,具有跳跃性、无定向性。那个研究生逼迫办事员、科长、处长聚拢到一起,很快就把事情办成了,避免了机关内部繁文缛节的文牍作风。日记9是另一条"斜向路径",不过日记4依靠国家工资制度的支持,日记9依靠传统"差序格局"中人际关系的支持。

日记5和日记7可以看作一种莫斯意义上的"礼物"交换关系。小张被赠予了"以工代干"的职位,又被赠予了一个"凹脸"男朋友,就要求她履行"回报"的义务。接受礼物是强制性的,回报也同样是强制性的。对于前者,她背叛了她的前男友,违背了她的良心与爱情;对于后者,她要牺牲制度的公正性与严肃性,违背了她的理想追求。故而在礼物关系中她有着双重的痛苦与烦恼。

在日记8的观察中,阮小昌属于"他者"。范科长执行着内外有别的原则,阮小昌其实也懂得这层道理。事情本来到这里已经解决了,可是又陡然急转直下:他偏偏在走廊里听到了事情真相的对话。家丑外扬了,"熟人"之间的事情被"生人"知道了。但事情并无反转的可能,因为"他者"毕竟是"他者"。阮小昌没有任何支持性力量,只能进行道德谴责和人格嘲讽。这种尴尬局面显示了舞台上的角色表演和后台的内幕:"我们通常会发现一种区分,即把区域分为准备表演常规程序的后台和呈现表演的前台。联通这些区域的途径是受到严格控制的,目的在于防止观众看到后台,防止局外人涉足不是面对他们的表演。我们发现，剧班成员之间是不拘礼仪的，倾向于团结一致，而且，他们共同拥有并保守那些倘若泄露便会使表演失败的秘密。"①奇怪的是，当科层制的内幕被揭开，表演并未失败，而是换了一种方式继续进行。

日记10"逼上梁山"是一则有类于格尔兹所说的"柯恩与羊"的故事②，意义丰富而复杂。这里出场的人物就有八个，每个人物都被数重关系环绕着。苏梅花依靠着体制外的人脉关系退休后继续留职工作并领取补贴，支持她的是传统的人际关系网络。史兰香领取放射补助是正当的，是制度所支持的。她得理不饶人，情绪化严重。伍处长在制度内处于高位，苏梅花的"后门"关系以及他对于明处长的压力都说明他利用了制度所赋予的权力徇私。明处长是愿意执行制度的，但是又碍于伍处长的面子，将工作关系与人情关系纠缠在一起，违心地办事。范科长是个正义者，坚持严格执行制度，不过，她要办事员扮演黑脸包公，而由领导扮演红脸皇帝。李科长本来是苏梅花和史兰香的直接领导，但是由于伍处长在上以及不愿掺和这中间的复杂的人情关系使他成为一个无足轻重者，扮演着跑腿的角色。小韩看似最不重要，但她不将"你不懂"的话传达给范科长本身也是一种文化背景的设置。而"我"，似一片掉进河里的树叶，随水漂流，是一个糊里糊涂的角色。在这里，出场的八个角色，每个人都存在着一个动作意义之间的"一个分层划等的意义结构"，这些分层的意义在各个角色之间也形成了并列关系。

总之，那一年的春天，我在高校机关所处的初始位置，是文化制度的局外的冷静旁观者。"我站在桥上看风景，看风景人在楼上看我"，我看别人多聪慧，别人看我太愚钝。这种"客位"的观察，显示了我对新接触到的一种文化制度的好奇与莫明其妙，同时也存在着一种抵触与抗御的情绪与态度。

---

① ［美］欧文·戈夫曼：《日常生活中的自我呈现》，冯钢译，北京大学出版社2008年版，第203页。

② 参见［美］克利福德·格尔兹《文化的解释》，纳日碧力戈等译，上海人民出版社1999年版，第8—10页。

## 第二节 中位在"内"

几个月以后，随着对工作的熟悉，我由外转内，变成一个"局内人"。此时的我，不仅是一个适应者，而且已经融入其中成为一位文化制度的忠实执行者。那年夏天的 5—7 月，我只记了三则日记，且都是长篇。

**11. 5 月 25 日："脏孩"**①

我被挤得浑身是汗，我的心同样在出汗。

几分钟前，我把一辆崭新的"凤凰 20"自行车寄放在百货商店大楼前，就被蜂拥着的人群挟带上了公共汽车。现在我有工夫去想那辆新的车，不知怎么的，心中顿时生出预感，觉得新车差不多就要被偷了。我怀疑——不，我断定——，那个看守自行车的脏兮兮的孩子是个窃贼。

那孩子，个子不大，大约十一二岁光景。不过也难说，看上去很老气，这样说来，是十五六岁了？我记不清那孩子的模样，只感觉很脏，不仅衣服又脏又破，而且脸也格外的脏。我刚将车推过去，脏孩便尾随上来，一双贼溜溜的眼睛。我还没有来得及细细思考，惯性动作使我已经架稳了车子，脏孩很快上前挂上一张饭票大小的马粪纸片，并交给我同样一张，算作凭证。新的车是托人买的，好容易才弄到一张票。如今街头巷尾就有一些不三不四的人专卖这种票，拇指和食指向你一伸："80 块"。

正是上班高峰，车上人越来越多，我的胸被挤压在一个座位的扶手上，只得用臂力支撑住背后巨大的压力。

我很是懊悔：今天本就不该骑自行车，从单位走到公共汽车站不过 20 分钟。说这个还有什么用！……那脏孩连模样都记不清了，好

---

① 此则日记是当天外出办事，归来后记下的乘车时的经历及所思所想。

像上嘴唇涂了一大片紫药水。对，脏脸上是有紫药水。然而只要一洗脸，那记号就被洗去了。……汗从鼻尖上往下滴，我腾不出手去擦，这下连"紫药水"也模糊了。现在即使警察领来许多孩子站到我面前，只要其中两个同样涂着紫药水，我也辨认不清。唉——，现在我已经将新车白白地送给那个偷车贼了。

今天我的任务是去找寻本单位一位在外做生意的S君，向他郑重宣布中央文件。很远的距离，脏孩有的是足够时间作案。更为糟糕的是，我还对脏孩说："我中午一点才来，好好看车。"这等于对他说有好几个小时任你下手。哎，要是装着进商店的样子就好了，可我没有，我总是那么愚钝！脏孩一定先辞了别的存车的人，说："你们到那边寄存去，我要回家"，然后开始下手，专心致志地对付我的新车。转而怨恨起S君来，不是因为这个出去经商捞钱的家伙，新车就不会丢。现在中央下文件了，停薪留职的国家职工要回原单位。然而，S君已经赚够了钱。可恶！

一想起钱，就想到"一切向钱看"竟然一夜之间成了社会风气，真诚、友谊、互助都丢到九霄云外了。"万元户"是什么人？我有个小学同学，刚好就姓"万"，是一个私人停车场的老板，生意特别好。过路司机都愿意来这里食宿，因为吃得好，喝得好，玩得好，第二天还要塞给你两包烟，发票数字也多写。附近一个国营停车场却无人问津。他捐了一万元给村里，作为"万氏文化基金"，谁家孩子考上大学，就有奖。大家说他觉悟高，思想好。报纸上的宣传又升了格：精神文明建设的带头人。……噢，还有那个推销员，我的一个战友，复员后在社办企业当推销员。头几年送自行车，手表，缝纫机，后来送电冰箱、进口彩电，现在直接送钱。三千五千元，用纸一卷，你知我知。[①]

汽车又靠站了，下去了几个人，却上来了更多的人，前后左右都在喊："挤一挤！挤！挤！挤——"。我的身子被挤得缩小了许多，唯有思想尚得自由。……脏孩现在一定从容不迫地动手了。先把锁弄

---

[①] 此事见日记35。

断,不,不用这蠢办法,他有一大串自行车钥匙。开不了?索性扛着车就走。

"车,我的车!"我在心里喊着。汽车刚好又停下来,我动了下车的念头,想去看看车。兴许脏孩正干得起劲的时候,我突然出现,当场抓获,扭送公安局。这主意使我很激动,很自信。可现在身子被挤扁了,动不得。

汽车又开了。……我的同事一辆新车就丢了。刚刚买来,钢印未打,外出办事放在那单位的车棚里,心里惦记着,匆匆办完事,车已不在。现在轮到我了。

我在这车内,身体圆圆扁扁,大大小小。旁边一位老人,提一大口袋,他说里面装有10只母鸡,到城里去卖。刚才听见一声惨叫,鸡肯定死了一只,可能还不止。那几个刚上车的长头发、小胡子,挤车的动作如狼似虎:"一、二、三,加油;一、二、三,嗨——"。旁边一位姑娘,口红像猪血,极可怕,与一长发青年贴着。

脏孩、万元户、推销员,还有血淋淋的嘴……

……

现在,我又乘坐同一路公共汽车往回走了。

事情办得很顺利,找到了那位停薪留职做生意的S君,宣布了中央文件,S君答应立即回来上班。

早晨上班的高峰期已经过去,车子空空荡荡,一点儿也不挤,每个人都有座位,还剩余一些。汽车刚刚被冲洗了一番,特别干净。前面的驾驶室挂着一串绿葡萄,青翠欲滴。这辆车是不是刚才的那辆,已无从判定。

车子在哼着歌儿前进,我的心里也在哼着歌儿。坐在靠窗的那个位置上,窗外的暖风柔柔地吹。

突然觉得,我的新自行车根本就没有丢!这一感觉很新奇、很浓烈,它使我非常兴奋与自信。我已经看到了我的车,夹在许多车的中间,骄傲地站立着,脏孩正紧紧地守护着。我被这一场景感动了!脏孩本是好人,是诚实的少年,可刚才冤枉他了,玷污他了。脏孩那么矮小,那么老相,因为家里条件太差了,他出门给人看车,多么可怜。脏孩讲信用，收费低，又忠诚老实，寄车的人喜欢他。隔几天，脏孩就回家一趟，把钱交给母亲。母亲要给他买件新衣服，他说不要。……总而言之，脏孩是个好孩子，决不会是贼，看那双眼睛多么可爱机灵，我刚才怎么会将这么个诚实的孩子当作窃贼呢，可笑！

忽而又觉得，即使那个一心弄钱的S君，也不是那么可恶。

汽车开得很平稳，不快也不慢，太阳照得暖融融的。闭上眼睛，觉得很舒适。眼睛对着阳光，是一片红彤彤的世界，非常美妙。里面有很多金碧辉煌的东西，说不清楚是什么，唯一可以认出的是那辆新车。脏孩也换了新衣服，非常精神地站在车旁，目不转睛地看着车。

窗外，和风吹拂，想起一首古诗：

"春日春风有时好，春日春风有时恶；不得春风花不开，花开又被风吹落。"①

## 12. 6月19日至7月4日："假作真时假亦真"②

4月9日，本校离休干部戈星月（1929年生）给校党委组织部写了一份报告，随报告有三份附件，要求解决工资待遇偏低的问题。

关于要求更改我的工资级别的报告

校党委组织部负责同志：

我是1946年7月参加工作，1952年在原Z省文工团时定为文艺13级，分数260分，当时的行政19级为255分。1953年调到Z省豫剧团。在1953年4月开始由供给制改为薪金制，月工资68元。1956年9月3日到本校报到。1956年4月中央文化部决定将文艺13级、12级合并为文艺11级，月工资84元。来汉前，听说过调资并级，那时根本不想这些，认为是领导上的事情，所以来汉时并没补发工资，剧团还是写原工资68元的证明。来校后改为行政20级，月工资66.5元。当时我知道不对，又认为少几个钱算什么，怎么能向组织上提这些呢？所以30年来我

---

① 说明：那天我的新车并未丢失。
② 这则日记是持续多日记下片断，最后整理成篇的。

未对别人讲过此事，更没有向组织上提什么要求。

　　1985年五六月份，我在北京治病时，很多原Z省文工团的老领导老同事去看我，问起现状，得知我现在是行政19级，他们认为不对，要写证明要求校党委更改一下。他们认为这是原应有的工资级别，不算是向组织伸手要名要利。我认为也不无道理，所以才写此报告。请组织上查阅1952年和1956年有关中央文化部的文件，如符合党的政策，我要求组织上研究解决更改，这主要是个政治待遇问题。

　　我认为组织上对此事没有任何责任，主要是怪我自己，要等到并级工资补发后再来汉什么事情也没有了。现在给组织带来不少麻烦，如能批准更改，从批准日算起，以前的一律不补发。谢谢组织上的关怀！

报告人：离休干部戈星月（章）4月9日

　　我希望组织上进行全面调查，现将有关人员名单介绍如下。（略）

　　该报告有三个附件。第一个附件为原Z省宣传部长的证明材料，内容如下："党委：你单位戈星月同志，原系Z省文工团干部，1952年由包干制改为工资制时，在Z省定为文艺级。因为当时我们对文艺级与行政级应有的差别不够理解，采取了用行政干部定级的标准来套文艺级的做法，例如文工团团长的文艺级别不能超过县团级干部的级别等。当时文工团最高一级仅为文艺9级，以下干部从文艺9级向下类推，直到文艺22级。这样就使省文工团的成员的级别比一般省市同类文艺干部的级别普遍低2或3级。当我们听到同志们反映，了解到这个情况时，正是Z省撤销，进行结束工作的时候。当时我们承认了这个差距并答应给新接收单位去信调整，但这件事没有落实，至今已20多年。考虑到这一批同志不少都担负一定的领导工作，但却享受不到应有的政治待遇，致使他们感到精神上也有些负担，为此，我们感到有责任向有关单位反映情况，希望所在单位在今后调资时，根据这些年调资的变动情况及本人当前的现状，并注意这个历史的遗留问题，酌情给以适当照顾。"

第二个附件为原Z省文艺工作团人事和财务负责人沈习仁的证明："现将戈星月同志的工资待遇问题证明如下：戈星月同志于1952年在Z省文艺工作团工作时定为文艺13级，月工资260分，即国家行政19级（255分），1956年，中央文化部将文艺12级和13级合并为文艺11级，月工资84元，自同年4月份起执行。特此证明。"

第三个附件为原Z省豫剧团杜某、惠某、杨某3人的联名证明："贵校戈星月同志于1952年在Z省文工团工作时定为文艺13级，1953年调Z省豫剧团工作，工资关系转到该团。1956年调级时，中央文化部文件指示将文艺12级和13级合并为文艺11级，在星月同志调贵校工作时，误将文艺11级转为12级，特此更正。因Z省豫剧团早在'文革'中被撤销，无法盖公章，唯有我们几位战友签字和盖公章证明身分，特此说明，见谅。"

组织部和人事处派我与另一名老干处的同志去外调此事。小张写了戈星月同志工资问题调查提纲：1. 查明1956年4月中央文化部是否有文件规定将文艺13级、12级合并为文艺11级，属哪一级文件，是口头通知，还是电话传达。2. 如果没有文件，继续调查一下戈星月的同事中是否有从文艺13级、12级调到11级的，这些人在档案中是怎样审批的，根据是什么。3. 查明写戈星月的工资证明的根据是什么，1956年9月戈星月开到我校的工资关系到底是文艺多少级（存根），并且，查明戈星月当时的级别是否属于合并范围之列。注意：该抄的文号要抄文号，该复印的要复印。

我们先去了邯郸调查，因为证据不足，杜某等三人将他们的证明材料撤回了。然后去北京调查，其间我与证明人沈习仁发生了一场争辩。

"找不到文件根据就不给人家办了？文件还不是人制定出来的吗？现在原Z省领导都出了证明，说当时Z省文工团的级别定低了2—3级。星月工资低，这难道还不可信吗？"老人激动地站了起来，居高临下怒目注视着我。

"我们办事总得有个依据。沈主任，我的工作就是把这个问题调查清楚，我们领导也反复地叮嘱要找到文件，我们来就是根据您的证明材料去找文件的。"我拿出他写的那份证明材料。

他一见那证明，嘴唇便抖动起来："你想让我也收回？我可以告诉你，我决不收回！邯郸他们把证明材料收回，是错误的！我要上告，直到告到中央我也要把这件事告下来！他们就用这个态度对待一位老同志？把人家工资弄错了，现在连证明都收回去了！"

"老前辈，您不要发火，我没有让您收回去的意思，只不过这上面的 1956 年 4 月文化部没有合并级别的文件，这，沈主任您昨天和我一起去查的。"

"怎么没有文件？有文件，1980 年我还看到过，那一回通过人大常委会的一位同志去查的，1956 年我传达过。"

"那就好办了，沈主任，只要把那个文件找出来，我们一定给戈星月同志办。我们也是出于关心戈星月同志才出来调查的。我们确实是想给老戈解决问题的，但要查到依据啊。"

"你们既然想解决，怎么没有依据呢？原 Z 省领导出的证明还不能作为依据吗？"

"那只能是参考，因为他是以个人名义出的证明。"

"那上面的公章是干什么用的？"

"公章只能证明他的身份，而不是代表组织。"

"那照你的说法，这东西没有用了，是一张废纸？"

"沈主任，我可没说没有用，我是说的参考。前天我们到贵单位人事处去，何处长也说，您提级也不是依据这个。"

"我要去问问他，现在我们一起去，一起去问问，看看这东西——Z 省领导，老校长，××市文化局局长写的证明材料有用没用？"老人满脸抽动，一拍桌子，指向侧前方，好像何处长就在那里。

"我没有说过何处长说过证明没有用的话。"

"那么，你现在承认有用，就要给人家去办。你们开始来，我对你们是客气的。我心里窝着一肚子火呢，你们接到这文件以后为什么不给人家办？"

"这只能作为参考。您看这最后的话：'希望所在单位在今后调资时，根据这些年调资的变动情况及本人当前的现状，并注意这个历史的遗留问题，酌情给以适当照顾。'这是讲要根据本人当前的现状照顾，而没有说一定要办。沈主任，前天我们来的时候，您就说过接到这东西，有的单位办了，还有很多单位没有办。"

"都办了，就你们单位没有办。"

"这，沈主任，是您自己亲口讲的。"

"照顾也是往升级的方面照顾，而不是往低。这就是根据，这上面说得清清楚楚。当时Z省文艺级定低了，这还不能作为根据？"

"沈主任，你看这样好不好：第一，沈主任您说1956年传达过中央文化部关于文艺级别合并的文件，那么还请您找那位同志从中央档案局或其他地方把文件找出来。"

"那不一定能找到，'文化大革命'一场浩劫很多文件都找不到了。"

"您不是说1980年还借阅过一次吗？"

"1980年的文件现在有的也不一定能找到。你们不要以为中央机关对文件保管得就是如何好，我举一个例子，就是这位老校长，有一回，拿了一份文件，过了一会儿不见了，再也找不着了。等到过了一个星期，打扫卫生时，才从沙发底下扫出来，原来被风吹跑了。我不能保证找到这个文件，我尽量找。……为什么一定要文件，有老同志的证明就行了。'文化大革命'中说我是假党员，天天斗我，还不是老同志说了话：'什么假党员，我证明，是我介绍入党的。'造反派干瞪眼。'文化大革命'中，我家里是公安局常来的，对面有个剧场，中央领导同志常来看戏，保卫人员就住在我家里。我家是经过严格审查的。所以别的家都被抄家了，造反派不敢动我家一根草。本本上写的东西都是对的吗？你看，我的户口本。"

说到这里，他的语调温和起来了，走进里屋去取出一个红皮的户口本，戴上眼镜，慢慢地翻开来。

"你看，连户口本都把我和老伴的性别搞错了，我老伴写成男的，我写成女的。这本本对吗？人家来一看，弄错了，就改过来，你看这不是改过来了吗？文件，本本还不是人制定的，人把它改过来就行了。"

"好吧，就这样吧：第一，请沈主任先找文件，找到文件，一切都好办了。第二，如果找不到文件，与戈星月同志当时都是13级的同志调为11级的档案里有记载的也可以，我们查了有关同志的档案均无记载。沈主任，不怕您见怪，我们也查了您的档案同样没有记载。第三，如果文件也找不到，档案里也没记载，那么就看邯郸那边能不能找到原始的根据，证明当初确实把老戈同志的工资关系转错了。他们在证明材料中说将文艺11级转为12级，特此更正。能找到原始根据就行。不过他们写那个证明材料是因为您沈主任给他们去了一封信，几个老同志在一起回忆，他们是听说，没有任何根据，所以当场就把证明撤回了。"

"我要告他们！告到中央我也告他们！对一个老同志这么不负责！他们撤，我不撤，我坚决不撤！而且我还要写！我可以找到和星月同志相同级别的调为11级的同志的档案。我提供几个人，你们去查，我来写。"说着，他拿了纸笔。

"沈主任，您能提供同类人员档案中有这种情况更好。我还有一条没有说完。第四，如果当时戈星月同志不是因为你们所说的所有原因，而是因为1956年9月调动工作时漏调了，如果能找到当时中央或者省有这方面的文件精神，就是在调动工作中漏调的要补调，那么戈星月的工资问题也好解决了。老实说，我们学校是同情戈星月同志的，工作这么多年，到今天还是行政19级，的确太低了。而戈星月同志又老实，从来也不向组织伸手，每次调都是让给别人调，可是现在要解决，总得有个依据，有个文件精神才行。"

"什么文件精神？昨天我们一起到何处长那里去，那文件精神不是都有了吗？1952年文艺13级工资是260分，行政19级255分，还高5分。1954年行政19级268分，文艺13级266分。1955年改为人民币，行政19级62元，北京地区加16%的物价津贴，而文艺13级是60元，加16%的物价津贴。1956年工改，文化部关于颁发全国文化事业、企业工作人员工资标准和调整工资的通知指出：'业务技术人员的工资的增加一般比行政管理人员稍多'，怎么戈星月到你们学校反倒降了呢？1955年文艺界是25个等级，1956年只有16个等级，那9个等级到哪里去了？不是合并了吗？明明戈星月的工资是错了。昨天在那里，你这位小同志也说从这趋势看起来，戈星月当时应该上到文艺11级，这样方和行政19级对应。这是明明错了的事，怎么就不能改过来？你们欺负戈星月老实，她不提，你们就不管。去年她到北京治病，我们过去Z省文工团的几个老同志聚会，才知道这件事，我们是打抱不平的。"

"低了低了，教育部文件也认为把文艺级和行政级混起来是个错。但她是没有参加工改就调到我们学校了，她调过去的工资关系是文艺13级，我们学校没有任何错处。"

"这就不怪你们。"老者语调又缓和了，"我刚才声音高了点，我这几天爱发脾气，前几天有人来外调，我也和别人吵了一架，请你这位小同志原谅。昨天你不也是同情戈星月她是吃了亏，你是不是跟家里打个电话？"

"我们既要讲感情，也要根据文件精神。全国在工作调动时没有赶上调工资的也不止戈星月一个人，要改没有根据就经不起检查，上级也不会批准哪。"

老者不说话，手又抖起来，用一张纸写着："关于戈星月同志的工资问题的说明：一、戈星月同志1952年在Z省工作时定为当时的文艺12级，每月260分，行政19级每月255分。二、当时Z省文工团定级时采用行政干部定级的标准，未套文艺级，比别省文工团普遍低二三级。6月28日"。

他写好了，交给了我，强调："我的证明有效。我决不收回！"忽而他可能觉得这句话很重要，应该写在证明材料上，便将证明又拿回去，手哆哆嗦嗦地在最后一行处加上："三、我的证明有效。"

调查回来后，我写了一份报告，接着就进行了汇报，组织部长、人事处长和工薪科长都参加了。

### 戈星月工资级别问题的情况调查

关于戈星月的工资级别问题，我们到北京、邯郸等地作了调查，情况如下：

第一，中央文化部无合并级别的文件。为找依据，我们至中央文化部劳资处查询，该处×处长口头答复，并无此事；又遍查文化部历年文件，亦无此件。1956年《文化部关于颁发全国文化事业、企业工作人员工资标准和调整工资的通知》（〔1956〕文陈人资字第71号）中，亦无合并级别之条文。

第二，戈星月同事的档案中亦无合并级别之记载。我们查阅了戈星月过去在Z省文工团的同事沈习仁、惠某、安某（现在某戏曲学校工作）三同志的档案，均未见关于合并级别的记载。

第三，错转级别无依据。我们于6月28日去邯郸市某剧团找到惠某和该团搞政工的申某同志了解情况，惠某当场将他与杜某、杨某合写的证明材料收回，因此错转问题已不复存在。

所以，证明材料中关于合并级别和错转级别的问题查无实据，应予否定。

另外，关于文艺13级和行政19级的对应问题，经查，1955年以前，文艺13级和行政19级在工资上大体相等。1955年文刘人干字第191号将全国文艺工作人员的工资标准分为25个等级。1956年7月6日国务院颁发国家机关工作人员工资方案的通知，1956年7月11日，文化部根据国务院关于工资改革的决定，颁发全国文化事业、企业工作人员工资标准和调整工资的通知（文陈人资字第71号），将文艺人员的工资标准重新划为16个等级和两个辅助级，但是文化部关于文艺工作人员级别评定并不是合并文艺级别，而是按照上述文陈人资字第71号文件中所指出的"文艺工作人员和其他业务技术人员的工资级别的评定和提升，主要地应当根据本人当前的艺术或业务技术水平，结合其在人民群众中的地位和影响，同时应当适当地照顾其在艺术或业务工作上的历史功绩"的精神进行评定的。戈星月同志1956年9月1日至我校报到，改行从事行政工作，未来得及参加Z省豫剧团的文艺级别的评定工作，所以根据当时的文艺政策和工改后新的工资标准，文艺13级只能套改为行政20级。

1986年7月3日

我汇报完了，大家不说话，似乎还想往下听。我补充一句："我就汇报到这里。"

"我看这个问题是清楚的，也就是说，文化部1956年4月没有合并文艺级别的文件。第二呢，惠某他们的证明材料是回忆的，是没有根据的，自己拿回去了。"人事处长说。

问题的一切矛盾都清楚了，学校对戈星月同志的工资处理没有错，是根据文件精神的，这一点甚至为戈星月辩护最激烈的北京沈习仁也承认。在外调之前，戈星月的丈夫老刘到机关找到组织部长，说："你们看看，有哪个人像我老婆那样，解放前参加工作的到今天还是19级？1956年工改，文艺13级套了行政20级。她那时是名演员，谁不知道？到了学校吃尽了亏。1963年普调，她人太老实，发扬风格，说她不要，自己工资本来就高，让低的同志调。1972年低调①，当然轮不到她。1977年40%，她又不要。1978年20%，她生病了，瘫痪在家，不用说了。1979年40%，更不用说。1982年总算在普调中调了一级。1985年工改又离休了。你们看1952年就低了2—3级，到现在只是1982年调了一次，而别人调了好几次了。"部长说，"只要我们弄错了，没按文件精神来，我们改。"这就决定派我们去调查。现在什么都清楚了，部长从口袋里掏出了香烟，点着抽起来，边说："老戈工资是低了点，这个也是事实。她吃亏就在于当初她没有参加文艺界的工调就调到我们学校来了。刚好碰在点子上，漏调了。这种情况有的是。"

"哎，她吃亏就是这个。现在的人刁了，入党也好，调工资也好，弄完了再调动；或者先不调工资关系，等那边调完了再转。那时候的人哪里想到这？一声调动，立即就走，好像讲工资就是个人主义，脸都红的。老实人就吃亏吧。戈星月当时为什么要调我们学校来呢？她当时要留在文艺部门，或者调到省哪个剧团，就好了。"

"我看这问题就到这里，事情已经清楚了，你，老范，找戈星月谈谈，把情况说清楚。也找老刘谈谈。"孙处长说。

---

① "低调"为针对工资偏低的人员进行调整。

"还是处长你去谈吧。"科长推托。

"你们去说好,把调查情况说说,你是工薪科长。要找到我们处里,我再说。"

"那好,那老刘就不说了吧,因为又不是他的问题。"

"找老戈,"部长说,"老戈还是比较通情达理的。"

会后,我与范科长立即去了戈星月家里。

戈星月听到外面有人叫门,叫儿子把门打开,她扶着椅子去拿靠在墙壁上的双拐。范科长和我已经站在面前,戈星月高兴地向前探出身子要和我们握手,没想到拐杖尚未撑好,"叭"的一声,跌倒在地。

"你就不要起来了。"范科长把戈星月扶起来说。

"你们是稀客,稀客。"戈星月一边笑一边说。她被重新扶正坐在床上,将双拐依旧靠在墙壁。

"我们来看你少了,工作也实在是忙不开。"范科长说。

"这就不错了,党组织对我照顾够周到的了,我哪能再打扰你们的工作。我倒成了大家的负担了,心里真是不好受。"

"你还在练画画?"范科长看到她桌上的画。

"练得玩,在家没事干,一天到晚躺在床上总不是个事儿。去年我一个同事来看我,说:'你学学画吧,我这里有几本书。'开头我用报纸画,照着她送给我的书上的竹子画,怎么也不像。后来别人说,要用宣纸画,我这才去买。画了一年了,画得不好。"

"嗯,不错,不错,有功底,你看那多像噢。这么多,要多大的毅力。"范科长看着我,想求得我的赞同。

"毅力说不上。今年七月一日,我自己看看比去年倒也有些进步,就画了两幅交给党。党生日了,我们过去都要庆祝演出,到单位来不在文工团,开个文艺晚会都要唱几段河南豫剧。现在在床上,一天到晚不能动,我说就画几张画,表表我的心意吧。不管别人说好还是说坏,反正是自己画的,不怕显丑。我让老刘拿到裱画店里去裱一下,送给支部了。"

"你真是对党尽到心了。"

"我入党不容易啊,我入了两次党。一回在中学,我14岁的时候就入党了。我们那里是冀鲁豫老解放区,村长介绍的。问我对日本鬼子怎么办,我说'拼命',就入了党。可哪里懂什么呀?后来日本鬼子打走了,我想上学,就自己去上了。我上学是不想当家庭妇女,心想上学还不是为人民服务,就脱党了。想起这段来后悔死了,再回过头来一想,思想觉悟也够不上。后来参加革命队伍,当了文工团员,个人主义还不少呢,家里有几亩地,20亩地,土改时怕群众把自己家的地分了,就想给家里去信把地卖了。又想家里不是地主,可能斗不着,就是怕群众查浮财,因为我母亲有几件衣服怕查走了,自己以后回去拿点衣服就不随便啦。你们看多好笑。"老太太只顾自己说。

"进文工团想入党想得饭也不想吃,那时唱戏,总有点儿觉得自己比别人唱得好,演剧不是为了教育群众,而是为的叫人家说我唱得好。那时不怕死,敌人追来了,只有10里路了,我们还在演戏。5里了,还在演,群众不愿意走,我们也越演劲越大。后来团长下了命令我们才撤。哪像现在?现在得了这个病,倒怕死了。那时根本不怕死,觉得死了也光荣。"

她说着,直到觉察范科长不是十分地用心听,才停下来。范科长就接上去说:

"老戈,我们今天来看看你,顺便呢说一说您的工资的事。老刘给组织上反映的这件事,你过去的同事也来信证明。我们去调查了一段时间,现在把情况跟你说说吧。"

"哎呀,你们为这个操什么心?我自己没提这个,你们别理我那老头。我在家还叮嘱他不要去找组织麻烦,我这个样子还有脸去向组织伸手?我瘫痪以后,组织上照顾够周到的,每月给40块钱,只要自己听说哪里有好医生,就给我联系去看,我感激不尽呢。我心情也很好。你看,那三四年我一直瘫在床上起不来,这几年,我可以起来了,拄着拐杖也可以走动了。我的腿,你们看……"说着,她把裤管卷上去,指着两条伶仃的细腿,加一对肿得难看的膝盖:

"你们看,好多了。现在不过有点儿肿,过去这腿伸不直,就剩一根骨头。别人说,再下去,就永远也伸不直了。我就拼命咬着牙伸,每天压腿，用劲朝下压，像受刑似的。这样弄了半年，才慢慢地好起来了。手也是这样，手指指，你们看，现在不是蛮好吗。原来十个手指都是弯的。……都是这个老头，你们别理他，让他回来和我吵。"

"不，既然提出了问题，我们就要抱着对同志负责的态度，他们跑了一回，找不到根据。文化部没有这个文件，今天上午人事处长、组织部长他们都在一起讨论，大家听了汇报，都坐在那里傻眼了，怎么办？想给您解决也解决不了。"

"你们不要说了，不要说了，这个问题就到此了。我现在是个废人，但是我的思想不会废到那个地步。我一直被老刘蒙在鼓里，原来搞了这个名堂。好，你们喝水。来，喝水。"她在床上指着她儿子刚才给我们倒的水。

"那好，老戈，我们不喝了。"范科长指指手表，"十点半我们还有个会，我们这就告辞了。"

范科长伸手按住老太太的肩膀，不让她起来送行。她的儿子闻声已赶过来，将我们送出很远。

"这老太太真的不错。"我说。

"这老太太一贯如此，过去工作的时候也是这样，个人的东西计较少，要不，工资这么低，早不闹起来了？"

"那……那我们这一次不能给她调一级嘛？她过去确实是低了，也确实是阴差阳错的。"我说。我此时此刻才感到，证明虽假，但情况为真。假作真时假亦真。

"什么？"范科长似乎没有听清。

我没有回答，低着头，慢慢地走回了办公室。

我一定要去当教师！

### 13. 7月9日："卢海鸥"

卢海鸥的火车票已经拿到，再过几个小时就要离开武汉赴京出国。她利用这点时间来到人事处工薪科办统筹医疗，要范科长审批。在她等待时，我们便聊起来。她说她已经全部准备好了，昨天到自由市场买了不少新鲜蔬菜，西红柿，辣椒，土豆，还有一条鳊鱼，鳊鱼要早起才能买到呢。她要在离家之前,为丈夫、为四岁的女儿做一顿丰盛的午餐来尽为人之妻、为人之母的职责。她说她做饭的手艺是很好的,在黑龙江生产建设兵团插队六年,那时她是公推的做饭好手。在那里她晒黑了皮肤,直到今天,她这个上海姑娘的肤色都没有变过来。

科长回来了,她把报告递上去。科长研究了一番,说:"你的工资关系还没有转来呢?"

"这怎么可能,不是都办了嘛?我出国要一年多,不办统筹医疗,孩子生病怎么办?"

"你的工资关系确实没有转来。我们有规定,统筹医疗是随着工资关系走的。"

"我不是已经调到学校了吗?上回我已经来报了到。"

"这是不错,你是我们的人了,可是你又被省局一处借出国当翻译,你的工资关系到底谁付,这个问题还没有达成协议。这事我也不大清楚,你要不去问我们郝处长。"

"总得有付工资的地方吧,我已经调到你们学校了,那边的关系都调过来了。再说,我出国也不是我自己想去就去,是组织上派我去的。我又不是出去玩,我也是为国家创外汇去的。"

"你不去才好呢。你刚调到我们学校,函授部马上招生,好几千人正缺英语教师呢。你不去我们还巴不得,听说你教书教得不错。"

听她说,她前三次出国都没有办成。还是在某学校的时候,也是省局借调她出国,头一回,那所学校要局里发六倍的工资,局里不答应,没去成。第二次,学校也不说工资的事了,索性不放她走。第三次,什么问题都达成了协议,眼看要走了,又有特殊情况,省局局长从外地出差回来了,说要照顾单位的一个关系户,又把她卡了。这是第四次了。眼前的这个科长又想要卡她,她气得说不出话来。出国一年,工资没地方开,小孩生病没处治,叫她在国外怎能安心?

她要去找人事处长,我领着她去处长办公室。从郝处长那里知道,合同还没有签,省局送来了一个协议书,上面说在借调期间只有两倍半的工资报酬,这和六倍就相差太远。而且关于出国人员的人身保险、回国休假期间的工资问题都没有写明，要到明天再派人去协商。而她今天晚上就要出发了，她忍不住和郝处长吵起来：

"你们这是怎么搞的，我调来的时候就提出过这个问题，如果不让我出国，我宁可不调来了。可当时你们学校领导说得很清楚，一定让我出国，你们说话还算话不算话？今天我就要走了，你们都还没有达成协议，要万一达不成协议怎么办？开始调你们学校的时候，你们一切都答应得好好的，说一定解决房子问题，可是现在我还住在集体宿舍12平方米的房子，厨房、厕所都是公用的。分房子的人说，要我锻炼锻炼，说凡是外单位调来的，都要经过这么个阶段。这事我开始忍了，反正我的生活够坎坷的了。在黑龙江待了六年，我的同学有的死了，有的病了，我还活下来了，锻炼锻炼就锻炼锻炼吧。可你们还说连这12平方米的房子也要省局付房租，要四倍的钱，要外汇，把我简直当商品了！光是说落实知识分子政策，上星期六传达文件，讲的都是好好的，可是到具体政策问题上就没人管了。现在连工资问题都没有地方拿，小孩看病也没地方。"

郝处长听着，说电力局的那个人态度不好，硬要我们答应他们的条件，我们提了两条不同意见，他把合同一甩就跑了。

"现在还没有谈成，我们希望谈好。不要最后上了飞机又卡下来。"郝处长说。

"什么？上了飞机又卡下来？原来弄了半天，说让我出国，结果竟是要卡飞机？你们两家谈不成，受苦的还是我，我这是第四次了！你们把我搞得多寒心，我精神上受得了吗？"

"他每月只给261元，那是绝对不行的。这是两个单位的协议，他没有权利强加于我们。"

"我这几天为出国的事累死，你们却要卡飞机。你们把我当牺牲品了，我实在受不了！受不了！我精神上受不了打击！现在有谁为我负责？有谁对我负责？你们说的话不算数，学校领导亲口答应我出国，可是你们却要卡飞机！你们要几倍几倍工资，等我走了以后你们再商议不行吗？"

"你走了，事情就定了，就不好向他们要了。"

"反正我是商品，你们把我当成商品了。你们提出要外汇，外经部明文规定不让给外汇的。目的达不到，你们就要卡飞机。你说我到底是准备去好，还是不去好？"

"如果钱不动，那么我们只好不同意。"

她听了这话，我看见她的眼泪夺眶而出，抽泣着说："你们这是在要我的命！我受得了吗？你们没有什么，不身临其境，我这一辈子是多么坎坷，我们老三届吃了多少苦！我的同学，有的死了，有的病了，我总算是顽强的，现在你们真是要我的命！我这是第四次出国了，前三次都被人卡下来。现在我车票已经买了，心想有把握了，可是没想到你们却要劫飞机！到你们学校来，我说要出国，你们姿态很高，说这比培养研究生还好。我这一生38岁受了多少打击，你们知道吗？你们理解人吗？人家办事情都容易，我在什么事情上都难得要死。"

"并不是我们要卡你，而是省局实在太不像话。今天来了人，还跟我发脾气，我们是对省局有意见，同时也是对你负责。你看，这合同上，什么都没有写，连人身保险费都没有写，到时候怎么说得清，出了事谁负责？"郝处长说。

"出了事，我自己负责！"她猛地一抬头，说："我在飞机上摔死了不要半文抚恤金！"

"话是这么说，可你自己负责不了，我们组织要对你负责。你不要难过，我这就给省局打电话。"

拨了十几次，终于通了，郝处长在电话里说：

"刘处长吗？关于卢海鸥的协议书的事，有几个问题还想与你们商量一下。第一，工资问题，你们提的工资额太低了，261元，只两倍半的工资，这是没有先例的。一般四倍是正常的。我们是克服困难支援你们的，你们是承包任务，本身是赚外汇的。我们要支付卢海鸥同志的工资，一切待遇要发给。下学期27个函授班开课，我们要到外面去聘请教师。你们找到我们支援，我们作为友好单位，给了，但是工资额你们给得太低了。能不能给500—600元？什么？不行？那我们也不行！我们不给人了！第二，请你们给一定的外汇额度，请你们支援一下。第三，卢老师回来后，一个月休假，工资应由你们支付,这协议书上也没有写。还有人身保险也应由你们承担,万一有什么事,这东西保不准,远隔万里。飞机天上地下的,万一有什么事,要由你们负责。我们不希望出事,但是万一有什么事,该你们负责,这条文上也应该写上。希望你们明确答复。什么?还是不行?那么我们也不行。主要是第一条、第二条。不行?那么我们就把卢海鸥留下,我们函授部几十个班还等人教呢。"

对方把电话猛地一压,"咚"的一声,震得郝处长耳朵发跳。

我看到郝处长和卢海鸥重又坐到刚才那张桌子的对面,两人都不说话,怔怔地对视着。

后来有别的事,我就走了。

※ ※ ※ ※ ※ ※ ※ ※ ※ ※ ※ ※ ※

夏天的三篇日记犹如天气一样的炽热。

"脏孩"这则日记,当时我只觉得好笑好玩,是自我揶揄之述。后来,我系统地阅读我的日记时,发现这则日记中的"前思"与"后想"之间的跳跃正好显示了我在社会文化变迁中的适应性变化,即从"格格不入"到"逐渐理解",这是对春天的日记的进展。我在出发途中身体被挤成扁形,隐喻我所处的文化环境对我的压力严重,我的思想也随之变形,感觉看车的脏孩是个小偷,我的新车丢了。我在归来途中身体复原为圆形,隐喻压力缓解,此时我认为那个脏孩不是小偷,我的车也不会丢。在一个上午的时间内,随着身体的圆圆扁扁,我的心理也出现了"逆转",变换了两个文化位置,我从排斥的心态已经转换为理解的心态。

日记12记录了我已经融入新的文化环境。在经过了几个月以后,加之我原先在军队高层机关所累积的经验,到了夏天,我的工作已经进入了较为成熟的状态,成为这种文化模式坚定不移的执行者。此时,我的文化位置已经明显移动了。

戈星月的报告说,她的工资低了,并且提供了"有理有据"的旁证材料,这到底是"假"是"真",学校派我去调查。我撰写的调查报告中有三条基本理由：第一，中央文化部无合并级别的文件；第二，戈星月的同事的档案中亦无合并级别之记载；第三，错转级别无依据。据此，否定了那些"假"材料，捍卫了制度的尊严之"真"。其间，尤以我与沈习仁的争辩更见出真假之分。他认为文件是人制定出来的，人比文件更具有证明的有效性。而我的逻辑则认为既然制定了文件，就要服从文件而不是服从于人。他用小概率事件来替代必然性，而且话语逻辑混乱，矛盾之处甚多，充满了诡辩。文件被风吹到沙发底下不能证明所有的文件都可能"找不到"，户口本上性别写错也无法与工资问题弄错相提并论，老同志可以证明不是假党员同样不等于老同志可以证明工资问题有错误。而且，他在整个过程中情绪化严重，失却理性。相对于沈习仁等人作"假"，我的报告则是"真"的，事实清楚、逻辑正确。大家认为我坚持原则、处事细致果断，具有较高的机关办事能力。

然而，这种"真"与"假"的判断顷刻之间在我心中出现了逆转，逆转的原因并不是理性的思考，而是情感受到冲击。开完会以后，我与范科长一起去戈星月家里与她见面谈话。眼前的一切，深深地触动了我的思想与感情。我本来就知道戈星月是一个病人，但文字上看到"病人"二字与在实际生活中看到拖着病体的人的感觉大不相同。我被唤起了深切的同情心。她激动地想要和我们握手，因为双拐没有撑好跌倒在地的场面使我的感官受到极大震动。其后她讲述她在抗日战争中的工作表现与牺牲精神又猛烈地撞击了我的心灵。而且，她还是一位具有自责与自律精神的人。当知道工资问题并未解决时，她甚至连一句怨言都没有，反而感到给组织找了麻烦而内疚。只有到了此刻，我才真切地认识到我的调查是一个荒诞的"证伪"之旅。她与同类人相比工资确实是低了，这是一个不容置疑的事实。这是所有的人包括她过去的同事、过去的单位领导以及现在的同事、现在的单位领导，也包括我这个去调查她的工资的办事员都认可的。但是，我在调查的全过程中却没有重视这个基本事实，这到底是什么东西使我走错了方向？她20世纪50年代调至高校工作，从来不为个人利益向组织伸手，在其后30年从没有提出她的工资待遇低于同类人的问题。直到 1985 年到北京治病，原来单位的老领导老同事去看她，认为她的工资低了，愿意为她出证明，她才感觉到"这主要是个政治待遇问题"而写了报告，还不忘补充说："组织上对此事没有任何责任"，并提出"如能批准更改，从批准之日算起，以前的一律不补发"的要求。她的报告是何等的哀苦与真诚！然而，我开头竟然全然体会不到。而现在，我的错误已经铸成，重新处理此事已无可能。制度性文件却不支持道德崇高者，反而纵容追名逐利者，而我，却坚决捍卫着这种制度。

  后来，我看到了她画的竹子在宣传栏内展览。过去我一直厌恶某些文人以竹自诩，假作清高；而现在才真正知道亦有画如其人之作。再后来，很久没有听到戈星月的消息。

  再后来，我看到原来贴画的地方贴出了戈星月去世的布告，心中的震撼无法表达。我再一次为我那种死板的办事方式感到羞耻，彼时彼刻认同了沈习仁的"人决定文件（文化）"的逻辑。如果当初有此认识与觉悟，我可以为了"求真"而"作假"，这才是一个真实的负责任的机关工作人员的职责所在和应有的品质。可是，我的处事失去了对"人"的关怀。在文化位置由外入内的移动之时，我立即就出现了反思意识。

  现在，当我坐在书桌前写到这一段的时候，它又一次调动着我的情感。我的追悔与愧疚依然强烈。客观上我制造了一个类似"冤案"的事件，无法面对。我感慨社会生活中有些事的确真假难辨，真立假地真为假，假在真处假亦真。

  日记 13 中的"卢海鸥"是一个适应者的反例，我当时是站在一个与她不同的文化位置上去看她的。她于 1948 年出生，1967 年高中毕业，长我一岁，高中毕业也早我一年。我们同属"老三届"，同是知青。知青生活很多人都经历过，由于个体先天气质不同，大多数人心理并没有导致如她那样失衡。对于她来说，知青的苦难越重，她的心理就越脆弱、越焦虑；一旦获得一定的社会地位以后，就越要求社会给予更多补偿。这种补偿不仅希望生活的跷跷板从最低点回升到平衡点，而且希望继续向上弹射到最高点。20 世纪 80 年代，出国是一代青年的奢梦,由于几次机会都失去了,她变得不安、激烈、愤怒。当郝处长说"如果钱不动,那么我们只好不同意"并且误用了"卡飞机"一语时,她崩溃了,爆发了:"你们这是在要我的命!"而在其后的表述中,她解释了为什么出国对于她来说如此重要:"我这一辈子是多么坎坷,我们老三届吃了多少苦!我的同学,有的死了,有的病了,我总算是顽强的,现在你们真是要我的命!我这是第四次出国了,前三次都被人卡下来。现在我车票已经买了,心想有把握了,可是没想到你们却要劫飞机!我这一生受了多少打击,你们知道吗?你们理解人吗?"出国代表了这一代人长期没有被承认的自我价值重新被承认,代表着得到了可以实现理想的机会。她前三次都是因为体制内的权力关系运作或不同单位之间互争经济利益而没有办成,而现在,这个可以实现理想与价值的途径已经展现在眼前,却又突然遭遇到变故。她的话语中反复用了"要我的命"一语,并且说"我在飞机上摔死了不要半文抚恤金",这些都表明她的人生观中出国的价值要超过生命本身的价值。"卡飞机"这对于她来说就等于堵了她的人生的道路,所以她一连四次重复此语,最后甚至还说成了"劫飞机"。她用"劫"这个动词表达自己的忧虑是何等有力啊!

由于卢海鸥过于紧张与激烈,当她希望抢时间将一切损失似乎要在一夜之间弥补起来的时候,当她希望将生活的跷跷板尽快弹射到最高处的时候,她重新失去了平衡。因为弥补的心情过急,因为弹射的速度太快,她从高处跌落下来。那次出国的愿望当然实现了,而且她以后的工作相当顺利。她受到学校的重用,不断地出国、出国、再出国。她夜以继日地学习,以超人的努力工作。她的个性中充满了刚性的特征,得不到适当的柔性调节,从而导致了她在文化制度中灵与肉双重交瘁。最后,就在快要拿到美国绿卡(她将理想价值与人生目的寄托于此)的时候,她的弦突然断裂了,她的身心彻底崩塌了!她不幸去世了!死的时候刚刚40岁出头!

卢海燕这篇日记,是一面镜子,照见了我与她的不同。我虽同情她的际遇,但不欣赏她那种"个人奋斗"方式。如果仅仅是将青春的耽误定位在学业上,定位在出国上,我比她耽误的时间更长,损失更大。她不喜欢劳动生活，我不喜欢城市生活；她欣赏美国文化，我喜爱乡村文化。我与她同为知青，同为"老三届"，然而心性却并不相同。我喜爱倾听农民在庄稼地里说着庄稼话，我喜爱夜晚仰望电灌站上空满天的繁星！

夏天的三则日记（特别是后两则）说明，当我的文化位置出现移动时，我的心性并未移动。

## 第三节　上位有"思"

过了那个炽热的夏天，到了"秋思"季节。当我慢慢成为文化制度中的"最适应者"的时候，我的反思意识越来越强烈了。

### 14．9月13日："小韩"

今天和小韩、黄河、隔壁干部科的小高说明年暑假骑自行车去游历，到神农架，700多里。磨炼意志，锻炼身体，了解社会，扩大眼界。小韩激动得生怕不带她去。我说每人准备一个日记本，她一边说："我早就想到了，这么大这么宽，第一页记什么，后面怎么写。"一边用手比画着。

小高对小韩说："哪怕你是五连冠的中国女排，我是还没有冲出亚洲的中国足球队，我也有信心超过你。二十年后再见分晓。"小韩说："太好啦！"

### 15．9月18日："吼叫"

上班了，大家拖地板、抹桌子、打扫卫生，天天如此。

忽然一张怒气冲天的脸出现在门口，直冲着范科长吼叫：

"你为什么不发苗大鹏的工资，为什么？"

"发呀，我们没说不发啊。"没头没脑的，范科长蒙了。

"发？你发到哪里去了？他五六次找到我家里去，我还要不要工作了？你们工薪科的权力不小啊，你范科长的权力不小呢！"

"领导，你怎么这样说话？苗大鹏的工资已经发了，我有什么权力不发？"

"你们工薪科还是不是学校的办事机构？眼目中还有没有领导？"

"谁眼目中没有领导了？谁没有发苗大鹏的工资？你有没有调查调查？我怕财务科的同志有意见，还专门下去和郑科长说了。领导，你去问问是不是这么回事？"

"你发了？为什么他没有领到？你说说。"

吼叫着的权领导的手指差一点就点到范科长的鼻子上。

"他不去领，怪谁呢？"

这时几位处长都来了，主动为工薪科承担了责任，说马上就补发八月份的工资，请苗大鹏同志明天就到财务科领，这才把怒气未消的权领导劝回了。

这一边范科长眼泪已经流下来。

"我怎么没发？他今天发那么大脾气，说我眼目中没有领导，我怎么眼目中没有领导了？"

科里几个人劝慰了一番，范科长连连说："不行，不行！我得找他去，找处长去。得给我把话说清楚，究竟是谁目无领导了？究竟是谁顶着领导不办了？"一边说一边抹着泪出门了。

科里几个人议论起来。

"这领导真是没理，范老师是为了他的事跑了几趟财务科，在上面花的心思太多了。他们开始顶着不发，说学校有文件，没有单位要的，不上班的，要扣发工资。范老师做了许多工作，才同意的呢。现在倒怪到范老师头上，这个领导当的。"小张愤愤不平。

"他工资不发，找单位嘛。没有单位要他，本就不应该发。"小韩说。

"这领导怎么管得这么细呢？"我问。

"不好说出来……"黄河笑着。

下班经过处办公室的时候，只听见里面还在大声吵嚷。范老师在哭叫着，其他人则在劝慰。

### 16. 9月19日："找纪委去"

今天一早，工薪科几个人上班时，看到范科长两眼红肿，形容憔悴。一进门，把包一放，说：

"不行，我得找组织部去，我找纪委去，我去告他。他凭什么没有理由乱批评人？再不行，我往省里告，往部里告。他有把柄，他别不识相，说出那些不好听的话对谁都没有好处。我工薪科长错在哪里？我还要怎么做？明处长也是，完全不承担责任。他是先到处里去的，大约去了好几次，处里都说不知道，说问问工薪科再向他汇报。昨天他本来就有了气，到了处办公室，碰巧处长们都不在，气没处发，劈头问处办小郑：那件事是怎么回事？都是小郑说了一句不该说的话，说'可能工薪科按照什么文件规定没有发吧，我也不清楚。'你不清楚就不要说，我按什么文件规定？这下子领导的气就更大了，跑来朝我发了一通。我得去找他们去。我一夜都没有睡觉，我想我有什么过错遭受这么大的批评？"

说着，就出门了。大约有两个多小时，范老师回来了，眼睛更红了，像两个熟桃子。

"我已经跟他们说了，如果纪委不管不问，组织部不管不问，我要上告。告他领导，告他人事处长。"

科里几个人又劝了几句，范老师在自己的位置上坐下来。大家都沉默不语。一个熟人来办统筹医疗，走到范老师面前想说话，范老师指了指让她找我。那人也感觉工薪科气氛紧张，办完事打个招呼匆匆走了。

这一天，范科长进进出出。下午的时候，小郑也过来了，一个劲儿地说："我不该说那句话，我是不有心，我不知道说了这句话激起领导那么大的火。都怪我，要不，就不会有这样的事了。"

"不怪你，小郑。"范科长说。

快下班的时候，明处长急匆匆地来了，向范科长赔礼道歉。说这件事处里有责任。范老师坐着一字不答，扭着脸。

### 17. 9月20日："权领导赔礼"

今天，情况似乎有所好转，范科长的眼睛红得不那么耀眼了。上班的时候，大家又继续搞职务工资进档，范科长又开始履行她的职责，把一天的工作安排布置了一番。

明处长又匆匆地来了，在门口用手略略一招，说："你，来一下。"于是范科长就出去了。快近下班的时候才回来，脸色好得多了。

"怎么样？叫权领导赔礼才对。"小张问。

"赔了。领导今天倒客气起来了，那么大火怎么不敢发了？这个也是他的不是，那个也是他的不是。说没弄清楚情况就把我批评了，是他不注意工作方法，急躁。笑嘻嘻地说了半天才走，还表扬了我。谁稀罕他表扬！我这个人就是这样，碰到一些事性子急，连晚上都睡不好，过去就好了。他承认他自己的错误就好了，要不我真的要告他。"

停了一会儿，她接着说：

"我这个人就是这张嘴不好，心直口快，忍不住要说，说了才痛快，吃了多少亏也改不了。"

"他是怕你揭了他的丑，才来向你赔礼的吧？"黄河问。

"这个领导够没有水平的，非要叫他赔礼不可。"小张说。

工薪科又恢复了平静，依然是工作调动、子女调动、退休顶职、劳动工资……来办事的人又多起来。

**18. 9月21日："我的八个音符"**

小韩以前就说，要把自己的最秘密的事情告诉大家，以表明她是可以做一个纯洁的、没有什么事情不可以告诉大家的人，可后来她又不想说了。今天范老师不在，在黄河的激将法之下，她就说起来了：

"我打算写一本小说，题目就叫《我的处女地》，分八章，我都想好了。我本来取了一个名字，叫《我的八个音符》，意思是一个乐章一章，但觉得这个不好，就改了，但还是分八个阶段。

"第一个阶段，是我的童年阶段，1—7岁。这时我有很多天真烂漫的生活，我一回想就激动不已。我的童年太美好了，像一朵白云，像一只羔羊，像一首诗篇，像一泓泉水。

"第二个阶段，是我的少年，7—15岁。这个阶段我的思想变化太大了。我家是地主，父亲被斗了，被赶到老远的地方去劳动，母亲也跟着去了。剩下我们姊妹三个在家。我是老大，要带着两个弟弟。我就讲一个细节，不全讲。有一天傍晚，门口来了一个人，对我说："今晚有强盗来抢你们家。"我听了特别害怕，心里想，家里东西有什么呢？该卖的卖了，该抄的抄了，值钱的就剩下一个20多块钱的破收音机，要被强盗抢去了，也不可惜。只是那强盗来了，太可怕了。我把这事告诉弟弟们，两个弟弟缩成一团，倚靠在我身边。我们三人就早早地关了门，可是怎么也不能睡觉，不知道强盗什么时候来。而且一想到强盗那可怕的样子，我们就害怕得不得了。于是我就想了个办法：强盗来，不就是看中那个收音机吗？趁着天还没有全黑，我开了门，把那个旧收音机放到屋子的外边，搁在一张小凳子上，然后赶紧关了门，用门栓拴好。三个人把屋里的凡是我们抬得动的东西都抬到门的后面，顶着。尽管这样，我们还是睡不着。眼睛睁得大大的，又不敢点灯。没有油，有油也不敢点，屋里有灯，那强盗就识得出是我们家了。过了很久很久，强盗还没有来，也没有听见外边把收音机拿走的声音。我巴不得强盗早点来抢走，好让我们睡觉。两个弟弟实在是困了，就睡着了，我生怕那门有什么不保险的地方，又把弟弟们推醒。我就摸着黑去摸那个门栓，那许多顶住门的东西。一直到第二天早晨，屋里有点亮了，强盗也没有来。这是头一件事。

"第二件事，父母走了以后，我们家还喂着两头猪，每天我姐弟三个忙上好半天。有一天，弟弟不小心，把猪食缸给打破了，倒下去的猪食泼了一圈。这可怎么办？家里再也找不到这个了，也没有钱去买。我气极了，狠狠地打了弟弟一巴掌。弟弟哭了，我心里难受得也抱着弟弟大哭起来。两个人在猪圈边上号啕大哭，邻居们听见声音，跑过来，以为我们姐弟在打架呢，围了一大群人。看到我们在哭，不少人也跟着哭起来。

"第三件事呢，是买盐。母亲走的时候，留了几角钱，在一个罐子里。用了几个月，就剩八分钱了。家里没盐了，我就把它全部倒出来，去买盐。只能买半斤盐。卖盐的人狠狠地说：'半斤也值得一买？你们家是不是吃了以后就去死啊？'我听了恨不得打死那个卖盐的。走在路上想，我是多么受气啊。"

小韩说到这里已在哭泣，伏在桌子上。过了一会儿，抬起头又继续说：

"我的第四个阶段，是在高中阶段。我们那里教育质量比较差，复读了一年，重点高中没有考上，只考取普通高中。邻居家有个男孩子，他也没有考上，我们就在同一个班。我当时也不懂事，心想考不上重点又怎么样，我在这里一样努力。就写了一份挑战书，给那个同学。可是这招来了一场大风波，弄得我不想活。开始，那挑战书我是放在那同学的枕头底下的，我们都在学校寄宿。后来这个就被别人翻出来了，一看，传开了，全校都传开了，把我那挑战书一个一个传得看。班主任知道了，要我写检查。我不写，我说，我有什么错？就停我的课，我还是不写。我找到教导主任，一个姓赵的老师家里，赵老师很好，安慰我。那两个星期我就没有上课，但检查我不写。后来，校长，教导主任做工作，才让我去上课。可是这件事没有完。同学们全瞧不起我，不和我说话，我感到特别的孤单。在学校里是住不下去了。那个赵老师对我好，他的姑娘和我同学，就到他家里去住。晚上我怕打扰他们，总得上自修课，一个人来到一间放东西的贮藏室里看书。同学们都朝我身上扔石头子，石头子没多大，可是我的人格啊！我那时真想死，什么都准备好了，可是临到头上又犹豫了。我干吗死呢？我再挺一挺！在这期间，我不大回家。后来回去了一次，知道我母亲又和邻居那家打了一架。邻居那个母亲骂街，说的话很难听，我母亲是泼出了名的，就和她打架。我高中毕业了，没有考上大学，考了243分。开头的时候，说是240分就可以录取，后来又说文科要245分才录取。我那个心里难受啊，真难受，真忍受不了！

"哦，说漏了。第三阶段，是初中毕业。我没考上高中，只能在家割草，做活，受别人的冷眼。有一天，我找我爸爸。我说爸爸，我有件事和你谈一谈，我说我想读书，我说这是女儿一生求爸爸的最后一件事。让我复读一年，我再考不上就再不怨恨什么了。我爸爸同意了，把我送到很远的一所初中复读，对我说：'你到学期终了，只要考到第20名，我就奖励'。我真是刻苦地读书，到年终，我是第8名，全家都很高兴。

……

因出去办事，未能听完。

### 19．9月22日："奖金"

奖金工作经过几天的苦战，已经搞完了。范科长回来了，明处长也在，正好研究一下。

"现在有四个问题定不下来。"我说。"第一个是陶凤英的职务奖金，××处报了，每月5块，她在行政上没有职务，但她是兼职的机关团委书记，给不给？"

"这是个新问题，还涉及两个人，要给就一起给。"明处长说。

"第二个问题，是一批还没有行文的但是现在做着秘书工作的。如××系的胡一尘，这是上一个季度给了的，这个季度系里还是报上来了。"

"按理，没有行文的都不能给职务奖金。第四季度实行奖金改革，我们得明确规定，没有行文的一律不给。"明处长说。

"这个胡一尘，今年一年都是给了的。上回弄到孙处长那里，孙处长说不要为几个钱弄得大家都有意见，就给了。"

"这种情况还有××系的王克勤，也是做着秘书工作。"

"王克勤是刚调来的，如果给，我们朱老师也得给了。"

"还有这一批人，他们在原单位有职务，调到我们这里没有职务了，但现在做着秘书的工作，这部分人怎么办？"

"反正我们第四季度改革了，这季度就还是按上季度算了。"范科长说。

"我们过去开头是甲等9块，乙等6块，丙等3块，大家评。怎么好评呢，评不下去，各单位就轮流来，今天你是甲等，明天他是甲等。后来觉得这方法不行，又变成了5、6、7共三个等级。后来又变了几回，到现在成这个样子，既按工资额来计算，又按职务来计算，非常繁琐。反正第四季度改革的原则一个是缩小差别，现在最高的是90多块，最少的是30块，3倍呢。另一个是简化。你们科里考虑个方案，征求一下意见，最后定下来。胡一尘上季度发了，这季度发了算了，免得增加一些矛盾。就是王克勤这个怎么办？"明处长说。

这时处办秘书来叫明处长接电话，等他走了，我说：

"还有一个明处长的爱人耿义敏，××系也报了，还来催了三次。"

"耿义敏不能算，他要算，那伍戈也要算。"黄河说。

"这就把难题目给我们做了。"范科长说，"现在这奖金要改革，说实在话这里面的水分多着呢。有时这个领导说给，那个领导说不给。要不就这样，这最后一次了，过去的已经错下来了，第三季度按第二季度发。现在不给了，他又要闹，这回，这几个人，包括明处长的爱人都给了算了。你们都写上去了吗？"

"写上去又划了。"小韩说。"上次我在审核，看到耿义敏的名字，我不知道是明处长的爱人，明处长就坐在对面，我问，耿义敏是谁啊？还没行文下命令，怎么就报了职务工资？后来明处长走了，黄河说耿义敏是明处长的爱人。后来明处长审查时在备注栏里写了'未行文'，并且打了个问号，我看了就把它划掉了。王克勤的也划掉了。"

"明天你问问孙处长，究竟是学校已经讨论过同意了，只是缺个行文的手续呢，还是还没有讨论。如果讨论过了同意，就算上。如果还没讨论，那么就按照明处长说的办，反正他自己已经知道了嘛。他自己有没有明确表态说不要写？"范科长说。

"表态了，那天他说耿义敏的就不要了。"

"问问孙处长，没有行文就算了。那胡一尘算不算呢？也没有行文啊，上个季度已经发了啊。"

**20. 9月25日："奖金审查"**

范科长昨天晚上把两大本奖金发放册抱回家审查，今天上班的时候她把有折痕的地方一一打开。

"这刘仁义是多报的，这于又林也是这样，真是没有办法。还有这里，卢海鸥出国了，出国是不给奖金的。"

"函授部主任不肯呢，还要给卢海鸥奖金，说出国也是工作，不是去学习，为什么不给？他还说有些人本来不该给的，倒都发了。还命令我：'你不能把她去掉'。"小韩说。

"出国不给就是不给，哪个不该给的给了？把她划掉！……慢，我去跟郝处长说一说。"

范科长走出办公室，不一会儿回来说，"划掉，一定划掉。我们的合同上没写奖金的事。别的单位出国的都不给奖金。他要闹，他到处里去闹。"

明处长进来了。

"把王克勤扒上去算了，单位报来就不刮了。"范科长说。

"没有发文哪，就一个王克勤？"明处长问。

"还有，我想不起来了。"

"宽也只能宽到第三季度，现在各单位报了一百多个副科级放在那里，校长没有批，说要等教师职称搞完了再说。他怕摆不平，因为机关这批大多是工农兵学员。如果单位报了，我们就发奖金，不报就不发，这不是暗示下面报？就会产生矛盾。"

"这次范围比较小。"科长说。

"能不能摆得平？其他系发现了怎么办？"

"我们就说审查时掉了。"

"那你这个是'难得糊涂'了。"

"那我们干脆就把王克勤加上去，我们不推了。就说本来是要刮下来的，上季度刮了，这次审查时掉了。"

"这肯定要晓得的，包不住的。"

"××系也有这个问题。"范科长说。①

"××系不搞了。你搞了，人家肯定知道。不搞了。"

"我们就说审查掉了。"

"那你不是一笔糊涂账？耿义敏划掉。"明处长说。

明处长走了，范科长感叹说："我过去指导思想是砍，砍平。看来砍不平，砍不平补平。"

---

① 此处"××系"指明处长爱人所在的系。明处长严格要求自己，将自己爱人的名单划掉了。

### 21. 10月3日："改革奖金发放办法"

今天，我汇报"关于改革奖金发放办法"方案，三位处长审查讨论。

"我的意见还是按第二季度。只不过职务工资进档了，教师马上也即将聘任，不和工资挂钩这我同意，但是'未行文的一律不发岗位津贴，过去几个季度已经多发的本季度要扣除'这恐怕行不通，这要闹翻天。其余按方案办是可以的。"孙处长说。

"有很多人在上两个季度是多领的，比如那个胡一尘还没有行文，他多拿了五块钱的科级职务津贴。还有校办的刘仁义，上月拿了22元档次的，他应该是每月20元，多发的六块钱（三个月合计）这回也得扣回来。"郝处长说。

"这怎么扣人家的？干脆，第四季度改革，就从第四季度严起来。搞一个详细说明，以行文为准。过去有的干部没有行文，但是他在这个岗位上做着那个工作，人家报上来，只不过我们人事处没有及时讨论，我们不要自己打自己的嘴巴。这提的方案我基本赞成，附近几所院校他们吃他们的大锅饭，我们搞我们的改革，平摊显然是不符合改革精神的。"孙处长说。

"现在有个矛盾，如果在岗位上的还未聘任的科级干部都一视同仁的话，已经给的不扣下来，那么新调来的科级干部在我院还未受聘的给不给呢？有的也是在科级职位上，这种情况还很多。已经有人到我们办公室来闹了，说不一视同仁，拿出了我们院里《关于实行干部聘任制的规定》第三条，上面说：'预聘人员暂时在那个岗位上的，待遇以行文为准。'科级干部行文是应该及时的，可是现在是个什么情况呢，各系、部、处一报一大堆，有的是系里领导的三朋四友，五亲六戚，考核需要时间。即使我们考核好了，学校不开会，或开会形成不了决议，一拖几个月，半年一年的都有。就成了这种情况。现在只好先逐个逐个地汇报，这个领导同意这几个人，那个领导同意那几个人，算算票数超过一半多了，才能把这几个人提到会上去讨论。有时一个人转来转去很长时间定不下来。下面提一个人，拐弯抹角，七拐八拐原来和哪位领导有什么关系，你摸不清的，还不知得罪谁呢！当然，我们人事部门的同志秉公办事，不怕得罪人，可是你情况不了解，弄不清他为什么同意这个不同意那个。上一次，我和科里的几个同志开玩笑说，要把学校里的亲戚朋友的关系都搞成一个大大的统计表，某人，爱人为谁，父母哪个，又有什么五亲六戚和相好弄成一个大表，贴到我们这里的办公室里才好。现在的关系真是复杂。我五十年代大学毕业就到人事部门工作，到现在为止，我也没摸清楚所有的关系。因为今天你调来，明天他调走，而且老的关系因为闹了什么矛盾，关系变好变坏的都有，你怎么能弄得清？这些关系网根深蒂固。如果你一点儿也不考虑到这个问题，你不要说改革，就是安分守己，圆滑世故也站不稳脚跟。改革也不是一口就吃一个胖子的。"明处长说。

小韩在门口叫我，说科长不在，让我接一个电话。

电话里是一个很大的声音：

"你们工薪科为什么不安排我的工作，为什么？你回答出原因来！你们范科长她懂不懂？她有什么水平？说不要我，叫我自己找单位，我的名誉都给你们给弄坏了，给搞阴谋的人弄坏了。我到哪里去找单位？单位的那些王八崽子们他们只知道权力地位，只知道往上爬，我做了什么错事了？我一直在兢兢业业地工作，他们就看不惯。我在学生中威信多高，你们都调查调查。我有才，我为什么在单位不能用？你们是怎样发现人才的？你们那个什么科长说让我想办法调走，我才不走呢。告诉你们，我不是没有单位要我，附近几所大学，他们都请我去，我可以去受聘当干部。可是有一句名言，在哪里跌倒就在哪里爬起来。我在这里跌倒我要在这里爬起来。现在你们搞了个什么未被聘用人员待遇的暂行规定，这不是对着我来的嘛？全校那几个不工作的、未被聘用的，都是些什么人？吃喝嫖赌的，跳黑灯舞的，偷东西的，打人劳改释放的。你们把我也划到那个里面去了，要扣我的工资。你们这上面说：'凡未被聘用，暂无接收单位以及无正当理由不上班工作的各类人员，应由原单位安排临时性的工作。服从临时性工作安排的人员三个月内可保留原工资，但停发各类奖金和津贴，不参加职务提升和工资晋级，从第四个月起逐月减少本人基本工资的10%，直至发给基本工资的50%．'这条我完全拥护同意。可是我要求单位给我安排临时性工作，他为什么不让我上班，他怕我。他那一套是家长式的，他怕民主。我就要给他戴这个大帽子。而上面有人支持他，也是怕民主，怕我们这些不那么安分守己的人。还有第二条，说什么'在安排临时性工作期间，本人可在校内外自找接收单位，如无单位接收，应服从组织分配工作。无正当理由不服从组织安排，又不按原单位临时安排上班者，停发工资，不计算连续工龄．'这一条，我是在校内找了接收单位，可他跑去说我的坏话。你们这规定要从1986年10月1日起执行，不行，绝对不行！告诉你，我在学校没什么根基，父母也老了，还没找老婆，光棍一条。你不发工资，我就到你家里去吃饭，我什么也不怕，到时你可不要后悔！"

电话"砰"的一下压断了。是何松安的电话，莫明其妙！

**22. 10月10日："确实真心为我好"**

科长不在，今天小张在办公室说：

"范老师对我很好，这你们可能感觉出来了。她对全科的人都很关心，我的几个主要问题都是她帮助解决的。我比范老师早一点到这个科里。范老师来的时候，我工作还不大熟悉，就像你们现在的情况，帮填填结婚登记，办办工作证，跑跑腿，就这些事。她一来，刚好搞工资的侯老师调走，科里工资没人搞，就让我接手了，以工代干。后来呢，我工作慢慢地熟了，范老师又鼓励我进步。我写了入党申请书，她又培养我，走着路边谈心，指出缺点来，帮我改正。我过去说话不注意方法，下面反映说：那个小张，人小，说话口气倒那么大，搞工薪的有职业病。范老师多次找我谈，现在好些了。个人问题，也是她帮我解决的。我过去谈了一个，是中专生，两人感情蛮好。不过不在这里，在宜昌工作。范老师说那个就算了，一是太远，二是没有文凭。她就帮介绍了一位研究生，这就很不好办。她说：'那人要在学校工作还好说一点，这么远，将来调又调不来，夫妻生活都不好解决，不知要多少折腾。感情还不是培养的，人家现在看上你了,说明对你已经有了感情,你以后也会对他有感情的。你原来那个我见了,平平常常的,这个比那个强多了。你要觉得原来那个不好推掉,你就说家里不同意,也是事实嘛,你母亲不是嫌那个男孩乡下气嘛。你见见面吧。'有一天下午,哄着我出去办事,可是往家属宿舍那里走。我一想不对头,不肯去,问究竟什么事,她光是笑,推着推着去见了面。我根本没看清对方是个什么样子,瞅了一眼是个凹脸。我心里很难受,感到对不起原来的那个,和这个也没有多少感情。后来呢,也不知怎么的,和这个一来二往,慢慢地对那个淡忘了。可是要想起来,说起我的心里的阴暗的一面来,要讲爱情,我心里还是想着那一个。这你们可不能对范老师说,要辜负她的一番心意的,我知道她是为了我好。上一年暑假,我要到宜昌去看葛洲坝,范老师都不让我去,我估计她是想到这个事情上头来了。可是我内心总有愧,总想去看看他在干什么,他有什么想法。今年暑假我母亲去,跟她请假,才准了。看看那男孩,又觉得什么话也说不出来,我只是流泪,心里难受。过去他对我好呢,我在技校学习,他来约我一同上学,自己就背了一个牙具和洗脸毛巾,其他全是帮我背东西,背了一大袋。我真对不起他。"

小张抽泣起来。小韩安慰她:"事情已经到了这个地步,也就生米做成熟饭了,马上该吃你的喜糖了,还想这些事干什么。人生不尽如人意的事多着呢,况且范老师是真心为你的。"

"范老师确实真心为我好,我几乎是她一手培养起来的。这件事即使有什么想法,我也不能够违拗她,辜负她的心意。不过我不知道为什么有这种感觉,好像她对我过分好了,我工作倒反而缩手缩脚的了。我因为比她来得早些,工资比她熟悉,但也有遇到问题的时候,这时怎么办呢?她就坐在对面,开头几回问她,她说这个那个又说不清,把文件翻来翻去。那文件都是我熟透的,现在是具体问题了,她不能解答。有一回我就偷偷去问明处长,可是偏偏明处长也跟到科里来了,'叭叭叭'地当着范老师的面说了一遍。过后,我看范老师的脸有点儿不高兴,不过这也可能是我有点儿过于敏感,她或者并没有什么感觉。我好几天没睡好觉,心里很波动,想来想去,又翻出以前的事。我干的事多了些，这也要求干，那也要求干，把整个工资90%的工作都担了，倒有点儿像夺权的样子。有一回处长来问范老师一件什么事，只听见她说，这我不知道，问小张。我听了这句话，当时也没悟过来，到了这一回，连在一起想，脸上发烧，真不知该怎么办。从那以后，我也一步一小心，和范老师倒有些隔膜起来了。"

"那有什么，她不懂的，就不请示她，这还不好说。"

"你这小韩说得倒轻巧，我看你将来这面子怎么扯破。你刚来这里工作，范老师就要给你介绍对象哩。"

"我可不吃那一套，我自己有主见。谁也不要给我介绍，我自个儿有主意。"

"那就看你的了。你打什么主意？你再岔巴嘴我就不说了。"

"好好，我只是听，你说，后来怎么样了呢？"

"后来，我特别想学习，又不好意思跟范老师提，因为她帮我的事太多了。就悄悄地跟朱老师说，帮我打听一下。可是朱老师没有心眼，又把打听得来的消息当了范老师的面对我说，我真恨无地洞可钻。最近一段我总有些怕范老师，不敢和她对看。而且倒产生一种特别别扭的感觉，就是希望范老师走，让朱老师当科长。我这是不是有点儿忘恩负义？但心里是这么想的，你们可不能说出去。朱老师来了，虽然他说我材料乱糟糟的，搞了这几年还没将资料理出个头绪来，说我对工资的历史情况不了解，上回他出题考我，说我这，说我那。可是他说话直爽，一下可以看到心，我愿意接受。换一个人说，我一定又要生气。也可能对一个人看法好了，说什么就会听他的。"

### 23. 10月19日："我怕"

"有些事太不合理了。"大家都在紧张工作，办公室里很静，小张冷不丁地冒了一句。

"什么事？"小韩问。

"你比方何松安吧，是个人才，就是因为他与单位闹意见。改革，单位可以决定是否聘用，就把他排挤出来了。让他开路，又到处说他的坏话，没有单位要他，就只好挂到人事处。好，现在改革又进一层，单位不要的，就减工资，这条好是好，可是倒卡了何松安这样一类人。天天来和那边干部科的尤科长和我们范老师吵，有什么用？越吵，越是谁也不敢用他。他又不肯调动，说：'我在哪里趴下就在哪里爬起来。'这下僵了，你说这种事合理不合理？"

"我开头来的时候，把人与人之间的关系想得太好了，其实并不是那么回事。唉！"

"其实，范老师吧，人是好人，也肯帮助人，就是有点儿……"

"我倒主张搞一点西化，把中国的关系学冲一冲。"小韩说。

"小韩这是……我说心里话吧，我内心也有阴暗的一面，我心里肮脏的东西也比较多。上回奖金的事吧，要是我，我就不敢将明处长的爱人名字划掉。真的，我有点儿怕。"

"你怕什么呢？"小韩问。

"我怕什么呢？一是怕落到何松安的下场。二呢，我也怕对不起范老师。她那么辛辛苦苦地培养我，帮助我，倒培养帮助出一个反对她的人来了。这就是我的心里话。那你呢？"

"我？那你看着吧，总有一天，人们会认识我的真面目。"小韩说。

### 24. 10月23日："临别题赠"

小韩不止一次说，来到高校最大的感觉是压抑得厉害。于是她经常讲起在中专读书的日子，说她们提出的口号是："认认真真地学，大大方方地美，痛痛快快地玩，扎扎实实地干。"说着，把同学留言纪念册拿出来给我和黄河看。第一页是自勉，上书："女孩子最需要的是自立，最重要的是自爱，最可贵的是自强，最难得的是自报。老三"。

接下去是同学们的毕业临别题赠。大姐芳："我为什么依依不舍我的残梦，是因为你的友谊使我难以忘怀。"二哥芬："一愿你永是生活中的女强人，二愿我们姐妹情谊永存。"七妹香："表兄，历史不负有心人，努力与勤奋就意味着成功！"老四兰："离别，是为了相聚的时候更快乐。"小荷："人生得一知己足矣，斯世当以手足视之。"东北老乡梅："结识你这样一位文豪，深感万幸。"丁西："愿你是居里夫人第二。"杨丽："你用多边形的快乐充实生活，又在多边形的生活里寻找快乐。"钱国兴："愿我们的命运和小溪一样，从偏僻而贫瘠的乡间出发，蜗蜗而行，经历漫长而寂寞的路程，却也通向一片广袤的原野，自己所热烈向往的大地。"

范老师不在，小韩又把中学和中专时期的同学的来信捧出一堆，一封封拆开让大家看。

小君说："有许多话，但又无从说起，没法说，我对这儿没有什么失望的，这里没什么使我失望。"

小玲说："从家里回来，了解了研究生考试结果，未能考上。在这条路上，我似乎走到了尽头，也不想考这见鬼的研究生了。我们五月中旬毕业，接下来是写毕业论文，待分配了。很无聊，没心思看书。春天本来是最美好的季节，可心情不好，美好的季节也浪费了。整天想睡觉。你现在干些什么呢？工作和学校相比哪个好？你一定会说学校上学好吧，我现在倒是挺想工作的。有许久未见面也未通信了，咱们姐妹们真该在一起聊聊。你制定一个方案并确定时间，我随时准备迎接你或去看你。"

曾生说："我元月四号上班，现被下车间，干的是铣工，和工人完全一样。以前在校听到我们厂对中专生不受重用，到厂一看，也确是这么回事。我们厂不大，总共不足500人，大学毕业生有的是，为什么要用中专生呢？话又说回来，也还要看自己的能力如何，就目前来说，一两年内，想受重用，干出点什么，也是不可能的。"

陆强在机器声中写的信说："我厂是个老企业，全厂职工不过1880人，但也算一个大企业。在我厂，'裙带'关系很严重，文凭高于水平，人事关系又高于文凭。有靠山，就能发挥你的才志；有文凭也可以抵挡一阵子。只可惜这两样法宝我全不具备。中专文凭人家又看不上眼，初来乍到又无它路可循，只好先弄个文凭再说。听说你校办有函大，告知详情，有什么专业，学什么外语，学制多长，越细越好。如果你有本事把考题带来我也敢要的，开开玩笑！望百忙中一定帮助。"

当兵的说:"我真羡慕你们能在传统节日期间合家团圆,我们这些部队大兵就不同了。在人们都沉醉在灯红酒绿或陶醉在电视机前时,我们正在思家恋家,处在十分难熬之际。这里没有宽敞的娱乐场所,没有鲜花围绕的林荫小路,只有战士们的汗水和机器轰鸣声。他们虽没有什么知识,但渴求知识的愿望也深深地感动了我。他们每月只有一点补助,既要买日用杂品,又要买书买本,真令人钦佩。"

菊说:"我现在难得动一次笔,连我在学校坚持下来的记日记的习惯也停了下来,我打算继续下去,但还没定从那天开始继续。这里的工作是清闲的,但思想压力也是相当大的。此时此地,我正处在各种问题的十字路口,然而我的自信心和力量都十分有限,我多么需要知心朋友。然而学校光阴一过,境遇全变了,一切事情全依自己一个人品味把握,欢乐自己寻求,苦闷自己挨过。实验员有进修的机会,这个机会不知待何时,也不知能不能属于我。不过我们中心就两个年轻人,可能性还是大的。李萍放弃了求文凭的念头,打算做一个贤妻良母。我是不打算这样的,我是会用我的想象力拥抱生活的。但是,我想生活不一定会报答我,所以我什么准备都有。看了我以上写的,你不要把我的生活想得太坏了,还是可以的。我一闲下来,总爱打球,这样可以不想许多。等我有了一笔钱就买一台收录机,这样我不就更快乐了吗?你那边的100多块的收录机好不好,帮我注意一下,宜昌的东西不好。今天字写得很糟糕,只因用了一只新笔,不顺。"

书生说:"我们厂刚扭亏为盈,近千人的中型企业打'野食',无定型产品,属以销定产。这个工厂也存在不少弊端,但靠学生式的狂想,发泄不满是不能改变什么的,现在真的需要冷静思索一下。"

长林说:"告别了长春,来到了六局,不能像在学校那样,上午上课,中午一觉,下午逛大街,现在上午上班,中午吃饭,下午还得是上班。刚来有一种新鲜感,可时间一长,又有点坐不住了。不过,你放心,我还是有抱负的。我被分配到技术处,刚上班几天就开始动手,当当助手,搞搞设计,改装。交给我一项设计任务,刚开始无从下手,不像在学校老师把设计该用的东西,工具书给你搬来,告诉你第一步干什么,循序渐进。在这里就得自己到资料室里查资料,找参考书，改装设计是要负责任的。不像在学校那样搞出来，不过是个优劣之分，没什么大不了的事，现在是要动真格的时候。18号那天，我们处长找到我，叫我把液压部分内容找参考书看一看，准备叫我出去学一学。看样子我还是个忙人。我还有机动时间，还想搞点额外收入。总之，这是我的打算。看完信后不要笑话，有什么商品信息来信常给我透露一下。"

小韩在学校里是个风云人物，她希望这里的人也了解这一点。可有时她又自己先怕起来，没有中专时代那种魄力。她说在这里许多年龄大的总好像自己的长辈一样，说话都心跳。那天开小张的党员发展会，她没发言，回到办公室说："今天没发言，太遗憾了。我要锻炼锻炼胆量，我试了好几次，都没敢发言。本来李老师发言以后我就想说，可大家接得比较快。人家说一点，我就在准备的内容里去掉一点。后来朱老师您一说，我就更觉得没什么可说的了。我胆子太小了。"

她说怕三个人，第一是范老师，还怕教师科的尤老师，在学习上怕我。开头还怕小张的对象，说凹脸蛮严肃。

她经常埋怨因为工作没有时间学习，上班不能看书。后来范科长出差了，我在科里管事，说："完成了工作任务，得85分，你们就可以自由些。"她翻开书稍稍地看几眼，又收进去。有一回我说没事，你可以看，而且马上就要考试了，——她参加湖北省自学考试。她又说上班时间看书影响不好。她经常抱怨下班晚了没饭没菜，在处里召开青年座谈会上她也提过这意见，但有几次范老师让她提前走她也不走。由于晚上睡得晚，她中午要睡午觉，但只在办公室伏在桌子上睡，说："迟到多不好意思。"

上半年，有一天早上，她端着碗，对我说："今天早上，我遇到了一件特别高兴的事儿。我在打饭，没了，就等。遇到了那个老师，就是大家都说他英文好的那个老师。我打了饭，我们走在一起，就说起来。他答应每星期二晚上教我。"后来她每周都去。但有一次，老师避而不见。同室的一位提醒她："你有没有给他买酒？你不给他买酒，他是不会教你的，他对别人也是这样。他也不说不教你，但是他躲开你,说不在家。"她跑到办公室说:"我原来看人特别好,我不知道在人的背后还隐藏着另外的一面。你要酒,就说,干吗要用这种方法躲着我。"其后,她便不大去找那老师,当然酒是买去了,现在干脆不去了。

学校有一位知名专家,她看了他的材料很是崇敬。可是这位专家却要报销他妻子的旅费,这不符合文件规定。后来她说:"我实在不敢相信他就是为国家赢得荣誉的人。"

### 25. 10月31日:"奖金改革报告"

我撰写的奖金改革报告第一次送上去,一位领导大怒。经过几次反复,现在我明白在送报告之前,必须查清每位领导在新的奖金改革中受不受影响,否则没有办法通过方案。这次的方案只有一个校办的中层干部有意见,不管他了。要去校办复印材料,便瞅准了那人不在时偷偷地印了出来(见图3-3)。

| 职别 | 职务工资是否增加 | 基本奖 1956年底以前 | 基本奖 1966年底以前 | 基本奖 1970年底以前 | 基本奖 1971年以后 | 职务奖 | 备注 |
|---|---|---|---|---|---|---|---|
| 正副校级 | 未增 | 25 | 22 | 19 | 17 | 15 | 1. 教师及各类专业技术人员的奖金按第三季度标准不变。2. 1970年底以前大专毕业进入职务工资未增资的科级干部每月基本奖17元;1970年底以前大专毕业的一般干部每月基本奖14元。3. 1971年及以后大专毕业进入职务工资未增奖的科级干部每月基本奖14元。1971年及以后大专毕业的一般职工每月基本奖14元。4. 见习(学徒)期间教职工每月基本奖10元。5. 产假期间教职工每月基本奖10元。 |
| 正副校级 | 已增 | 22 | 19 | 17 | 14 | 15 | |
| 正副处级 | 未增 | 22 | 19 | 17 | 14 | 10 | |
| 正副处级 | 已增 | 19 | 17 | 14 | 12 | 10 | |
| 正副科级 | 未增 | 19 | 17 | 14 | 12 | 5 | |
| 正副科级 | 已增 | 17 | 14 | 12 | 12 | 5 | |
| 一般职工 | | 17 | 14 | 12 | 12 | | |

图3-3 奖金发放表

到今天下午开会征求各单位意见时,有人指着正副科级1971年以后的那一档说:"为什么增加了职务工资的和未增职务工资的都是12元钱呢?"明处长解释说:"12元再降为10元就太低了。"

※※※※※※※※※※※※※

秋天是成熟的季节,日记主要有四件事:一是权范之争,二是小张的反思,三是小韩的叙事,四是奖金改革。

在权范之争中,权领导实践的是一种"异化的管理形式",在这种方式下,"可以把官僚主义理解为一种方法,采用这种方法:1. 对待人就像对待物一样;2. 从数量而不是从质量的角度来处理事务"①。范科长对于权领导的顶撞痛快淋漓。范科长工作兢兢业业,不辞劳苦,办事周到,各种关系进退得当,是一位名副其实的模范科长。但当涉及人格尊严的时候,她"偶尔露峥嵘",敢于对体制内的纵向权力的滥用进行正面抗争,以最激烈的方式对抗领导。她的个性爆发得如此突然、如此彻底,犹如闪电一下划破长空,让人看到一道奇观。在这种对抗中,她并没有顾忌到可能带来的不利后果。本来范科长对权领导早已有看法,但是在受到批评之前并没有去向纪委举报,这或许是因为一种理性得失的考量及求安心理,但当她被一种激愤的情绪调动起来时,她公开表示要去纪委或省里揭露权领导的问题。当然,她也只是口头威胁,并没有真正付诸行动。"闹",是一种策略,也是一种力量,范科长的策略用得巧妙,力量用得适度,有理、有利、有节,所以才没有带来任何风险。而且,根据我的机关工作经验来看,权领导并不惧怕范科长去告他,这一点范科长心里也是明白的,故而在得到道歉以后也就息事宁人了。

对于这件事的最后结果,我只有感叹与无奈。范科长剑已出鞘,我多么希望直接刺向那个可恶的权领导。但她只是威胁一下,虚晃一枪。我能理解范科长的苦衷,在当时没有高层反腐倡导之时,权领导

---

① [美]埃里希·弗洛姆:《占有还是生存》,关山译,生活·读书·新知三联书店1989年版,第194页。

既知道这把剑并不会真正地刺过来，而且即使刺过来也因为他穿有厚厚的盔甲而不会受到伤害。范科长并没有胜利，因为权领导并没有失败。而另一个例证中的何松安，却是个彻底的失败者。这就等于说，科层制生态系统的异化已经成为某种常态，成为一种基本事实。立足于这种常态，范科长对于权领导的斗争只能适可而止；何松安不懂得这个常态，所以只能是失败。这种状态非常奇特：在国家的意识形态层面上腐败是受到坚决批判的；在国家法律制度的层面上，腐败要受到惩处；在基层民众观念以及情绪上，对腐败极其痛恨，但是体制内的权力徇私与腐败的实践却依然可以大行其道。在这里（包括在军队高层机关）似乎存在着某种有着巨大力量的"暗物质"，让人无可奈何。我也只能表达我的痛恨、愤怒与厌恶。这种"暗物质"与我的心性完全相反。西方有些学者认为权力是人类的天性，大约他们本身就是一个权力追崇者才会这么说。事实上，有些人喜欢权力与地位，有些人则更喜欢自然与自由，不同禀性的人对权力的态度迥异。就人类社会的历史而言，只有在等级社会中，权力方能够存在，但等级社会并不是人类社会的最初设置，更不是人类社会的永恒设置。一种特定阶段的特定观念何能成为人类天性？当然，颇为不幸的是，我们现在恰好就处在等级社会阶段，若干事物才被异化。而对于我来说，既然我的心灵无法被异化，我就只能选择离开这种文化环境了。

秋天的小张，已经有了许多变化。在春天的日记中，她代表着体制内的正义，坚守着原则，在有人要破坏这种原则时，她与之作斗争。但现在的她，在社会压力下，已经没有上半年那么锋芒毕露了。她有一种恐惧之感。"我怕什么呢？一是怕落到何松安的下场。二呢，我也怕对不起范老师。她那么辛辛苦苦地培养我，帮助我，倒培养帮助出一个反对她的人来了。"她害怕权力导致个人前途的不确定，总是顺着领导意图去办事了。同时，她已经背上了道德包袱，这个包袱已经沉重到足以压倒其他。她不能违背范老师，因为范老师对她有恩遇。"以工代干"，个人爱情问题，入党问题，这些都是恩遇的表现。用她自己的话说就是："我的几个主要问题都是她帮助解决的。"这种恩遇束缚了小张的个性，使她"工作倒反而缩手缩脚的了"，只能"一步一小心"，一点儿小事做不了主,生怕范老师不高兴。是的,小张被驯化(模式化)了。

然而,小张被驯化仅仅是外在现象。有一次她突然发感慨,说"有些事太不合理了",这表达了她的反抗情绪。她甚至可以担着"忘恩负义"的名声,竟然希望范老师调走。在情感问题上,她坦陈:"要讲爱情,我心里还是想着那一个。"她终于争取到机会去见了她的所爱,但是"看看那男孩,又觉得什么话也说不出来,我只是流泪,心里难受。"此时小张的心境,我想非常类似于德国作家斯托姆《茵梦湖》中的一首短诗:

> 今天,只有今天
> 我还是这样美好;
> 明天,啊明天
> 一切都完了!
> 只有在这一刻
> 你还是我的,
> 死,啊死,
> 留给我的只有孤寂。

小张面对文化制度的压力,感叹无能为力,批判自己的软弱。不过,这仅仅是"在途中"的状态。终于有一天,她突围了!这个一直在体制中工作成绩突出、得到单位的重点培养并且当了省劳模的小张,后来竟然离开了这个体制,做了一个自由职业者。

另一个人物是小韩。从到高校开始,她就感到文化制度的压力了。小韩中专毕业,属于干部编制。从她的表述及平时作风来看,小韩并不软弱,她的性格并不是那种屈从的性格。她对范老师为小张做媒不以为然,表示这件事如果换了她,她自有主见。她激情四射,朝气蓬勃,有着自己的志向与抱负。当大家商议利用暑假骑自行车去神农架游历时,她激动得连准备的日记本样子都想好了。她的上进心极强,与相邻的干部科的小高挑战,要在 20 年后见分晓。她打算写《我的处女地》的小说,以她的个人经历为题材。她讲述的那些个人故事，都标示了她的坚强。中专阶段她出类拔萃，学习、品德、体育总分在全班名列前茅，又是优秀学生干部，担任校学生会宣传部长，成立"百川文学社"，开展演讲活动，组织周末舞会、联欢会。在同学们的眼里，她"永远是生活中的女强人"，是"文豪"，将成为"居里夫人第二"。但是，到了新的工作岗位和文化制度之中，她一落千丈，什么都不是了。不仅没有人听她的，她自己反倒怕别人了。她畏惧年龄的权威，乃至开会想了一遍又一遍的发言都没有敢说出口。她抱怨上班没有时间学习，可是有条件看书的时候，她又不敢看了。她抱怨下班没饭没菜，但范老师让她提前走她却不走。甚至午睡她只敢伏在办公室桌子上小睡一会儿。对于这种矛盾她自己也有着清楚的认识，说"有多自信就有多自卑，有多热情就有多冷漠，有多慷慨就有多吝啬，有多外向就有多内向。"她对英语老师那种类似于虚伪品格的拒斥，以及不允许模范人物有瑕疵等态度，显示她对社会事物的认识单面。但小韩与小张是有着区别的：小张已经被社会认同却反思这种认同，小韩没有被社会认同却渴望得到认同。后来，小张与小韩走着对转的道路：当小张离开体制的时候，小韩却走向体制的中心，通过招聘担任了某单位的中层领导，成为体制的适应者。

小张与小韩的不同道路使我感慨：一个人的心性终究会决定个人的生活道路。的确，文化模式在影响着个体，包括我自己。文化模式有一种巨大的"磁化的力量"，个体在一种体制之内被规定永无休止地去做同一件事，此时他便会对做这种事"成瘾"，成为一种强迫症，他就会被"磁化"。"瘾就是一种重复。瘾使我们割裂了与我们自己（我们的感觉、道德、意识，即我们的生活过程）的联系。"①"瘾"使我们麻木和机械，"瘾"是被"磁化"以后的状态，是实践的惯性力量。"成瘾"这种习惯性的动作往往与某种固定不变的事物相联系。在科层制内，"我们过着一种室内的社会生活"②，即"办公

---

① ［英］安东尼·吉登斯：《生活在后传统社会中》，载［德］贝克等《自反性现代化》，赵文书译，商务印书馆2001年版，第90页。
② ［美］欧文·戈夫曼：《日常生活中的自我呈现》，冯钢译，北京大学出版社2008年版，第208页。

室"内的社会生活。而办公室内总是安放着许多办公桌,这是一种机关生活最典型的事物,也是使个体"磁化"最重要的事物。正像农民与土地打交道,工人与机器打交道一样,机关工作人员最重要的工作场所就是办公室的那一张桌子。这张办公桌具有魔力般的磁场,只要一进办公室,它就紧紧地把你吸住了。你在这里和人谈话,在这里起草各种报告,在这里安排工作,也在这里因为遇到棘手的问题而闷闷不乐。这张办公桌有着一个光滑的表面,它庄严肃穆,一本正经。办公桌有抽屉数个,——工薪科的办公桌是一张五屉桌,各种办公用品都放到了五个抽屉内。桌面的右上角放着一个笔筒,里面竖着几支铅笔和钢笔,铅笔是草记需要修改的材料,钢笔则用于正式书写。如果你是一位领导,或许你还要插上一支蘸水笔,显眼、突出、高贵,它的颜色是白色的或黄色的,显示出你的风格,你在做各种批示时就用上这支笔。桌子上还有两三个墨水瓶,红的蓝的都有,以便在不同的地方用上不同的颜色。比如说写作文件你用蓝色,而修改文件你用红色。有时你还备上黑色,以便在你厌弃蓝色或红色时能够换个新鲜。还有一个小小的盒子,里面放上大头针、回形针、削笔刀、橡皮等物品。这些物品小巧玲珑,在你完成一项重要报告时,你拿起一个回形针将其统合在一处,就有一种成就感。而当你写作一个重要文件时,你则郑重地用订书机将那些字字珠玑的纸页订在一处,呈请领导阅示或下发有关单位执行。即使你有时偶尔离开这里,但你很快就会回到这里,你永远被这一张办公桌的磁力吸附着不得离去。那一年,我正是在这张办公桌前"成瘾"的。我先是在这里冷静地观察,后来我加入了这里的火热的生活。我对于戈星月工资问题的调查正是从这张办公桌前提了包出发,归来又回到办公桌前写出了那份报告的。再后来,我双手托着脑袋,肘部又是支撑在这张办公桌上对这件事的处理发愣的。然而,尽管如此,文化模式对个体的磁化程度受制于个体的情性特征。有些个体会适应文化模式,有些个体会反叛文化模式。个体的差异性使每个人内心与外在文化环境之间的张力或大或小。如果这种张力过大,乃至于无法承受,最终就会选择离开这种体制,我与小张都属于这种情况。我转行当了一名高校教师,小张当了一个自由职业者。如果这种张力不大,能够通过某种方法调节以达到平衡,那么就会继续留在制度之内工作,范科长和小韩就是这种情况。不同的道路的选择,是由个体自身的相异性造成而不是由文化模式所决定。

奖金问题是一个隐喻,隐喻这种文化制度无法达到自我和谐。由于制度内的每个人都从自我利益出发,而自我利益是相互冲突的,制度本身因为被纠缠在复杂的人际关系中,永远无法自我平衡。日记中说到几类人员在发放奖金问题上的复杂性。第一类人是学校尚未行文,而现在秘书岗位上工作,而且前两个季度已经给了,第三季度给不给?如胡一尘。第二类人也是在秘书岗位上,但是上个季度没有给,如伍戈等人。第三类人,他们在原单位有职务,调到学校来做着秘书工作,他们在前几个季度也没有领取奖金,如王克勤。其他还有多报多领的一类,是扣还是不扣?出国工作的一类,是给还是不给?如此等等。如果这几类人不按制度文件发放,那就等于人事处制定的制度文件是一纸空文,没有得到执行。然而,这种状况又是由于干部提升工作没有及时跟进造成的,其原因则又是执行制度的人之间的复杂人际关系使然。这样就形成了悖论:第一,制度是人制定出来要求被执行的,而制定制度的人本身却不执行制度;第二,制定制度的人之所以不执行制度,是因为他们希望制定新的制度。这样,不仅制度受到人的制约,人受到制度的制约,而且制度受到制度自身的制约,制定制度的人也受到他自身的制约。"砍不平就补平",是制定制度的人对制度的伤害;在某岗位上工作却长期没有享受此岗位的奖金待遇则是制度对人的伤害。最后只好采取"难得糊涂""审查时掉了"的方法,这既是制定制度的人自担责任的方法,又是对制度不负责任的办法。

"对于一个他物、一个对象的意识无疑地本身必然地是自我意识、是意识返回到自身、是在它的对方中意识到它自身。"[①] 秋天的我,已经不再是春天那个对制度的冷静旁观者,也不再是夏天那个制度的严格执行者,此时,我已经处在一种"形而上学怀疑"的位置上。

---

① [德]黑格尔:《精神现象学》上卷,贺麟译,商务印书馆1979年版,第113页。

## 第四节  六位有"悔"

当我越是深陷这种文化制度之中时,逆反的意愿就越强烈,个体在反思中对自己行为的悔意就越深。那一年的冬天,我就是这种状态。

**26. 11月18日:"不锈钢锅"**

人事处召开了一次工作会议,参加的人都发了纪念品:一个不锈钢锅。我没有参加,本不应得,但科长为我留了一个。

**27. 12月25日:"你们老太婆都飞起来啦"**

范科长烫了头发。

"科里年轻人多了,你也洋起来了。"一个从外边进来的人说。

"洋起来啦!那天碰到×××,她说:你们老太婆都飞起来啦。"科长一边笑一边用手在双肩的上方做出一个"飞"的姿势。

"你太土了,我们也不能洋。"小韩说。

"范老师一烫头,戴上眼镜,再围个白纱巾,才漂亮!"小张说,把那个"才"拉得很长,而且抑扬顿挫。

"好了。学期末有几项工作,我布置一下。"范科长转了个话题。

**28. 12月28日:"参加婚礼"**

今天小张结婚,全处都去参加婚礼。

大家在路口等到七点,车子不来;再等,还不来,有人就去买苹果。车子来了,又等买苹果的。买苹果的来了,就数人,一看,缺老李,再等。又有人提醒:孙处长说在二区那边等,不要见车不来,就转回去了。于是赶忙派人去通知。

来了,两个人都来了。孙处长先来,随后老李跑步赶到,上车时还喘着气,说:"我跑错了,以为在那边呢,又往这边跑。"

车子启动了,司机却埋怨起来:"这破车,总是坏。我每天早上要向它作个揖。"

车行大约一小时后，有人朝窗外一指，说："到了。"

司机没听见，车子还在飞奔。经再次提醒后，车子才折回来。司机生气问："刚才为什么不说？"

"我说到了，还用手指了。"

"应该有提前量。"

……

小张变成了新人！

新家买了冰箱，小张把它打开，一格一格地指着说："这里放的是新鲜蔬菜，这里是肉类，这一格是鱼类"。

本来鱼游春水，兽走南山，如今却都被活活地冻死在这里。

## 29．12月31日："录音机"

范科长录音机坏了，我找熟人帮她修好了。科长因感谢而送一包木耳给我，我用这些木耳正好请客，请的是帮修录音机的小刘和上次帮我搬东西的几个人。

范科长的录音机到外边修要花10元钱，而她送给我的木耳的价值却有18元。这多出8元，是还我上次帮她的丈夫买了一双军用大头鞋（内部价25元）和30斤糯米的情。但我从范科长那里得到的利益更多，她又为我争得28元的奖金；而且那次我没有参加处里的会议，却给我留了一口不锈钢锅；我母亲生病，她又上报给我补助了40元；她还破例地帮我办了煤气罐。她真的很关心部属。有一次她自己也说："好多人要到我们科里来，都说我这里好。"

小刘是用上班时间修的录音机，没有亏自己，他乐意接受这工作。我请客用了36.69元，但不只为了修录音机的事，还有另外几个人是上次帮我搬东西的。

我们三方都得利了，唯独公家吃了亏。

※※※※※※※※※※※※

冬季的心情是压抑的，叙事的色调是沉闷的，日记短而少。

在日记 26 中，科长给了我本不应得的那只不锈钢锅，我是被动接受的，我能否拒绝呢？当然不能。日记 29 则更进一步，我主动去送了礼。明明不符合我的心性，我为什么依然要去做这两件事呢？这里存在着一个分裂的自我。"礼物"是腐蚀剂，很有些肮脏。送礼与回礼的双方都带来了多余的好处，而这种好处则是以牺牲社会大多数人的利益为前提的。除此之外，个体在交换活动中耗费了大量的时间与劳动，造成了人力与物质资源的浪费。总之，礼物是以自我为中心的差序关系的体现，"礼尚往来"所建立起来的人际关系是脆弱的，自私自利的。[1]

日记 27 是那一年唯一的一篇轻松而唯美的叙事。工薪科总是紧张沉闷的气氛，争争吵吵的声音，范老师作为工薪科科长，似乎就是形形色色的文件、重重叠叠的规范，而这一天不同了，她烫了头发，几名年轻女性也有了对于审美的欣赏与讨论。外边来办事的人首先关注到这种"洋"现象，而范科长对于这个评价很是兴奋，又添加了一个"飞"的姿势。这是何等难得一见的景象！接着科里小韩说的那句"你太土了，我们也不能洋"的话，表明小韩压抑的心态的释放，而小张的一番评论将气氛推向高潮，那个被拉长了的"才"字的使用，非常精妙。小张按照年轻姑娘的审美标准要求范科长"戴上眼镜，再围个白纱巾"，已过不惑之年的范科长显然不会如此打扮，她不会越出社会文化所要求中年女性以及行政体制内"科长"职位在时装与外表上所要求的合适的"度"。就在小张和小韩关于"漂亮"的讨论余兴未尽时，范科长就开始转移话题、布置工作了。"美"在工薪科只是如一道闪电，稍纵即逝。一年中唯一的一次轻松就这么快过去了。这一次轻松来之不易，起到反衬沉闷的作用。我将这次轻松抓住并记载了下来，对于我自己的心境起到了"以乐景写哀"的效果。

日记 28 中小张结婚并不热烈与喜庆，这与我叙事时的心境相关，反映了我对这场婚姻的态度。车队没有派出新车，而是派了一辆破旧

---

[1] 关于礼物的分析，又见拙著《他者的表述》，中国社会科学出版社 2018 年版，第十七章第二节。

的车；不但迟迟不到，到了司机又满是怨言，并且开过了目的地。参加婚礼的人们拖拖拉拉，散漫得很，甚至有人认为孙处长可能因为没等到车而打道回府。冰箱本来是物质生活丰富的表达，但是里面的动物却都被冻死了。此刻，我的心中颇为感慨，那个宜昌男现在何方呢？又想起了《茵梦湖》中的另一首诗：

> 依了我母亲的意思，
> 我得嫁给别一个人；
> 从前我想望的事，
> 现在要我心里忘记，
> 我实在不愿意。
>
> 我埋怨我母亲，
> 实在是她误了我；
> 从前的清白和尊荣，
> 现在却变成了罪过。
> 叫我怎么办啊！
>
> 拿我的骄傲与欢快，
> 换得无穷的痛苦来。
> 啊，要是事情能挽回，
> 啊，我情愿走遍荒野，
> 去做一个乞丐！

我想，小张如果是个有情女，她应该与小说中的女主人公伊丽莎白有着相同的心境。《茵梦湖》中的女主角后悔无用，小张后悔亦无用。而我，已经下决心离开，我一定要去当教师。在我的个人经历中，我总是无法忍受那种身心不一的分裂生活，每当这种生活状态出现的时候，我都会逃离。

就是电灌站一百多个日日夜夜，
成就了我一生中最美好的风景。
寻常而微细的事物啊，
却震慑魂魄撼动心灵。
那就是夏夜的清凉，
是满天的繁星；
是野田的禾稻，
是抽水机霸道的轰鸣。

——《电灌站打水员》

# 第四章　个性取向

在 69 年的历程中，我的人生道路屡屡变化。这种变化有些是被动的，更多的是主动的选择；而且那些开头被动选择的道路，后来也逐步转变成了主动的舍弃与重新选择。这种"主动的选择"以及"主动的舍弃与重新选择"都是由于我的个性取向所规定的。我的"文化位置"屡屡变动，深一层的原因则是个性的力量使然。人并非仅仅是某一种文化模式中的一个成员，"他是具有他的独特性的个体，在这一点上，他是唯一的"[1]，"人格的无限差异，其本身就是人之存在的特征"[2]。一个人的个性取向直接地决定了他的文化选择。我将对个性取向的分析看作是自我解释中的"中层读解"。

---

[1] ［美］埃里希·弗洛姆：《为自己的人》，孙依依译，生活·读书·新知三联书店 1988 年版，第 54—55 页。

[2] 同上书，第 64 页。

对于"个性"的内涵到底从哪些方面展示，这是一个难于回答的问题。由于我的日记本来就是个人性情的自然流露，每一则日记都联系着我的个性特征，故而，无论怎样选择，都不会对基本问题产生影响。我在本章中选择了"痛恨""厌恶""轻蔑""怜悯""喜爱""赞颂"六个方面的相关日记，它们基本涵盖了我的个性宽度。

# 第一节　痛恨

对侵略者的痛恨，是我最鲜明的个性特征。这种痛恨所激发起自我牺牲的情怀与行动，不仅在某个阶段决定我的人生道路的重要选择，同时我的一些基本学术理念以及社会理想亦由此产生。天之道损有余而补不足，侵略者总是逆天而行，损不足而补有余。最痛恨的是日本帝国主义的侵华罪行。1937年8月13日日本侵略军在上海打了仗，自此江南的国土遭沦亡，我家乡的老百姓将之称为"日本鬼子上岸"。所谓"上岸"，是指日本侵略军在长江的每个支流处都要派遣一支小部队登岸占领我国的国土，沿途杀人放火，强奸抢劫。"日本鬼子上岸"在家乡老一辈民众的话语中，较之世界末日的到来更为恐怖。

30. "腊月初六杀暗光的时候"[1]

日本鬼子上岸是那年腊月初六杀暗光[2]的时候，八圩港、九圩港、十圩港[3]分三路。沿途村子全烧光，没有跑掉的人就都杀死，抓到女的就强奸。你大舅被砍十三刀，死过去又活过来。春富家阿姨被强奸，又被刺刀捅死。

你二舅舅被和平军（伪军）绑票，二舅母被吊在树上，婆婆[4]被打耳刮子（耳光）。和平军把二舅舅用绳子勒在颈项上，差点儿勒死

---

[1] 此篇为1982年我从部队回家探亲时母亲10月14日所述。
[2] "杀暗光"即天黑时。
[3] 八圩港、九圩港、十圩港为长江在靖江县境内的三条支流。
[4] "婆婆"即外祖母。

才松开，问能拿出多少钱。后来全家人请了老头子（中介人），交了1000块钱，相当2000斤米价，才放了出来。

1970年野营拉练，沿途一些老人讲述日军占领武汉以后对周边地区的杀戮和强奸事件，当时我记下了两则日记。

第一则是我们班的房东宋婆婆讲述了她的一段经历：

### 31. "说不得的话，吓死了"

妈妈生下我们兄弟姐妹14个，养不起，有两个送到外国人的养育堂，生病没钱治又死了两个，出天花又死了5个，最后剩下5个。妈妈生了孩子，就去卖奶，自己的孩子喂稀粥，一个月卖奶的钱可以买到8斤米。日本人来了，我还小，日本强盗不讲么事，见他（指日本鬼子）来了，说不得的话，吓死了！我妈拿我没有办法，把我女扮男装，头发剃了，穿一件破袄子。有一次日本鬼子进村，看见我，叫："小孩，去给我放马。"我没有办法，就去放马。晚上睡在马身边，到半夜，我就偷偷地跑了。

过去来个什么军，躲在外面几个晚上不能回家，日本强盗杀人放火，抓鸡抓猪。现在你们来了，还挑水扫地，欢天喜地，笑眯眯的。过去我们见军队来就怕得不得了，见不得面。

第二则是隔壁另一个班的房东张大爷的讲述：

### 32. "把两个鬼子砍死了"

1938年9月下旬，日本鬼子上村部队住在刘重湖，到处杀人放火。那年腊月初一，上村部队从刘重湖来到我们村子进行抢劫，所有的老百姓都跑了。腊月初四，两个日本鬼子扛着枪又来到村子后面，抓住一名妇女企图强奸。以林家山为首的几个青年上去夺了鬼子的枪，把两个鬼子砍死了，沉入湖底。后怕鬼子发现，又捞出来到靠山店埋了。两个鬼子死后，住在刘重湖的鬼子到处找，过几天还是没有查出。本村的汉奸罗青山向鬼子告了密。腊月初九，罗青山身穿日本服，骑着车，带来了鬼子，把路口堵死了，青壮年没有躲掉。日本鬼子包围了村庄，架起机枪，一个一个地进行严刑拷打。拷打了一天，天晚了下起了雨，鬼子把剩下的没经拷问的 73 人带到刘重湖进行拷问。汉奸罗青山随便指了 8 个人的名，鬼子将这 8 个人割去耳朵鼻子，在膝盖上钉钉子，穿铁链，把他们拖到阳逻镇游街杀害了，到今天尸骨未见。日本鬼子又把这 60 多人押到现在这个地方，用大刀一个一个砍死。鬼子又放火，把村庄全部烧光。有个 70 多岁的婆婆，被鬼子扔在火里烧死。

※ ※ ※ ※ ※ ※ ※ ※ ※ ※ ※ ※ ※

我对侵略者的切齿痛恨，决定了我在 1969 年珍宝岛事件的背景下，从扬州报社回乡报名参军，希望上战场捐躯杀敌。这种痛恨延续了我的一生，即使在当下的暮年，在我写作这部民族志的此时此刻，如果面对强暴的侵略者，我依然会投笔从戎，拿起武器与之血战！当然，作为一名人类学者，我的思考已经不限于家国仇恨，而是对侵略行为力图进行"人"的思考。第二次世界大战时期麦克阿瑟与英美首脑皆将日本侵略军称为"兽类集团"，这个比喻并不准确，试问有哪一种野兽以如此的方式对待同类？我一直关注着第二次世界大战中德国侵略军与日本侵略军杀人对象与杀人方式的不同。德国军队维持着一种绅士风度，除犹太人外，一般不屠杀和侵犯平民，而日本侵略军却大肆屠杀平民。德国军队执行《日内瓦公约》，不击杀医护兵，而日本侵略军却杀戮医护兵。[1] 德国军队屠杀犹太人，主要采用枪毙的方式；而日本侵略军屠杀中国人，却采用刺刀杀人。这些都是重大的区别。血淋淋的屠杀成为一种嗜血的快乐，成为一种功绩的炫耀。"鬼子兵"用刺刀将无辜的孩子挑起丢进开水锅里，"鬼子兵"强奸妇女后用刺刀挑开其腹部，"鬼子兵"

---

[1] 如第二次世界大战期间在英国敦刻尔克大撤退时，两艘英国卫生舰遭遇德国潜艇。德国士兵看到了舰上的红十字旗后，主动放弃进攻。离开时，英舰医护人员向德国士兵致敬，德国潜艇也鸣笛示意。而日本在硫磺岛战役中违反国际公约，击杀医护兵。

研究从胸部第几根肋骨之间刺进去然后转动刺刀方能致人死命……人类宰杀动物才用刀子,这样看来,德国侵略者将犹太人是作为"人"来看待的,只不过犹太人是属于不同日耳曼种族的人;而日本侵略者将中国人、朝鲜人、东南亚人、澳大利亚人、太平洋岛国人都是作为动物来看待的。将"人"看作动物,那么这样看"人"的动物本身就不再具备"人"的资质。日本侵略者这种既违背人性、也违背物性的残酷杀戮行径又到底是怎样产生出来的呢?为何在我们这个地球上在那样一个时间、那样一个地方出现那样一种反自然、反人类的一种生物呢?文化决定论当然在这里具有一定的解释力。但是在第二次世界大战期间,日本国内有着违背天皇意志的反战运动,另有一些有良知的知识分子对侵略战争持批判态度;而且即使在最残酷的前线战场,亦有一些并未泯灭良心的士兵与军官,他们对战争持反思态度。这些,文化决定论则无法解释。在第二次世界大战以后,美国人给日本制定了一部《和平宪法》,使日本国民素质快速提高。最新联合国公布的全球国民素质道德水平调查及排名,按照西方文化标准,日本国民素质连续多年排名世界前列。用文化决定论对此也可以作出部分解释。但在当前日本社会中,依然存在着一些不承认战争罪行的人,也存在着复辟第二次世界大战时期军国主义的暗流,这些,文化决定论则又无法彻底解释。列维-斯特劳斯曾试图论证日本文化中并没有"绝对",他们重视变动不居的"关系",在"家庭和社会不断地重新组合"中,"关系战胜了绝对"①,这样看来,日本文化就具有一种"漂移性"或"无根性"特征。然而,当需要行动时没有"绝对"规范是无法进行的,于是他们又重新将漂移不定的"关系"当作了"绝对"。对此列维-斯特劳斯论述道:"如果日本人的生活受到关系和无常所主宰,难道不是意味着,在个体意识周遭,存在某种绝对性,能给予他们自身内部所缺乏的基础框架?也许,日本现代史中,皇权神圣起源的学说、种族纯粹性的信仰、日本文化相对于他国文化的

---

① [法]列维-斯特劳斯:《我们都是食人族》,廖惠瑛译,台湾行人文化实验室2014年版,第54页。

特殊性，都是来自于此。"① 不过，这些论述依然没有脱离文化模式论的解释框架，当然也避免不了这一理论的困窘。

我还痛恨欲将工作关系中的同事置于死地的那类人。

### 33. 朱立础②

曹队长："文化大革命"中你被他们搞了一阵子，现在史小章看见你不好意思嘛？

朱立础：嗯，也不是史小章，主要是王老四。低高③事体呢？说起来话长。一回子，柏木桥一家来请看病，我不在家，王老四去了。一看，说是脑膜炎，就打针。哪晓得越治越不成腔了。那一家是独子。

曹队长：宝贝儿子？

朱立础：宝贝儿子。那家母亲急了，赶紧来找我。我听说王老四去了，我再去，不要弄出点矛盾来，就对他家说："你再叫上刘院长，我们一起去会会诊，大家商量商量。"再就叫刘院长一起去。我去一看，他家问："是不是脑膜炎？"我说是也不好，不是也不好，就说："脑膜炎是有点，不过现在好了。"哪知道，刘院长发起脾气来了，说这低高脑膜炎！就说王老四误诊了。事体本来到这里也就算过去了。哎，可那家还欠王老四药钱，有八九块。一听说打错了针，第二天就拿了旧针管，去找王老四，要他退钱。那天门诊，看病的人很多，都看见了，大坍其台。这下王老四就去打电话，找了斜桥三个医生，说："我请了几个人，大家一起去会会诊。"我就告诉了刘院长，一起去。我也不是怕王老四，可我们政治上斗不过他，我过去是国民党员，他是共产党员。我还是叫上刘院长，可他那天有事。

---

① ［法］列维－斯特劳斯：《我们都是食人族》，廖惠瑛译，台湾行人文化实验室2014年版，第55页。

② 1985年8月，我回家探亲，因参加生产队体力劳动而发烧。8月6日母亲请乡村医生朱立础给我打吊针，生产队曹队长恰好来看我，朱立础便与曹队长聊起来。

③ "低高"，当地方言，意为"什么"。

再我就去。去一看，斜桥的几个人在那里，一见面都熟悉的，就说："朱医师，我们一起商量商量，看看这是低高病。照我们看下来，脑膜炎还是有点的。"我说："尊重你们的意见，这件事就到此了结，这就都交给你们了。"本来也就完了，可是病家却不放我走，不要他们看，要我看。他家就把我拉出来，拉到另一间屋里说话。当着大家面说还好，单着说他们会疑心我说王老四的坏话。没法，我跟着他们出来说话。他家说："我请你看，赶他们走。"我想救孩子要紧，就说："赶也不要赶，你就这样说，谢谢你们好意。你们各位先生道路比较远，也不太方便，朱医师住得近点。这以后就请朱医师看。好好地招待大家吃顿中饭。"他家说好的，就让大家吃中饭，也就是面条咸粥，放几根菜叶子。再他们就走了。

这是一桩事，还有呢。

卫民大队支书沈一民，有一天半夜里突然发病，打发人来请我。说床在摇，天在摇，地在摇，人也往下沉。那时天已亮了，我说今朝轮到我门诊，王老四就去了。没得多少辰光，来了第一批人说："朱医师，请你去看，王老四看了不放心。"我说我今天门诊，你看这么长的队排在这里，我跑不开。实际上我心里想，上回子弄了一个矛盾了，这回尽量避开嘛。

曹队长：不和他多吵。

朱立础：不和他多吵。哪晓得过了一歇歇①，第二批人又来了。他是大队支书，跑的人也多。说："朱医师，朱医师，一定请你去，沈一民不好了。"我说低高花头②，他们说："开头还好点，被王老四用针一打，现在瞎叫，撕帐子。他女人在家哭得不得了，你赶紧去，赶紧去！"到了这个地步了，只好去。何况沈一民是大队干部，不去看，我们历史上又有点问题，说不给干部看病，这顶帽子一加，我们又吃不消。再我就对大家说："你们看，来请了两趟，那里有重病人，只好麻烦大家，有事就先回去，没事就在这里等一等。"再就走。才出门第三批人又来了，说："不好了，不好了，沈一民死过去了，现

---

① "一歇歇"即"一会儿"。
② "低高花头"即"什么情况"。

在人事不知。"我们就赶紧走。没到村头，第四批人又来了。来到他家门口，第五批人又打发出来，像十二道金牌召岳飞。我进去一看，沈一民已经被弄到野场①上，躺在那里，人事不知。赶紧问情况。你们猜王老四怎么看的？

　　曹队长：怎么看的？

　　朱立础：他跑到那里问："昨天有没有到哪里去？"有人回："去棉花田地检查生产的。""棉花田有没有打过药水？""打过的。""那就是药物中毒。"我问已经用了低高药？说用的阿托品。10支阿托品推静脉，弄得沈一民狂躁。王老四一看不对头，又赶紧打了6支冬眠苓，这就昏过去了。我一看，女的哭得那样子，我说不要紧。女人还要问要紧不要紧，我又说不要紧，现在赶紧抬进公社卫生院挂盐水②，我说到下午四点钟就会醒的。盐水一挂，到了下午四点钟，果真醒过来了。眼睛一睁，问："我这是在哪里？"低高事体都没得。这一次又是坍了王老四的台。

　　他恨我了，真正是恨之入骨了。平时也没有什么办法对付我，我的历史是清楚的，做过结论的，国民党部队遣散的。

　　到了"文化大革命"，机会来了。王老四他们就斗我，要把我弄死。我被斗的时间长，但也没吃多少皮肉苦，叫我承认就承认。他们抄家，抄到我的日记本，还有一本书，是从一个旧书摊上买来的，是一个课本，上头古今课文选篇。他们翻翻，从书中翻出一首诗来。诗里说笼子里的小鸟不得展翅高飞，他们就说我不忘过去，说不仅有历史问题，也有现行的。我就都承认。问我有没有刻骨仇恨，我说："有咉。"问我是不是反动，我说："反动咉。"（大家笑）

　　曹队长：免受皮肉之苦呢。

　　朱立础：是啊。后来，王老四又告到县里的公安局长那里，说："朱立础现在欺负我，国民党员欺负共产党员。"公安局长我都认得的，过去我给他父母看过病的。王老四去告，公安局长心里有数的，

---

①　"野场"为农家门前的晒场。
②　"挂盐水"即打吊针。

说找我谈谈。

※ ※ ※ ※ ※ ※ ※ ※ ※ ※ ※ ※

朱立础与王老四本来是同事关系，应该在进行相互协作中建立情谊。但是，王老四因为技不如人丢了面子，就以对方为敌伺机报复。"文化大革命"提供了一种背景，在这种背景下，王老四禀性中的丑陋得以充分展示。并非"文化大革命"使王老四变坏，而是王老四的内心之恶在"文化大革命"的土壤与气候条件上显露了出来。文化模式在这里并非起决定作用，它仅仅是必要条件而非充分条件，仅仅是外因而非内因。

## 第二节 厌恶

对于嗜权者，我有着一贯的反感与厌恶。

### 34. "一拳打倒她"[①]

我有一位朋友，在军队从政，刚30岁出头，就已经是团政委。

我俩交谊很好，是大学同学，住处相隔也不远。每次见面，随便在小山坡的石头上或操场的台阶上坐下来，说上许多话。头顶蓝天，脚踩大地，夜阑人静，海阔天空。营房的灯火全部熄灭，我们还在说说说。不得不分别的时候，你送我一程，我回送一程，来来回回好几次，才说："唉，不早了，明天还要上班，该回了。"

我们谈话内容无所不及，从政治到军事，从哲学到文学。一次，我读了黑格尔的《美学》，认为黑格尔对"自然"的解释有三个层次，一是一般意义上的无雕琢的自然，二是本质的自然，三是心灵的自然，而这三个层次是历史与逻辑的统一，是可以用于对美学史解释的。他比我还高兴，催我快快作文。后来，我否定了我自己的看法，

---

① 这篇日记是1986年见一位军队的朋友归来所写。

觉得这种思维逻辑过于机械化,这种分类是苍白无力的、人为的、无效的,而且后来我就很不喜欢黑格尔的哲学与美学。他又比我还要失落。

放下作文不谈,我们的话题说到官僚主义、走后门、不正之风等。我对这些都切齿,想写文章批判揭露。他说赞同,并且说他最近正在读《金瓶梅》,是洁本,没有污染,不要紧的,还没有《水浒传》脏。"原本自然主义的,看不得。洁本好,完全是现实主义的,语言非常凝练。举一例:西门庆为了勾搭女人,王婆给他出主意,说那人穷,你就去送东西,'一拳打倒她'。'一拳打倒她',真是不得了,是'陨石于宋五'①'遂为母子如初'②的春秋笔法!"我听后一笑,说:"记得中秋节前,到你家里去,不是就遇上刘某人提了一筐东西送来了?里面有月饼、鸡蛋、苹果,那是多少个'拳头'?"他笑说:"那不一样,送礼有的是有目的的,有的完全是同志情谊。"我不信,他不言。记得一年前他跟我说过,刚上任时,一下班回家,门口就摆满了东西,非常恼火,非常愤怒。我问他现在还"恼火""愤怒"不?他诉起苦来:"实在难哪!我最近写了一篇小说,叫《断裂》,可能有点西方现代派的味道,不好懂,但我的意思是清楚的。我发现了一个问题:领导与群众之间不理解,造成了断裂。我本来不想收别人的东西,但是东西送来了。你收了办不成都可以,你不收,那真要捅你的刀子。我有什么办法?"隔了几天,他说不写小说了,写杂文,揭露社会更直接。"一拳打倒她"是主题,但他又怕别人说:"这小子在读《金瓶梅》",后来也就没有写。

又一次,他多喝了酒,醉了,我去看他。他躺在床上。酒醉心明,只是管不住嘴巴,忽然对我说道:"你不要写我。"我莫明其妙,问了几遍才明白,意思是让我写文章时不要把他作为反面人物写进去。我说根本没有写什么,但他的头在枕上摇来摆去不信,让我把写的东西给他看。我发表的几篇"小的"他都看过,但他怕我还有"大的"。我坚持说没有,他便要我保证以后每写一篇都要先拿给

---

① "陨石于宋五"见《左传·僖公十六年》。
② "遂为母子如初"见《左传·隐公元年》。

他看。

后来，我转业到高校工作了，有一段时间没有见面。那一日，想起朋友。打电话，第一天不在家，第二天又不在家，第三天吃晚饭前我就去他家坐等。哦——，回来了。年把时间不见，他发福了很多。见了我，异常高兴和热情。

"喝酒！"

"我不会喝。"

"那不行！"

"那好，一点点。……老同学，仕途又进步了？"

"就这么过吧。"

军队整编，裁军100万，军区空军撤销。他本来是第三梯队的，传说要升副军职。那时他春风得意，说："我不能布衣卿相！"他告诉我内部的安排是：先从正团提副师，然后到飞行部队当师政委过渡一下，再回来提副军。现在一切都泡汤了。而且我听说高层有几位领导有问题，生怕他被牵连。

"难哪，什么都难！我现在真正感到丹纳说的环境决定论。环境决定人种，环境决定一个民族的文化，环境也决定一个人的升迁哪！军区空军不撤销，什么问题都解决了。现在呢，憋在这个地方！光是领导信任有什么用，领导自己也不得志，又都年轻。你想他们把位置让出来不可能。所以，我也想走了。"

"走？难道你也想转业？"

"不，我想再去读读书，拿一个国防大学的文凭。今年第一期开学了，可是人家要师职干部，现在你说怎么办吧？"

"换个地方？"我问。

他不说话，只是劝酒夹菜。我后悔提这个问题，因为原先我当军区空军领导秘书时，他曾向我提出一次，让我帮忙调到其他军区空军去，我说我没有那么大本事。

"吃菜。酒，你随意。"

他一杯接一杯，我发现他的酒量大了许多。我想起那一次醉酒的事，他竟然也同时想起了此事，说：

"那次醉酒，才喝了三两。我是有意喝醉的，体验一下。搞文学也好，搞政治也好，不能喝酒总是不行。现在我能喝一斤茅台了。"

我没有接话，岔开话题道："昨天、前天打电话，你都不在家，说是开什么会去了。"

"哪里是什么开会啊？不瞒你，会108将去了。"

"什么108将？"

"这个你也不懂，真是越来越书呆子了。"他笑起来，一边用双手在桌子上来回搓动。

"你怎么也干这个？过去你晚上从来都是要学习到12点以后的。"

"别人来叫你，开头说不会，可那个不难学，一次两次就会了，你就摆脱不了了。"

从他家里出来，他一直送我。

※ ※ ※ ※ ※ ※ ※ ※ ※ ※ ※ ※ ※

我的这位朋友不是一个腐败分子，他的确是不得已而为之，平时也没有看出他有以权徇私行为，但即便他只是沾染上一点依附权势、拉拢下属的嫌疑，我也不能容忍，不能原谅。这使我们的朋友关系受到影响，后来，我们的来往就少了。对于弄权者的厌恶直接决定了我人生道路上两次离开行政权力的岗位[1]而选择了新的单位和新的职业。

对于不择手段追求金钱，我也十分厌恶，日记亦有记载。

### 35．"钱立金"[2]

在船舱餐厅吃早饭时，没想到能遇见原二中队复员战士钱立金[3]，战友一见面，都很高兴，就聊起来。

朱：你现在做些什么呢？

---

[1] 一次是1985年从军队高层机关秘书转业到高校工作，另一次是从高校机关工作人员转而从事教师职业。
[2] 此篇为1981年5月13日探家途中在江轮上偶遇所记。
[3] 我当时是一中队的报务员，钱立金是二中队的报务员。两个中队相邻。

钱：我现在是公社针织厂的推销员。我们厂子不大，四五百人，是县社合办的小厂，生产针织品，如尼龙布等。这次来，到××机械厂订购织机上的布带，订了 20 万元的货。

朱：你们推销员收入怎样？

钱：我们是战友，有话我就直说。不瞒你说，工资收入倒不高，奖金高。每年我们推销员的指标是订 30 万元的货，超过部分自己得 8%，算作奖金。1977 年开始跑，1978 年一年就跑了 100 万元，最近两年经济调整，但也可以跑 60 万元。

朱：那有 2400 元的奖金。

钱：这算什么！我弟弟去年得了 5000 元奖金，他手撒得大，胆子大。我们毕竟是部队下去的，不敢搞大生意。他当了 9 年推销员，现在已存了 11 万元。

朱：推销员的工作也毕竟不好干。

钱：说难就难，就不难就不难。不过现在凭公章是不行的，完全靠关系，关系又是靠钱，靠礼物。我们有 5% 的交易费，这是厂子里规定的，我这次 20 万元的交易费就是 1000 元。

朱：交易费干什么用？

钱：现在不送东西能捅开关系吗？给你办成事，能不送点东西吗？一部电视机，一辆自行车，家常便饭。

朱：送给个人，不怕查？

钱：不送个人送谁？哪能让人家知道呢？都是偷偷的。我到一个地方，假如第一次去，我先带上一点上海产的女人小孩的衣物之类。你先到办公室找供销科长，他会说："不行啊，我们也有难处啊。"你就暂时不找了，完后打听到他住的地方，等科长不在家时，你就去，先送上这上海的衣服、裙子、鞋子，给他的夫人小孩。等他回来，他妻子就会说："东西来了。"那些人都是天天收礼惯了的，这是规矩。丈夫想起就是昨天或前天在办公室见过的那个，他就知道了。隔天再到办公室找他，他就说可以考虑。这一关通过了，不过他又加上一句："这事大，要报告厂长、工会主席。"而后你就去一家一家地依次送，不过送了谁家都不说。科长只知自己收了东西，不知工会主席、厂长也收了东西，厂长也不知道科长收了东西。我们绝对不说，只是有些聪明人儿，自然知道其中的奥妙。这事就算办成了，合同给你签订了，而且交上了朋友。

下一次你得报答这个恩情，送部电视机、几千元钱，或者自行车几辆几辆的，再办事。跑了四年，也摸到一些规律。广东、广西、福建这些地区的人，说话比较婉转，只说不要客气啦。你送东西他也收，不过也给一点回礼。如你的东西值 3000—5000 元，他送一只手表给你，值 70—80 元，表示个意思。东北三省、黑龙江、吉林、辽宁的人比较难办事，往往事情还没有办成，就直直地提出要东西，大米、花生米成麻袋成麻袋地送。

朱：这些是禁运物资。

钱：我们不是要发货吗？把这放在货里，箱子做上记号，发封电报，查几号箱子就是了。他那边接到电报后，先把那箱子拉了去。

朱：这电文人家看不出来？

钱：中国的字那么多，先前见面时就说好了，用什么字代什么事，天知地知你知我知，旁人不知。

朱：难道地方干部都是这样，就没有不收礼物的？

钱：有是有，那是少得可怜，我所遇到的只有个把。你三番五次试探，他三次五次拒绝，你就要收了话，不要再去碰壁了，否则反把关系搞僵、事情办砸。

还有一个难办事，就是你送了礼，我也送了礼，两个厂子就争开了。他先收了你的礼，后来别人的礼比你重，他也收了。这他就搞起平衡来了，说这个材料困难呀，哪个环节没有供应上呀，只能给一部分呀，等等。他那边把另一部分给了别家。你如果没有经验，感到送了礼还只能搞这一点，就泄气了，下次不来了，这样你的事也就办得不好了，这你就失败了。聪明点的，你再加礼。有的采购员甩不开手，想多抠一点儿交易费进自己的腰包，最后办不成大事，干几年厂子里看你磨不开，就下你到车间去了。所以说"越发越发，越穷越穷"。我弟弟的经验就是撒得开手，干大的，钱花得多了，生意你做得大了，自己腰包里也有了。一年搞它几十万元，奖金就是几千元，比缩手缩脚舍不得送礼那一点钱不知要大多少倍。

朱：这次出差顺利吧？

钱：这次订了 20 万元的生意合同，算很顺利，只用了十几天。去了襄樊，恰好有一个部队转业去的，一谈就谈上了。他参加过朝鲜战争，原来都是部队的，熟了。他说可以办，但是要工会主席批准，让我去找。我到他家看看，看到自行车太破了，就主动对他说给他搞一辆自行车。有些事，要你主动去寻找线索，送什么东西，他自己不会开口，你开口的和他心里想而又没说出的一个样，这才由衷的高兴，帮你的忙。他说以后再说，先就这旧的用。我心里已有八分明白。有时你明知搞不到的但看到他需要的，你还是得先不管一切地应承下来，回来再想办法。如自行车问题，我也没有办法，但是我到上海可用高价买。重型自行车一张票自由市场上要 60 元，再加一辆车 200 多元，加起来 300 多元，这事就办成了。至于那个复员军人，下次再给他点报酬。

朱：完不成指标要不要扣工资？

钱：每年 30 万元很容易完成。再说厂里拿出一部分经费来，作为供销人员专门费用。你完成任务好，不但奖金多，而且这部分钱你也拿得多。

※ ※ ※ ※ ※ ※ ※ ※ ※ ※ ※ ※

钱立金是与我同年入伍的战友，我们接受过同一军队文化模式的熏陶与铸造。他崇尚金钱要过"好日子"，就采用行贿的手段。人类是一种生物，是一种有机体的生命形式，维持有机体的生存并不需要那么多的钱财。然而，有些人就是不择手段追求更多的钱财，希望过那种奢靡生活。而且，即使过上奢靡生活，他们仍然要继续无尽地追求更多的钱财。金钱已经完全被异化，具备了魔力或神性，成为宗教膜拜的对象。

一切事物只要被金钱腐蚀，就会失去原本的意义与价值，这在社会生活中司空见惯。

## 36."一进圆明园"

走过藏北高原，再进圆明园，便觉弹丸之地，苇航之湖，小到不能再小。几个末代皇帝及接近末代的皇帝带着他的半群臣僚与一群妃子们居住在这里，做些于国于民无望之事。在京城的一段日子里，圆明园就在住处旁边，几次早晨跑步欲进圆明园，都被守门人当头喝住。

"票！"

"早上也要票？"

"废话，半夜也要票。"

"爱国主义教育嘛！"我心怀鬼胎。

"废话，你是不是中国人？上茅厕还要两角钱呢。"

她击败了我，这使我下决心买了一张月票，时时刻刻可以大摇大摆走进去，不再受人拿捏。正好逢着好心情，理直气壮一进圆明园。

道路两边，都是破烂的花罐，罐中之花七横八竖，不被人误解为英法联军踏翻的就好。那边直立的花草屏上分明写着"勿忘国耻，振兴中华"，哦，时代不同了！

继续向前，又有一门，是西洋楼的故址，有个穿着青色工作服的守门员把守。

"票！"

"又要票？"

"废话！……"

我生怕她也要说粗话，连忙说：

"有……有票，月票！"

"月票只能进大门，你没长眼睛吗？"她手中托着瓜子，眉毛一扬，嘴里极快地、颇有特色地吐着瓜子壳，那壳一飘一飘飞出很远。

我觉出了她的权威，退后认真研读了门前的"规定"，果真写着"月票无效"字样，于是掏出钱来买了一张票进门。这里是园中园，再次买票是"规定"。

那西洋楼只剩了几根残立的石柱，这是英法联军火烧圆明园的铁证。鬼子们把楼烧了，石头便塌下来，散布了一地。当初是胜利者的骄傲，今日成为他们的罪证，供人参观，供人批判。

英法联军火烧圆明园是1860年的事。早在1793年英国使臣马嘎尔尼访华，清廷的礼节规定觐见皇帝的人都要跪拜，而这位傲气的英国人说他只能按他的国家的礼节行事。9月14日，乾隆皇帝在他的热河行宫接受了这位勋爵的觐见，而他也只跪了一只脚。当时马嘎尔尼所带来的礼物就被安放在圆明园里，其中有被英国人视为科学技术发展的象征但却不受乾隆皇帝重视的大炮。后来在英军火烧圆明园时将其找出并运回英国献给女王，以表示英国武力的强大和对中国无知落后的蔑视。

这件事到20世纪30年代，马嘎尔尼使团成为一个意义重大的历史事件，其意义据说是传统与现代的碰撞。有个叫蒋廷黻的人在《清华学报》上发表《中国与近代世界的大变局》的文章，说是传统世界是一种封闭的体系，拒斥所有层面的对外交往，而这些交往对于现代性是极为关键的。蒋的说法预示了后来中国对西方的回应理论的出现，蒋的追随者已经顺理成章地得出结论："中西"冲突是文化误解，而不是富于侵略性质的帝国主义的又一扩张实例。1993年在热河召开了一个纪念马嘎尔尼使团访华200周年的国际讨论会。一大群学者都强调清代的"闭关"政策，乾隆皇帝的保守和中国的落后，这种观点暗示了使团对于中国而言，是一个不曾抓住的机会。如果清廷有足够的远见卓识，就会打开国门，迎进欧洲技术和资本主义，于是，中国与西方之间的差距就会在19世纪得到巨大的缩小。又如果当时乾隆皇帝重视英国的科学技术发展，而不将其看作逗小孩子的玩意，并且起而效之，就不会出现鸦片战争那样的事件了，中国的历史也就需要重新改写了。这群学者是多么聪明的一群人啊！而大洋彼岸有个美国学者，写了一本历史学著作《怀柔远人：马嘎尔尼使华的中英礼仪冲突》，说双方对同一事件颇不相同的记载，是英国的主权平等外交观与清朝的差序包容天下观这两个截然不同的观念体系的碰撞。

管它呢，不去说天说地了。齐家治国平天下，自有周公孔圣人。

在残立的柱上，看到了几个了不起的名字："杨代芳、王世杰、张志伟到此一游。"这些取名有着大气魄的国人,设若他们生活在清末,而他们的勇气与胆略又如他们的名字那样的壮伟,那么一定如当今的报纸标题所言:"中国人可以说'不'!"。可"到此一游"毕竟分量太轻。

出门的时候,扬眉吐壳的守门人还在嗑瓜子。

忽然有一辆黑色小车开过来,嗑瓜子的妇人微笑着将铁门推到最大,笑着说:"大哥、大姐,早上好!"

车里面的人在隐隐地挥手。

车子进去了。我笑着朝"扬眉吐壳"瞥了一眼,她瞬间收了笑容,朝我瞪眼。

到大门口又被拦着,我有些神经过敏,难道出门也要票吗?

哦,不是。是让你买东西:"哎,圆明园介绍。哎,圆明园公园地图。哎,园史介绍。"

我刚进门时被她拦着买了一份《园史介绍》,几页纸。她说得那么重要,不由得你不买。这回她又说还有一种《圆明园公园地图》是和《园史介绍》配套的,如果买了那个,不买这个,无论如何是说不过去的。

"买!"

在我交钱的时候,忽而生出了一种递钱的快感。

还有什么东西要我买的呢?

还有什么地方要我递钱过去的呢?

我四下寻找着……

※※※※※※※※※※※※※

圆明园是用于揭露侵略者罪行的,却要收取费用,目的与手段被颠倒,崇高转化为滑稽。而收取费用仅对一部分人收取,不对那些具有特殊地位或特殊关系的人收取,滑稽又转化为丑陋。还有,那个开车进门不付钱的特权分子,以及那些在石碑上刻字的那些人,他们并不是来体验圆明园的精神,来理解这座公园的意义与本质,而只是来游游荡荡，于此，丑陋又转化为无聊。圆明园如此厚重，而在彼时彼刻却如那个守门妇人吐的瓜子壳那样轻飘！

对于金钱的鄙薄的个性取向对我人生道路最直接的影响是使我 1991 年没有选择下海赚钱的道路。

## 第三节　轻蔑

对于知识分子身上的酸气，我颇为轻蔑。

### 37. "三无斋居士"①

三无斋居士彭老师，X 大学讲师。

若问这书斋名号的来由，那要推到两年前。那时，X 大学是国家教委职称改革工作的试点单位，人们日日夜夜地在谈论着此项工作的伟大意义，上级精神怎样，本校安排怎样，有多少名额，教授副教授上到哪一年。最后，用尺子量一量自己，焦虑的也有，兴奋的也有。想来想去，这也不是，那也不是，弄得辗转反侧。

彭老师别具一格，这些事似乎与他无关。

"也该想想，别人都在活动，托你找他的，有一场好争的。"妻子提醒他。

"管它做什么？他们去争吧，去找吧。我不争、不找。为那个东西去吵架？为那个东西去找领导？"

"我也不是那个意思。这多年我们有哪一件事去争过？去找过领导？不过，这回，我是没有希望的，你的副教授是可望的。杠子画到 1962 年毕业，你不是有两本《选注》嘛？"

"别说了，听其自然，水到渠成。他们干他们的，我干我的。"

此后，彭老师不去打听，不去串门。彭老师的选修课开得不错，许多学生希望将讲稿付印出版，他不愿意，说还要继续充实丰富。那一段，学校职称改革工作在轰轰烈烈但又静悄悄进行着，而他把全部

---

① 此篇是 1984 年所记，是用第三人称写作的较少几篇日记之一，其中有些材料是从间接转述得到的。

的精力和心血都用在教学与修改讲稿上了。朋友们常来坐坐，说起某某某这回可以上了，某某某不行。他静静听着，淡淡笑着。偶尔也插一两句。朋友知道他一贯清高，也就不再劝他。

时间过得很快，第一批教授、副教授的名单就要公布了，校园里风传谁谁评上了，谁谁没评上，连评委投的票数也知道，甚至怎样的讨论，每个评委怎样的发言都能说出来。

一天，妻子急匆匆在上班时间赶回家，告诉他系里评上了几位副教授，其中没有他。

"小道消息，不足为信。"

"不要说小道消息，这些年多少小道消息比正道还真。你总是坐在家里做什么，你去打听打听。听说某某老师都上了，他不是1963年毕业的吗？他找过校长。"

"如今这个风气我就看不惯，我偏不去找，评不上就评不上！"

就在一个星期二，一切小道消息都被证实，学校宣布的副教授名单中没有他。隔了几天，又一个不愉快的消息：彭老师参与编写的一本《词典》最近出版了，编写人员中却没有他的名字，只说是他参加了前期性的准备工作。又隔了几天，别人告诉他，本来第一批初选名单有他，后来因为系里一位领导要评另一名老师，就把他拉下来了。

彭老师要求调动工作，单位都联系好了。那边说，只要这边能评上副教授，那边就接收，是讲师就不太好办。彭老师的调动要求反映上去了，这是不占学校指标的，这样的照顾在别的学校屡见不鲜。系里领导爽爽快快地答应着，说这样可以促进人才流动，不占学校名额，就等于委托代评的性质，这样的好事学校会开绿灯的。

过了些天，系里的秘书到家里来，告诉彭老师，说调动的事本来可以，但这消息传出去，就有一批人也要求解决职称调走。请彭老师从大局出发。

彭老师病了。每年到秋冬之际就要犯病，脸肿起来，头晕，现在正是那个季节。

许多已经毕业的学生都来看他，彭老师桃李满天下，夫妇俩准备了一桌饭菜。

"感谢大家来看望我，安慰我。我这个人就是这样，你说我为了这个职称去求你求他，那我不干。中国知识分子宁可两袖清风，也要一身正气。我是想得开的，没有评上就没评上，我的人格不会受到指责，大家也都看得清楚。那种靠关系上去的人别人瞧得起吗？见了面，嘴里不说，心里都有数，他们配读书教书吗？《词典》没写我的名字，这也是个别人搞的，我现在都知道，有人告诉我的。现在出版社答应重印时补上，或者在出第二册时在后面加一条注补上。随便他们怎么样，反正系里也知道，学校也知道。

"两天前，校长摸到我家来了，他什么都知道，也是有许多难处。我也就体谅他了，解决职称调动的事一个字没提。一个管几万学生、几千教师的校长在这里一坐两三个小时，也难为他了，我也知道他的心了。职称问题这回就算了，反正还有第二批、第三批的。他说，想调我到机关工作，任副处长。我不打算从政，我要从政二十年前就从政了，那时我是党支部书记，上下都看重我，我为什么要现在来从政呢？我只想搞我的学问。他尊重我的意见，又问我生活还有什么困难，我说没有。只要真正地能以诚相见，推心置腹，知识分子还图什么呢？

"我现在想得很开了，'先天下之忧而忧，后天下之乐而乐'，古人说了几千年了，有谁真正做到了？'不以物喜，不以己悲'，又有谁真正做到？前几天读《逍遥游》，又有新的感悟。庄子的气度太大了。鲲鹏多大，蜩与学鸠无法相比，也无法理解。这些小东西从这棵树飞到那棵树就满足了。那些'知效一官，行比一乡，德合一君，而征一国者'与宋荣子相比也是这样。宋荣子的境界也算是高的了，整个社会都称赞他，他不会更加积极，整个社会非议他，他也不更加消极。他有他的是非观，非常坚定。但庄子认为宋荣子还不到家，列子御风而行，可以自由自在来往了。刮一阵东南风，他就到新疆吐鲁番去了；再刮一阵西北风，他又去了海南岛。然而列子还没有达到最高境界，因为他还要依靠风。真正的最高境界是顺应自然的本性，驾驭自然界的各种变化，在无限的空间和时间里游览，这才是绝对自由的境界。所以他总结出'至人无己，神人无功，圣人无名'的名言来。这'三无'太好了，我就把我的书斋起名为'三无斋'了。"

"这个好。"一个学生马上接上去说,"这'三无'把先生的文章道德都说在里面了。"

"那么先生就叫'三无斋居士'了。以后我们学生中哪位有志者要为先生立传时,就用这个题目。"

"哪里哪里,"先生谦虚地笑着,"与在座诸位共勉,共勉共勉!"

那边的饭菜摆了一桌,先生邀请学生们一一入座。席间,学生们又说起出版讲稿的事。

"我还要修改。"

"这已经很精辟了,而且目前国内还没有一本这样的书,是空白。"

"如今出版总是难。"

"全国那么多出版社呢,×××不是最近出了一本书吗?省出版社出的。不过总得要有关系才行,问问他的书怎么出的。"

"他搞他的,我搞我的。"

"我在一家出版社倒有熟人,不知先生愿意不愿意拿到那里去出?"

"哪个出版社都是一样的嘛,我是不讲究的。不知你那位是什么熟人?"

"是亲戚。只要我说句话,老师的事一定帮忙的。"

"我再考虑考虑,恐怕也不那么容易吧。"

在后来的一段时间内,三无斋居士将那讲稿拿出来,从头开始一页一页修改。几天以后,那个学生兴冲冲地来了,但这回并不是谈讲稿出版的事,而是带来了另一个好消息:

"彭老师,有个好消息,我把出版社的一个约稿任务抢到手了。他们要想出一本书,配合当前体制改革的。30多万字。这稿子本来打算约请X大学的一位教授写的,我那亲戚把这个消息告诉我,我说彭老师可以来牵头做这件事。他去做了工作,把这任务要来了。这本书要得急,今年暑假交稿,年底出书。要我们把选目和样稿半个月内送编辑部。

此后,三无斋居士将看了一半的讲稿搁置一边,天天泡在图书馆里，每天工作十几个小时，遍阅经史子集，选出了100多篇文章……

※※※※※※※※※※※※※

这则日记对彭老师的讽刺与轻蔑也同样指向我自己。"三无"是庄子《逍遥游》的最高境界："至人无己，神人无功，圣人无名"。在庄子的思想中，有一个"小大之辨"与"道物之别"。如果认为庄子赞扬"鲲鹏""大椿""列子"这些"大"的事物，贬斥"蜩""学鸠""斥鷃"这些"小"的事物，那就失之千里了。在庄子那里，"小"与"大"的区别是不值一谈的，无论是"大"的鲲鹏与"小"的学鸠都属于同一物类。而他所关注的是超越"小大之辨"的"道物之别"，这才是他的话语主题所在。在"道"的层面上，"无己""无功""无名"的"三无"是庄子说的"道"的三种表现形式。彭老师以"三无"命名书斋，颇具讽刺意味。而我自己，开头也只是想，如果能做到"举世而誉之而不加劝，举世而非之而不加沮"那就好了。所以学习庄子，反而掉进庄子的陷阱，只有在陷阱之中才慢慢领悟了"三无"的含义。彭老师申请副教授职称失败了，就生气想调走，当校长看望他，肯定他的工作，他顿时兴奋起来，这些距离宋荣子尚远，何谈"三无"？我们只能说，彭老师（包括我自己）将"三无"看作值得效仿的价值观与世界观，是自我勉励，自我释怀，做扩胸运动，而在现实生活的实践中却无法真正做到。知识分子重名而耻于言名，做不到旷达而又标榜旷达，身上酸气难闻偏要说自己"出淤泥而不染"。这是一种"清高"的悖论。我自1987年起至2018年做教师的30多年中，同样存在着这种思行不一的窘迫与人格分裂的痛苦。这种个性中的痛苦，成为我职业生涯中后期最终走上了田野研究道路的重要原因。[①]

社会中那种"差序格局"中将"熟人"与"生人"相区别的人际关系，也是我鄙夷不屑的。

---

① 参见第五章第四节。

### 38. "嗳师傅"①

每天长江大轮经过江阴码头时，只留出三等、四等船舱各一间，共有 10 张三等船票和 12 张四等船票，其余全是散席。我通过同村朱文兴的关系买到一张四等票。

晨一点半上船，一点五十分开船。江汉 3 号，就是东方红 3 号，是我 1969 年参军离开家乡所乘坐的同一条船，心情不错。

经过一昼夜的旅行生活，22 室四等舱内的 11 位旅客已经相识，嗳师傅、军嫂、大兵、北京人、新婚夫妇、小王、高而胖、肥肥、"红与黑"和我。昨天刚上船时，大家还觉得颇为生疏，这一天中，排队买饭见面了，洗脸刷牙遇着了，倚着船栏看风景碰到了，进进出出，三言两语，也便熟络起来。这时大家兴致正好，就在一起闲聊，先说天气如何热，再说服务态度如何糟，五转三折，最后话题落在船票难买上。我顺便搞了一次社会调查。

"此地的船票好买嗳。好买嗳，10 张票都容易嗳。"说话的是靠门口睡下铺的一位师傅，本地人。他软声细语，句尾总带一个"嗳"字，如他说"龙胜的山水美嗳"，"福建的荔枝甜嗳"，我就称他为"嗳师傅"。言谈中，大家知道嗳师傅是一位老资格的推销员，走南闯北，见多识广。大家在议论船票难买，他却说好买。

"啊唷，"军嫂像被马蜂蜇了一下，"卖票的那个嫩嫩的姑娘狠煞得②。"她一边低下头打毛线，怀中的孩子很安静，一双溜圆的眼睛愣愣地盯着嗳师傅。

"你不托我帮买嗳。"

军嫂说她昨天被船票的事折磨着，可惜那个时候还没有认识嗳师傅。她带着孩子到部队探亲。不过，昨天还是有人帮助了军嫂，就是本舱内的那个大兵，他凭军人通行证购的票。

"码头管卖票的是我的老朋友嗳，我这票是他派人送到我家里去的嗳。"

---

① 此篇为我 1986 年 8 月 10 日探亲归来在船上所遇之事的记载。
② "狠煞得"即"狠极了"。

"还是熟人好办事。"一位出差的年轻人说。

"嗳,"嗳师傅微微笑着,"这位小同志说得对嗳,听口音,你是北京人嗳。北京我去过许多回嗳,北京人更讲熟人关系嗳,我晓得的嗳,公共汽车上的卖票员看人说话嗳,瞧不起外地人嗳。"

不仅嗳师傅有办法,北京人的票也是通过熟人购得的,在靠里面铺位的那对一直在甜言蜜语的新婚夫妇也同样。睡在嗳师傅对面上铺的小王与下铺那个高而胖、小王一口一声"局长"的人,则以领导干部的身份找到码头领导购的票。

似乎这个小码头所有的三等和四等的票,全都留作特殊情况处理了。

"我是排队买到票的。"舱内一位着红衣黑裙的姑娘说,"红与黑"开头只在看书,此时冒出一句。

大家都很惊奇,问是怎么回事,她说她到快开船的时候才买的票。

"那可能是我退的嗳。"忽然,一位肥肥的中年人说道。他是本地县委机关的干部,昨天打电话给码头留3张票。他到武汉开会,顺便带着老婆孩子去观赏黄鹤楼。可"肥肥"的老婆怕热,不去了。这就有了两张退票。"红与黑"买了一张,那么还多余一张肯定没有卖掉,因为舱内只有11个人。

我在心中盘算了一下:原来每个有熟人关系的都买着了票,没有熟人关系的"红与黑"也买着了票。而且还浪费了一张票。每天在江阴上船的也不过20多人,三等四等共22张票,而且还有一部分人只购散席票。因此,其实江阴港的三等和四等船票根本就不紧张,紧张气氛是人制造出来的。

"票并不紧张,我们为什么不到窗口去排队买票,而要找关系?"我说完这话,又觉得脸红。

"做勿到的嗳,社会风气不好嗳。"嗳师傅"嗳嗳"地笑着,说。

※※※※※※※※※※※

陌生人虽不见面,却间接地激烈地争夺资源。这里提出的问题是：只要我们按照"差序格局"中的亲疏关系处事，得益的是"亲"的一方，受损害的是"疏"的一方。但事情立即就出现反转："疏"的那一方按同样的方式处事，"亲"的一方又变成了"疏"的一方，也受到了同样的损害。这里存在着一种平衡关系，即我在此时此地所得与我在彼时彼地所失是大致相等的，就像格尔兹所说的巴厘岛的斗鸡游戏，在一个长时段中，两个集团的输赢是大致相等的。问题是："我"与"他"在缺乏沟通、只站在自己的位置上考虑问题进而争夺资源的过程中，双方又大量地浪费了人力物力。我们总以为是因为资源的匮乏，才使人去争夺，其实更多的情况是：资源并不匮乏，紧张是人为的。如果"自我"有一种为"他者"着想的自觉性，不去作那种疯狂的争斗，那么资源是足够的。因此，争夺不仅是自私的表现，而且是自寻短见，本质上是一种自戕行为。但这个道理不易使人明白，明白了也不易做到。就我而言，票同样是走后门得来的，我同样是"差序格局"的实践者。当时我就厌恶这种人情关系，但又践行着这种关系。我的顾虑在于：如果从我做起，而别人并没有跟随，那么我将买不到票而不能按时回到工作岗位。我的这颗自私之心到底是一种什么样的质料制作的呢？我的理想中的人与人之间应该是无亲疏的等距关系，犹如圆心与圆周的任何一点都是半径的距离，但我在实际生活中却不能做到。

还有另一类我所轻蔑之事，就是虚荣。

### 39. "西瓜母女"[①]

清晨跑完步，在微微的晨风中走回来。见一穿着艳丽时装的姑娘推着自行车，斜穿过操场，向公路走去，后架上放着用网兜兜着的几个西瓜。后边相隔五六米处，跟着一位中年妇女，衣衫老旧，看样子是她的母亲。

从操场走上公路有十几级台阶，女儿忘了后面的西瓜，将自行车斜着提起来。"扑通"一声，几个瓜全都躺在地上不动了。女儿怔了

---

[①] 这是 1981 年 7 月 22 日早晨跑步归来所见。

一下,揎擦着溅在好看衣裙上的瓜汁。母亲快步赶上来,弯下腰去捡其中一个尚未摔烂的西瓜。

"妈,算了吧,不要了。"女儿说。

我从旁边走过去,瞟了一眼,忍不住幸灾乐祸地笑起来。

母亲还是从地上将那略好的一个捡起来,重新兜住提着。西瓜母女又慢慢地在公路上走起来。

※※※※※※※※※※※※

"一个衣冠楚楚的人一本正经地走着。突然,他倒在小溪里,于是笑声四起。"[1] 本来西瓜摔破了是应该同情的,而我反而去嘲笑她,这个笑的机制就是因为前后两种状态完全相反,二者出现了短路。不过,我幸灾乐祸还有一个缘由:这个艳丽的女儿将她素朴的母亲抛在身后,有些矜持与虚荣。如果母女同心,相互尊重,协力合作,当然西瓜就不会摔地。可是她却自以为是,于是,突然有一种冥冥之力恰到好处地出现了,她的虚荣与矜持受到了惩罚。不过,受到伤害最重的是那几个可怜的西瓜,女儿的虚荣不仅带给自己尴尬,而且带给西瓜无法修补的创伤。

对西瓜女儿的嘲笑,也包含着自嘲。我在连队的时候,有一次一个战士问我"岑"字怎么念,我不认得,又怕丢了面子,就说是念"今"的音。现在想起此事,当时的我实在太可恶!

## 第四节 怜悯

古人所谓"人皆有怵惕恻隐之心"[2] 仅是一个空泛之论,个体的怜悯心与个体的品性相关联,具有不同的特征。我的个性中所怜悯的都是那些受侵害、被压迫和遭欺侮的人与物。下面一则日记是我在机关工作

---

[1] [法]列维-斯特劳斯:《神话学:裸人》,周昌忠译,中国人民大学出版社2007年版,第708页。

[2] 《孟子·公孙丑上》。

期间，从一位在信访办公室工作的朋友那里看到的，这是一位女性求助的自述。当时我没有条件抄写，这是当天晚上根据回忆记下的。

### 40."她"

她17岁之前是处在幸福之中与光环之下，父亲是高级工程师，20世纪50年代从上海支援内地，当时工资是147.48元，比省长还高，全家生活优裕。

她自述她长得很漂亮，但漂亮给她带来的是一生中巨大的噩梦。这种噩梦是从她那个"恶丈夫"开始的。她与他是中学同学，他死缠烂打地追求她，用了不少讨好她的手段。但她始终不爱他，她爱上了另外一名同学。死缠她的那个人扬言要杀了那个同学。她畏惧，不知如何是好。在一次激烈的冲突后，她不理智地选择了上吊。当她被救下时，救她的人安慰她说："既然他这样追求你，既然他为了你要想去杀人，这说明他还是爱你的。"她听了这话，有所转变，但是她就是爱不上他。

一次晚上回家，她被一群男人围住骚扰，是他突然出现在面前，救了她，而且受了伤。她感动、感恩，不久就嫁给了他。

日子一天一天地过，但她从来没有享受过爱的温存，只有无休止的被强迫，而且她的丈夫不断地向她要钱赌博，不给就要遭受家暴。

后来，她有了孩子，丈夫很高兴，有一次得意地对她说："我终于把你搞到手了。"她问此话何意，他告诉她，那次英雄救美的事件，是他导演的。她的精神一下子崩溃了，她提出离婚。可是恶丈夫扬言，如果离婚就杀掉她的母亲。她深知暴徒的性格，于是日子又得继续过。恶丈夫还是不断地问她要钱，不断地施行家暴，先是拳脚后是棍棒。孩子五六岁了，七八岁了，十几岁了，每当家庭冲突，孩子就拦在中间一起遭受这个暴徒的拳脚和棍棒。

她的最后绝望是听说了这个丑陋的恶丈夫居然有了外遇。这次她坚决要离婚，恶丈夫终于同意了。她任何财产都没有要。

然而，她的厄运并没有结束，她的漂亮重新给她带来不幸。她的上司一个接一个的来骚扰她，一次接一次地来骚扰她。为了逃避，她换了三次工作。

不断有人对她说："你这么个美人坯子，要有人保护你。"她也答应了。可是病魔又缠上了她，她患了癌症，扁桃体癌，动了手术，她没有钱去化疗。

她写这封信的目的是请求组织的救济。

※ ※ ※ ※ ※ ※ ※ ※ ※ ※ ※ ※ ※

生活中的恶人恶事，摊在这个弱女子的身上竟是如此之多，社会对此竟然视而不见、见而不助。她的第一重灾难是"恶丈夫"。当恶丈夫对她施行家暴并威胁要杀人的时候，社会并没有制裁那个男人。她孤立无援，她恐惧。顺便说一句，许多女性在恋爱中享受被男人追逐的快乐，这是在男权社会中女性异化现象，也是女性虚荣心的表现，最后往往掉进陷阱而无法自救。她的第二重灾难是"恶上司"。在她离婚以后，她的上司一次又一次、一个又一个来骚扰她的时候，社会同样是一个不负责任的旁观者，并没有保护女性基本权利的预警机制。法律只在一个极小范围之内起作用，而且这种作用仅限于在女性受到极度伤害、悲剧已经发生、真正的犯罪行为已经结束的时候，法律才姗姗来迟。这有什么用?！她的第三重灾难是病魔，癌症在摧毁她的身体。据这位朋友说，最后有关部门还是按照有关规定给她补助了一点钱，不很多。一听说"有关规定"，我就想到戈星月事件，这又有什么用?！这位朋友还告诉我，后来她再也没有来找组织，现在是生是死不知道。社会到她生命行将结束的时候才出现，无关痛痒地略作一点施舍，面目可憎。

下面是两则关于动物的日记。

41. "伤逝"①

朝小屋望去，想起我年少时家中曾饲养过一只花鸽，触动我的伤逝之心。

---

① 这是我有一次探亲回江苏老家时睹物思旧记下的日记。

刚买回来时，她尚是一个亭亭玉立的少女。雪白的羽毛掺杂着一些黑色花纹，被取名为"雪花"。家人怕她思归，将她的双翅缝了起来，只能用脚走路。她经常爬上围墙和屋脊，伸着脑袋，总是盯着南边的方向，那可能是她来的地方。有时她突然起翅，可她忘记了自己的能力，总是从屋上跌落下来。

不久，便买回一只雄鸽，黑色，这是预定作她丈夫的。她对他一见钟情，很快就结成了夫妇。等到孵出一对可爱的雏鸽时，家人便决定给花鸽开翅，同时给黑鸽的尾羽带上鸽哨，飞起来嗡嗡地响，来去踪迹明了。

一个晴朗的上午，两只鸽子一同上了天。天是明朗的，抬头望去，看到他们在蔚蓝色的天空中翱翔，且越飞越高。鸽哨开头"昂昂昂"的声音很洪亮，继而转为"嗡嗡嗡"，后来变作"呜呜呜"，最后只听到"嘤嘤嘤"的一丝声响。只见两个小点子在湛蓝的天底上移动，有几回，花鸽不见了，一阵担心；但隔了一会儿，飞到背光的方向时，白点则又清晰地被映在蓝天之上。家人提心吊胆：雪花会不会将她的丈夫带走，而丢下那两个孩子？

不知道是什么时候，天空中的一白一黑两个点子消失了，哨声也听不见了。孩子们则依然仰着头。

等到中午，两只鸽子没有回来！等到下午，还是没有回来！等到傍晚，依然没有回来！

正当家人几乎绝望的时候，只听得"昂——"的一声，房顶上就有了振动翅膀的声音。我冲出来看时，他们就在屋顶上，那黑鸽又"咕——咕——咕——"地叫起来。

从此，这一对恩爱夫妻，就在我家定居下来。他们同出同进，同食同住。门前的桃花开了又落，落了又开，他们已经养育了好几对子女了。

忽然有一天，悲剧发生了。那天晚上家人关鸽笼的时候，发现里面空空如也。于是到处寻找，只见雪花立在房顶上，黑鸽不见踪影。

被缺德之人用网捉去了？被凶恶的"鸽虎"[①]捕食了？愤恨也

---

[①] 一种鹰捕鸽为食，被称为"鸽虎"。

罢，悲伤也罢，都无济于事，黑鸽再没有回来。

面对如此困境，家人经过反复挑选，重又买回一只与原先那只模样相同的黑鸽，与花鸽配对。不过这一次，花鸽避而远之，默默地蹲在一边，晚上绝不进同一个窠穴。家人将他们强行关在一起，第二天打开鸽笼时，只见花鸽满头鲜血，脚也拐了。

捆绑不成夫妻，于是只好将他们分笼，另买了一只雌鸽与这只黑鸽相配。雪花则越来越忧郁，家人又买了一只相当漂亮的花鸽与她相配，希望少年英俊的白马王子能重新赢回她的芳心，结果再一次失败了。

她每天早晨出去，薄暮才归来。

后来，她变了，整天不出去，也很少吃食，只是站立在屋脊上远眺。

再后来，她又变了，连屋脊也不去了，整天蹲在专门为她建造的窠里。

再后来，她根本就不再进食了。家人们将她捉起来，抓在手中，瘦骨嶙峋，连头也不再伸缩了。

她完全没有一点儿好起来的希望！

突然有一天，她重新登上了屋脊。很有些奇怪了！我看见她在屋脊上站立了一会儿，就从那里起飞了。开头飞得不高，在空中转了几圈之后，略略飞高了些，便一直向南飞去，渐渐消失在视野之外了。

她再也没有回来！

时间已经过去了数十年，她再也没有回来！

※※※※※※※※※※※※

现在只要一想起这只花鸽，她就在眼前，刺痛着我的心，同时也为她骄傲。她坚持她所认定的东西，无论后来的诱惑多么巨大，她都不会改变。同时，她一定是一个理想主义者。最后她飞向哪里去了呢？是去了她丈夫遇难之地？还是去了她出生之地？抑或她在飞行中力尽而亡？无论哪一种可能，她都是抛弃了世俗生活而选择了理想。她的个性"受命不迁，深固难徙"，与诸鸽皆有不同。

## 42. "她走了"①

她走了，默默地走了！

没有婚姻，没有家庭，也没有孩子。她就这样走了，孤身一个地走了。

她一辈子没有抗争过，忍受过诸多的苦难。小时候，不知怎样的，她从平台上飞下来，摔坏了腿，从此留下了后遗症，走路一瘸一拐。在讲求等级地位与力量较量的鸡群里，强势的鸡总要欺侮她，她默默地忍受着。脸上被侵略者啄得出血，身上一次又一次被踩伤，她终于再也站立不起来，她的性命不保。我连忙把她放到笼外，她顽强地继续生活着。冬天我把她搬回屋里，夏天她就在外面过夜。

她有一颗温柔而善良的心，一辈子没有欺侮过同类。像贤妻，可她没有丈夫；像良母，可她没有孩子！

她一辈子只讲奉献，而从没有要求什么。只是有时听到门一开，她跑过来看看有没有吃的。有吃的，就吃一点，吃了她就静静地蹲在一边。

但她终于还是走了，默默地走了！

没有婚姻，没有家庭，没有孩子，就这样，她孤身一个走了。我为她掉了泪，将她埋在后面的小树林里，并为她烧了一炷香。

她一生中没有一点儿乐趣，但愿她的灵魂在天国能够安息，那里大概没有别的鸡欺侮她吧！

※※※※※※※※※※※※

我们经常看到电视上的"动物世界"节目，大多数是狮群猎杀野牛，虎豹扑击小鹿。拍摄者崇尚强者的心态与我的个性取向决然不同。

## 第五节　喜爱

爱是什么？"爱是种创造性的活动，这包括注意某人（或某事）、

---

① 此则关于鸡的日记是写了"花鸽"日记的第二天写下的。

认识他、关心他、承认他以及喜欢他,这也许是一个人,或一棵树、一张图画、一种观念。这就是说,唤起他的生命和增强他的生命力,这就是一个人更新和成长的过程。"① "爱某个人如果和爱人类相分离,那么,这种爱只是表面的、偶然的,并且必然是肤浅的。"② "喜爱"是一种"快乐"。快乐不是高峰,而是高原;快乐不是极度兴奋,而是持久的炽热。

我热爱大自然,也就喜爱自然的艺术作品。石涛的山水画,八大山人的书法,它们既是外在的自然,也是内在的自然,我喜爱之极。对于石涛,我买了他的七八本画册,准备退休之后临摹学习。而八大山人的书法,我早些年就临习过一段时间。我认为他的书法至善至美,它不是欲望的张扬,而是道德的敛藏;它平和相让,从容淡定,毫无媚态,从不煽情(见图4-1)。

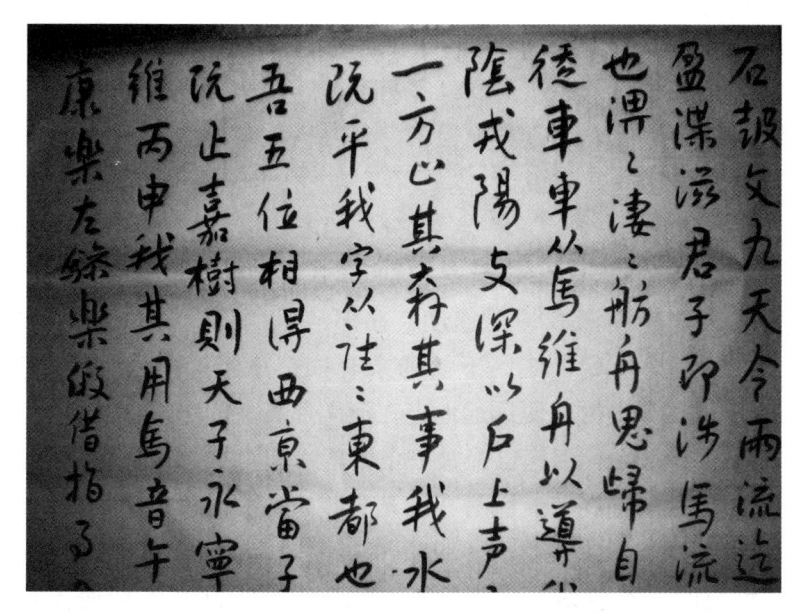

图4-1　我早年临习八大山人书法稿

---

① [美]埃里希·弗洛姆:《为自己的人》,孙依依译,生活·读书·新知三联书店1988年版,第50页。

② 同上书,第106页。

对于自然的生活、自然的人，我亦甚喜爱。

### 43. "水乡的女儿"①

我从泰州坐船到兴化，要去看望一位相别多年的扬州报社同事。

苏北水乡与江南水乡不同，又是另一番景色。小小的木轮船在清清的河水中潺潺行进，船头激起的浪卷时时攘扰着岸边嬉水的群鸭。蒲草、茭白、蒹葭、绿树、青禾、农家，一幅幅美丽的田园风景画。南风又从禾稻尖上吹过来，驱赶着盛夏的炎热，送来一阵阵沁人心脾的清香。

也许是看惯了的缘故吧，舟中的人们对水乡秀美的景色一无所感，只是偶尔抬抬头，望一望是否到达下一个码头。七八个农家姑娘在我的旁边叽叽喳喳说话，她们是水乡的女儿。

我刚才买了一个西瓜，此时很渴，取出与周围人分而食之。邻座的姑娘说不吃，后来接过去一瓣，托在手里，似乎不知道如何应付。她上午与同伴来泰州买了一双红塑料凉鞋，用手拎着，脚上依然穿着一双旧塑料鞋，露出镶嵌着泥巴的"U"字形趾甲。

她在船舱里一直不说话。

"到叶甸的上岸哩。" 15 点 40 分，船家叫道。

她看着我羞涩地一笑，算是告别，站起身准备下船。

小小木轮船渐渐减慢了速度，往那河岸的树丛间一撞，就靠了岸。姑娘们排着队朝前走。下船的乘客挨个从船头跃出一步跨向岸上，再穿过几棵小树，便远远地走在河岸那高高的路上了。

船又重新开动，邻座已经被一位时髦女郎占据。红白蓝三色相间的连衣裙把她的青春和美貌衬托得光彩照人，嘴唇涂得猪血红，手中拿一本《台港与海外文摘》（1985 年第 7 期）。她翻开杂志，读一读"下一世纪的人类生活""牛仔裤世家""女士须知怎样使姿态美""戴项链的讲究""女性使用化妆品注意事项""一万美元一日游"。她看完了这一切，又翻到封二，那里是做着各种姿态的服装模特。有

---

① 此篇为 1985 年 7 月暑假期间我去兴化看一位 16 年前的报社同事途中所遇。

的像是在哭，有的绷着阴森森的脸看人……

我弄不清她是叶甸上船的，还是原先便在舟中与我从泰州同来的。

※※※※※※※※※※※※

这是素朴与矫饰的对比。水乡的女儿是素朴的，她们是自然的女儿，是大地的女儿，脚上有泥土。喜爱素朴，便对矫饰反感。那个来自于泥土塑形的"U"字，能够撼动我的心灵；而那个时髦女郎却进入不了我的审美欣赏。水乡的女儿被映衬在满眼葱绿的庄稼地里，映衬在那条木制的轮船上，映衬在河岸边那几棵小树当中，她们与那片芳香的土地融为一体。

在后来的几天中，我找到了我的同事，并在这个苏北村子住了几天。我习惯到一处总要做一些调查，在那里走访了左邻右舍。村中的一位刘婶跟我讲了村里的一件事。

## 44．"陶红"

"东边那一家，陶红家，姐弟两个争着进厂，闹呢。陶红家抵不得我家，我几个儿子都当干部，自己没想到的事，别人巴结了。她家没人头，她爹是木匠，妈妈种田，有个姐姐出嫁了，还有个弟弟。陶红和我四丫头蛮要好的，知道四丫头要进厂，心里很难过。四丫头也可怜她，回来对她二哥说了。我儿子就找了关系，弄到了一个名额。

"这本来是好事，陶红那几天高高兴兴的，天天来我家跟四丫头说得起劲。可是她爹妈一商量，说不如让儿子去，就是她弟弟小明。小明读初二，成绩不太好，高中怕是考不上了。这个机会让给姑娘可惜掉了，21岁了，过几年就是别家的人了。这样就让小明歇了学进厂。男孩子去织布厂开始还不要呢，刚好缺一个开车的，就收了。"

"她父母太重男轻女了。"我说。

"理是这个理,但是在乡下,家家如此。儿子总归是儿子,做父母的总是要想想后路,将来靠谁。可谁也没想到陶红闹得那么凶。平常是蛮好的姑娘,清清秀秀的,不爱说话。可这一回头也不梳、脸也不洗、饭也不吃,整天蒙着被子哭。哭累了睡,睡醒了又哭。她妈妈许愿等她结婚时嫁妆多陪些,她不要,就是哭。父母恼起来,索性随她去。整整三天,滴水未进。

"到第四天,还是不起来。她妈慌了,她爹也没去做木工,请来亲戚邻居劝,我也去了。揭开被子一看,姑娘满脸通红,一摸额头,滚烫滚烫。我说不好,赶紧叫医生。医生来了,她翻来滚去不肯打针量脉,说:'不想活了,你们太欺心了,四年级都不让我读完,说是日子过得苦;现在有点好了,为什么又不让我进厂?'大家说千说万她就是不听,头往床帮①上撞肿了,青一块紫一块不像个人。

"我们看这个样子,就转过来劝她爹娘,说儿子将来总有办法,女儿也是父母身上的肉,年龄不小了,就让她进个厂。她爹娘慢慢被大家说动了,打发人去厂里把儿子叫回来。

"后来,他们把小明叫了回来,厂子里的领导也跟着来了一个,说是可以调整的。小明也是个懂事的孩子,愿意回来。

"陶红这丫头听到这些,安静了,慢慢从床上爬起来。谁晓得她突然说她不想进厂了,把我们都弄糊涂了。"

"后来呢?"我问。

"后来,陶红死活不愿进厂。你说怪不怪?她还说,以后在家好好劳动,她妈妈抱着女儿哭啊。"

刘婶说到这时,也抹起了眼泪。

"后来,陶红自己反倒不哭了,打了针,吃了药,洗洗脸,吃饭了。"

"后来呢?"我又问道。

"开头像个鬼,后来歇了不少天,身体慢慢好起来,脸上头上撞肿的地方也消了,就下地劳动了。往后,她爹娘对她倒也好起来,百

---

① "床帮"即"床沿"。

依百顺了。"

※※※※※※※※※※※※

　　陶红是又一个水乡的女儿，她是自然的、纯朴的、善良的。她与那个舟中遇见的"U"字塑形的女孩同类，与"猪血红"女孩异类。她所抗争的是在家庭中不能得到与男孩的平等地位，而当争到这种地位以后，她那颗善良的心灵总是为他人着想。这是"厚德载物"的土地的品质。

　　对于自然的无矫饰的情感，我也是欣赏与喜爱的。下面两则日记则是田野工作中写下的。

### 45．"彝家山寨的马樱花"[①]

　　学校即将开学，我需要回校了。一个多月的田野工作，摩哈苴已经刻在我的心中。

　　出村下山，走过一道山坡又一道山坡，又转过几座巨大的岩石。

　　突然从半山的一块岩石后面转出一个女孩。她在这里专门等我，手里拿了两条黄瓜，塞给我。我又热又渴，接过黄瓜就吃起来。她就一直跟在我的后边，我问她到哪里去，她支支吾吾先说去办事，随后又说去亲戚家，要与我同行。我曾经到访过她家，她的父亲过度热情，硬逼着我一定要吃两大碗饭和一大盘鸡肉。

　　到了下午，她又到乡政府招待所来找我，手里拿着什么东西。那是一双鞋垫和一块当地的手帕，鞋垫上绣的是鸟，手帕上绣的是一朵色彩艳丽的花朵，下面一行字为："彝家山寨的马樱花"。马樱花的故事我知道，是说群花聚集洛阳选美，马樱花因路途遥远迟到。等她到达的时候，牡丹已被选为花魁。众花一看马樱花如此的秀美，惊叹不已，但评选结果不能改变。于是马樱花就返回云南，从此在深山之中盛开，再不出世。我在去田野考察的途中，总能在深山中寻觅到这

---

① 此篇为1995年暑假在摩哈苴考察下山途中所遇之事。

种花。她家住在迤头村，村后的白草山那路边的拐角处就有一棵马樱花树，美丽而娇羞（见图 4-2）。

图 4-2　白草山的马樱花（朱炳祥摄）

她说这是她亲手绣的，送给我纪念。她一定是参照这棵马樱花绣出的，这朵被绣出的花属于她的民族的花，属于她的家乡的花，更属于她自己的花，因为她的名字中就有一个"花"字。

※※※※※※※※※※※※※

一次送行，两条黄瓜，一双鞋垫，一块手帕，显示了彝村女孩儿的情愫。如此洁净，如此纯粹，在我心中已经升华为神明。

### 46."摩梭女儿"①

她背着草篮子，刚从地里干活回来。摩梭女儿的衣着总是鲜艳的，即使到地里干活也是盛装而去，盛装而归。她也一样，漂亮的衣

---

① 此篇是我去宁蒗永宁为期几天的考察中记下的日记。

裙衬托着她年轻而姣好的面庞。她见到我时对我一笑，说了几句话，就让我跟着她。

我就跟着她。

到了她的家，她将草篮子卸在院子里。一位 50 多岁的男人在院子里坐着，我猜想或许就是她的舅舅。她没有与那个男人打招呼，那个男人对我们也视而不见。

她邀请我进入她的闺房。这是一间小巧玲珑的房间，门朝东，太阳从外面照进来，通室光明。房内的装饰是一种柔性的风格，红红绿绿，花花草草。她一直笑着看我。我欣赏了一会儿，说还有其他事情要办，准备离开。她对我说：

"你晚上到我这里来，你认路了没有？"

她说此话时，是那样的自然平静，并且是一种商榷与希望之口吻，没有任何强勉之意。

我退出来，她也跟出来，要与我照张合影，于是就让那个男人帮助按相机。

那天晚上，我没有应邀去她那里。

※ ※ ※ ※ ※ ※ ※ ※ ※ ※ ※ ※ ※

一切都是那么"天然去雕饰"。她对我一笑，后来让我跟着她走，领我参观她的闺房，让我与她合影，最后约我晚上到她那里去，但并没有强迫之意。这是一次单纯而复杂的文化碰撞经历。她的文化与我的文化不同，她可以随便邀约男性，只要是她喜欢的人，而我的文化规约着我。我那天没有应邀，或许是因为某种自律，或许是因为我对于感情的理解与她有所不同，或许是因为我一下子无法适应当地文化习俗。我让她失望了，感到很内疚。不过她这种失望可能是瞬时性的，并非很浓烈。摩梭女儿在自由开放的社会中生活，那是一种自然状态。高更的"自我民族志"《诺阿·诺阿》曾说到在那种自然状态的社会中是"无性"的："这种关系更保持着一种完全纯洁的性质。在他们的风俗里，性爱根本没有文明人那种羞羞答答与遮遮掩掩的情调。大家一览无余，没有陌生的概念，没有神秘感，谁也没有特权，是男是女一个样，谁也不占便宜，谁也不受损害……男女之间既是朋友又是情人，而且完全排除了邪恶这一概念"①。而我们的社会处处都是"性"的，邪恶的。在那样一个时间之内，那样一个空间之内，她的理解与我的理解出现了错位。她的感情是那样的真实及出自本性，而我却受制于我的文化，是一个不真实的、虚假的自我。作为在这个女儿国生活的她，她是自由的；作为一个进入女儿国的我，我是不自由的。她的文化允许她的自由，我的文化限定了我的自由。不过，我与摩梭女儿的文化碰撞却强化了我早年就产生的一种社会理想：这个世界由女性主导可能会较之男性主宰更为美好，因为她们的柔性风格是无侵略性的，是充分尊重别人的，是崇尚和谐的。我的这种想法最初产生于青年时代在军营中的思考。相当长的一段时间以来，我一直想探索战争的根源到底是什么。历史学家和历史哲学家们总是千篇一律地、无休无止地分析着战争的政治根源、文化根源、社会根源等，这些可能是重要的，但从性别角度的探讨同样具有重要性甚至具有更大的重要性。人类在"6000年前左右，在世界上一些不同地方开始出现男人压迫女人的现象。……人类的男性部分对女性部分的胜利，其原因在于男人的经济力量和军事力量"②。于是，世界上有一部分人类进入一种被称为"父系"的社会结构之中，男性自此便居于支配地位。或许由于动物遗传给人类的特性，或许由于文化对于男性的改造，在男性统治的社会中，打破和谐的好战成为一种时尚，成为一种社会价值观。"男子气概""被理解为斗争或施暴的才能"③，这种好战与施暴在一定的条件下就发展为一种侵略性。男人们依靠军事力量与经济力量所造成的灾难已经对人类形成毁灭性的后果，当代人类走入了战争的困境、环境的困境、畸形发展的困境，与

---

① [法]高更：《诺阿·诺阿》，郭安定译，中国人民大学出版社2004年版，第35页。
② [美]埃里希·弗洛姆：《占有还是生存》，关山译，生活·读书·新知三联书店1989年版，第200—201页。
③ [法]皮埃尔·布尔迪厄：《男性统治》，刘晖译，海天出版社2002年版，第69页。

男性的统治不无关系。然而，要颠覆传统的认识是困难的，因为"男人和女人一旦包含在我们尽力领会的对象之中，我们就以认识或评价的无意识模式，接纳了男性秩序的历史结构；为了思考男性统治，我们甚至冒险援引本身就是统治产物的思想方式。要想跳出这个圈子，只有找到一种实用的策略，对科学的客观主体进行客观化"①。按照宇宙均衡规则，男性已经掌握权力 6000 年了，该轮换一下了，男性是否有此胸怀愿意让位于女性来一试身手呢？这不仅是一种社会理想，更是一种人的自觉，是男性群体的自觉。这种社会理想和人的自觉是我参军以后对于种种战争的痛苦思考之中萌发与确立的，在后来种种的阅读与研究中得到进一步深化，成为我个性取向的相当重要的方面，并在这次田野偶遇摩梭女儿那一种场景中得到了深度激活。

与摩梭女儿不同，在我们的社会文化中，爱情与婚姻成为令人沮丧的利益交换关系，日记亦有记载。

### 47."张扬"②

"他们老两口还住在一间 17 平方米的房子里，而且她老伴没有工作，今年 77 岁了，身体不大好。我去了以后，张扬不在家，老头在家，我和他闲扯了两个小时。"

"怎么会没有工作呢？"我问。

"他参加过国民党，是个中校军官。一开始'嘿嘿嘿'他不说，我在那里天东地西，七说八说，套出来了，他是后来起义过来的。到 60 年代初，他身体不好，就退职了。后来就没有工作了，一直靠张扬养活他。张扬今年 65 岁，是小学的模范教师。去年他又大病了一场，差点死去，在家里治疗，住不起医院。

"后来张扬回来了，我问她生活怎么样，她说好多了，现在杂七杂八的加起来有 90 多块钱呢。你算算，两个人才 90 多块钱，还有一个病人，所以住不起医院。"

"他们没有孩子？不负担一点儿？"

---

① ［法］皮埃尔·布尔迪厄：《男性统治》，刘晖译，海天出版社 2002 年版，第 1 页。
② 此篇为 20 世纪 80 年代中期一所老年大学的校长家访一位女学员后对我的讲述。

"有是有一个。在张扬没有回来的时候,老头说的,有个儿子(不知)在哪里工作,今年也 50 多岁了。从年龄上看,我估计不是张扬生的,他们之间婚姻恐怕不是那么幸福。我们那边有个人和张扬是同学,说 1938 年的时候,她上中学时就已经结了婚了,大约有点儿被逼的性质。这是我的猜测,不是很有根据的,我自己看的。当然他们(的婚姻)还是维持下来了,她一直照应着他。现在我看样子,他有点怕她,在家里是她支配一切。我问平时吃饭怎么办,张扬朝那边指指(指她的丈夫)。我刚去的时候,张扬不在家,老头给我冲了一杯白开水。张扬回来了,说:'怎么不泡茶?'他才拿出茶叶来给我泡茶,他家有茶叶。后来又端出一盘糖,一盘瓜子。大概她没有通口,老伴不敢拿。就在我们坐着说话的时候,她对他一指说:'去看看煤炉'。大约——,我猜想,在家里她支配他。她上老年大学可能是找精神寄托。

"我在的时候,随便地翻翻她的杂志,——她订了不少杂志,有自修大学的,上面画得一道一道的。她还在学习啊!她在家有什么事呢,老头那个样子。她在老年大学报了四门课,每周就有四个上午在上课,回来看看这些书,一周也就没剩几天了。他们感情上恐怕有点……老头还一个劲地夸她,说她什么都要强,是模范教师。我担心这老头'文化大革命'中受到冲击,但他说没有。他是中校,如果在岗位上一定要受到冲击的。他解放以后就到工商联,后来他又离职在家。"

"两个人住着 17 平方米的房子,生活一定过得很苦。"我说。

"日子过得很苦。我问他们生活怎么样,张扬说:'现在好多了,家里还有电视机。'她说她每个月还狠心肠存 17 块钱,她想买个洗衣机。

"后来我告别出来,她送我。遇人她就介绍一番,说:'这是老年大学的校长看我来了。'在楼梯上遇到一个人,就高高兴兴地这么说。在门口遇到一个人,她又笑着这么说。后来我们已经出来了,她停住了,把邻居家的门推开,从里面拉出一个人来,对她说:'这是老年大学校长,来看我的。'把我们去看作多么光荣的事!过去到她家里来坐的人的确不多。"

※ ※ ※ ※ ※ ※ ※ ※ ※ ※ ※ ※

婚姻本来应该是爱的结果，但是张扬的婚姻被异化了，成为某种交换。他们婚姻的初始关系"有点儿被逼的性质"。后来随着时代的变化，丈夫"是起义过来的"，原先的政治优势已经失去，随后又退职没有工作，靠张扬养活他，夫妻之间的社会地位出现了逆转。再后来，"她支配一切。"一个77岁的老人身体不好，在家要给妻子做饭，客人来了，茶叶、瓜子、糖都不敢拿出来招待客人，还要被指使着去看煤炉。这些有着虐夫嫌疑的行为，是对他过去逼她的回报。他们的婚姻是一来一往的"交换"关系，整体上也达到某种畸形的平衡：过去他强迫她，现在她指使他；过去他支配她，现在她支配他。我既讨厌现在这个有着虐夫嫌疑的"她"，更痛恨过去那个逼迫婚姻的"他"。与"水乡的女儿""彝族山寨的马樱花""摩梭女儿"中的"善"相较，这两个人物带有某种"非善"的因素，成为我"喜爱"的反证。

喜爱自然、崇尚和谐、喜爱乡村（包括喜爱劳动）的个性，是我的职业生涯最终走向人类学田野研究的决定性因素。

## 第六节 赞颂

我所赞颂的，是我的精神寄托之所。首先是对古人精神品格的赞颂。1993年暑假去新疆考察，为体验法显与玄奘的精神，我曾走过一段沙漠，下面一则日记为当时所记。

48．"脚印"

背了行装西出阳关，那首壮美且悲怆的《渭城曲》唤起我一些相类的情绪。诗人王维送他的一位朋友赴安西边地，他们在咸阳城的小酒楼上对饮良久，而现在就要分离了。古人无先进的交通工具，靠着天生的两条腿走遍千山万水，途中不知会遇到多少艰难险阻，"生离"即等于"死别"，"生离"之伤即"死别"之痛，故而才有"悲莫悲于生别离"之语。更何况是送别朋友去边关，诗人怎能不感慨万千："劝君更饮一杯酒，西出阳关无故人。"

眼前一望无际，沙海茫茫。

在我身后的沙漠上，是一行看得见的脚印，那是我已经走出的脚印；在我前面的沙漠上，是一行看不见的脚印，那是我即将走出的脚印。不过仔细看去，前面的道路上隐隐约约地有着许多前人的脚印。

前人出关，拿了自己的身家性命作赌注，他们赌的是什么呢？想起几个西出阳关的人，东晋法显是突出的一个。为了去印度求取新文化，他65岁发迹长安。本来有9个同行者①，有的不堪劳累途中病故了，有的在过雪山时冻死了，有的吃不了苦中道而废了。而他，以孤往之大勇，竟然一人穿越了沙漠。从敦煌到楼兰1500里的流沙，上无飞鸟，下无走兽，66岁的法显以死人枯骨为标志行走，67岁突破葱岭。他终于走到了印度，取回了他追求的经书。14年以后，79岁的他才绕道马六甲海峡从海路回到中国的连云港。

法显以这样的高龄作这样的长途旅行，那种"发迹长安"的心志，那种坚定不移的信念，那种精进勇猛的精神，那种坚韧不拔的毅力，光照千古，与日月同辉！

今日之学人，望尘莫及，不能得其万一。忽而觉出自己如沙粒微尘那般渺小。

※※※※※※※※※※※※

今人与古人相较，心志、精神、信念、毅力差之甚远。我们可以归责于文化与科技的成果：既然我们已经穿上了衣服，就再也无法赤身忍受冰雪严寒；既然我们已经坐上了火车，就再也无法经受得住那千里孤行的苦楚。但是我们的心志之差距却同样巨大。我们景仰与赞

---

① 这9个同行者为：慧景、慧嵬、慧应、道整、智严、慧简、宝云、僧景、僧绍。

颂那样的高度,是因为我们达不到那样的高度。当我在新疆图书馆地方文献室读到法显"65岁发迹长安"这几个字时,热血奔腾,激情澎湃。"发迹"这个词,用了本义,即"开脚第一步",这用得何等精确啊!以至于我在考察途中、在教室里的课堂上,甚至在写作的书桌前,曾无数次模仿"发迹"的动作,但是,无论我的表情是何等的庄严,态度是何等的郑重,心志是何等的凝聚,我模仿的脚步总是显得轻飘浮躁,缺乏意志与信念的重量!

除法显之外,东晋陶渊明同样使我至为崇敬与赞颂。在《五柳先生传》中,陶渊明述己云:"闲静少言,不慕荣利。好读书,不求甚解,每有会意,便欣然忘食。环堵萧然,不蔽风日。短褐穿结,箪瓢屡空。晏如也。常著文章自娱,颇示己志。忘怀得失,以此自终。"对于陶渊明而言,他能够按照自然天性而行之,不受文化之约束。他闲静少言,我们却滔滔不绝,在各种会议上大放厥词;他读书不求甚解,我们却将各种书当作《九阴真经》希望从中找到通天的法术;他著文只为自娱,显示己志,我们著文却为了发表,评定高级职称;他不慕荣利,忘怀得失,我们却患得患失,精于计算;他自始至终,任心自由,我们却起起伏伏,追逐时尚!陶氏是个天人,根本无法仿效,只能心向往之。

我母亲的有些品质,也是值得赞颂的。

### 49."结拜姊妹"[①]

那时孤山边驻的新四军,靖江城驻的国民党(指汪伪政权,下同),像拉锯一样,今天国民党推进,明天新四军又回来了。一次国民党又推进,一直朝孤山推进,新四军撤退,一直朝界河以北广陵镇撤,大家奔着逃。那些男的都会游水过了河,有的没来得及的就被抓去,抓去就要吊,用刀子剐,活埋。王卓烈士就是那时被抓的。潘桂英当时是县妇联主任,她不会游水,也朝河里一跳,后头追来了,只有跳。总算好,她随水蹚过了界河,这条命算是逃出来了。河那边国

---

① 1982年我回乡探亲,10月15日上午帮助母亲拣棉花,母亲讲述了一段她救结拜姊妹潘桂英的亲身经历。

民党军也在追，河边有个林子，有个老八十①家，这老八十有个女儿，不在家，有一个孙子立在立窠②里，老八十正在摇棉。潘桂英跑进门，就说，奶奶，救救命，我是新四军，你家果有地方让我躲一躲？新四军不拿老百姓东西，威信都蛮高的。那老八十赶紧叫她把湿衣裳换掉，换上她女儿的衣裳，让她摇棉，自己装着在灶下烧东西。湿衣裳就朝立窠里一丢，那小孩就站在湿衣裳上头。那国民党军追来了，一进门就说，刚才有一个新四军，女的，从河边上来走到你家来的，她躲到哪里去了？老八十说，我是没看见什么新四军。那些国民党拉着她女儿就要走，老八十说：那倒稀奇，你们找新四军关我女儿低高事体？你把我女儿拉哪里去？再就没拉。潘桂英就在那里住了几天。

　　这是正月里，过年。潘桂英想家想得不得了，她想回去看看妈妈。一天夜里她就偷偷地回家来。一到家，村里有人去报信，说潘桂英回来了。保长赶紧带了国民党兵把村子就围起来，这怎么办？她妈妈急得不得了，家里刚好有一口棺材，是替她的奶奶做的寿材，再就赶紧朝棺材里一困③。国民党兵来了，说把潘桂英交出来。她妈妈说没有回来。国民党兵就搜，家里家外都搜遍了，没有搜出来。就出去了，一边走一边就说："跑哪里去了，是不是躲在棺材里呀？"潘桂英听见了这话，就从棺材里跳出来，就跑，就爬到牛棚顶上。一歇歇④，又进来几个兵把棺材盖子一掀，空的。要她刚才没听见国民党兵说，这回就没命了。

　　这时她在牛棚上，也不保险，就滑下来又跑。跑到隔壁那一家，话也没说完，就钻进她家一间专门堆草的房间里去了。过去藏新四军要杀头的，那个隔壁老八十朝那里一坐，等到国民党兵来了，问她："潘桂英有没有躲在你家？"老八十说："没到我家来。"这些家伙就去寻。潘桂英也不晓得低高本事，钻到草里面靠墙的地方。国民党兵

---

① 方言"老八十"即老太婆。
② "立窠"是用稻草编成的柱状物，可比喻为立式摇篮，下置火盆取暖，两三岁的孩童站立其中。
③ "困"即"睡"。
④ "一歇歇"意为"一会儿"。

要把草搬掉，可是一屋子都是草，搬了几个没搬，就用刺刀朝草里捅。十几个人，十几把刺刀。后来她说，就是被捅着也不能叫。捅捅说没在里面，就走了。潘桂英躲了一夜，国民党兵搜了一夜，没搜到，就撤走了。

到了第二天，这天刚刚是正月十四，我那天就上婆婆（外祖母）家去拜年。过去我们的婆婆在真武殿，顺便到她家去拜年。我和潘桂英是结拜姊妹，蛮要好。我就到她家去拜年。一进门，她妈妈就向我跪下来磕了一个头，说："三姐①，啊呀，救救我家桂英的命，现在国民党军要抓她。"我说，不要紧。我那时也不怕，说："跟我走。"我就带了她向西，先到我婆婆家，吃了点馄饨，让她躲在房子里不出来。后来又把她带到我家。你二舅舅总是爱叉麻将，保长那天也在那里叉。我家里人都在忙馄饨。潘桂英一看见保长，浑身都酥的，就不愿意在这里。那时我还有个结拜妹妹，是港东蔡四桥后边一个村的，我领着她就去。那时已经是夜里了。我结拜妹妹她父亲死了，她只和她母亲两个住着，两人都在灶房内。我把潘桂英送进房子就到灶里来，她家一惊，说：三姐，这么晚来有低高事？我说，今天我家来拜年的人多，晚上都宿在这里了，我有个堂妹，没地方宿了，要借宿在你家。她母亲说："好的好的。"我说，她今朝②身体不大好，我已经扶她困到床上，明朝后朝她身体好了就要走的。她说好的，就在她家住了几天。

后来，我就想，国民党军到处都在抓她，不要在家里没被抓去，在别人家里被抓去。过了几天我就去接她到我家来。

后来我们想，在这里天天提心吊胆，总不是个事，就设法把她送到上海。

※※※※※※※※※※※※※

在这个例证中，母亲是有胆量的，是舍己的，是无私的，是讲正

---

① 我母亲排行老三，故称为"三姐"。此称谓不仅同辈人可称呼，长辈同样可以这样称呼。

② "今朝"即"今天"，下文"明朝"即"明天"，"后朝"即"后天"。

义与讲感情的。窝藏新四军是要被抓、被吊打的,甚至要被杀害的,但母亲没有丝毫惧怕,冒险帮助她的姐妹逃难。

下一则日记记载了母亲讲述在一次撞车事件中她与另外的一个被撞的老太太相互争担责任并结下友谊的事。

### 50. "医药费统统是我来"①

去年(1983年)4月12(农历),你弟弟骑车上班。有一个老八十买了油条,看见车子来一窜,撞了,倒在马路上。你弟弟背她到虹桥卫生院去看,回家以后又说腰不得动,我买了好多东西去看望她。撞的第三天,她女儿来说老八十整夜睡不着,喊骨头里头痛。我又同她一起去拍片子。拍片说骨折要住院,我说住院我去服侍你,医药费、住院费全部我来。她家老头子和儿子说不要我家钱,不要我家医药费,不是有意撞的,叫不要害我家。老八十说:"我这么大年纪了,看见脚踏车,我也是害怕,朝公路上窜了。不要你们家负责,不要紧,不害你家,慢慢地看看就好了。我不要你的钱,我这大年纪,走路还跌呢。你要是不相信,我们当个老姊妹跑跑②。我现在就是死,也不会害你。"我说:"看多少钱,医药费统统是我来。"她说:"他骑车子,我穿马路的,我也不怪他。不过我吃点痛苦。"我说:"随你多少钱都是我来,是我家车子撞了你。你又吃这么大的苦头。"

后来住院,她家死都不要我去服侍,给她付医药费死也不肯要。我就只好天天去看她,给她买东西。

后来就慢慢好了。她说:"好了,好了,我好了。再你可以放心了。我现在都能上田里去了。"

※ ※ ※ ※ ※ ※ ※ ※ ※ ※ ※ ※

这位被撞老太太人格是高尚的,我母亲也是有责任担当的。

在现实生活中,那些不慕虚名、心灵纯粹的人,也是我所赞

---

① 这是1984年冬我回乡探亲,母亲1月8日所讲的记载。
② "当老姊妹跑跑"即要与我母亲结拜姊妹并相互来往。

颂的。

### 51."下相半叟"[①]

我与章老相识十多年了。

十多年前他就已经退休,头发也白了。他常上我的办公室来,瘸着腿,一摇一摇的,要我帮他订书。每逢购到了新书,他先是激动,接着就很感激。我也常去他家,他开柜陈书,谈天说地,并劝我借他的书读。他的《二十五史》是全套的,我偶尔也借,如《史记》《汉书》《后汉书》《三国志》《魏书》《北齐书》之类。

偶尔一次,碰着他在画画,说参加了黄鹤楼书画社举办的国画培训班快半年了,湖北著名的老书画家任教,如闻钧天、端木梦锡、赵合俦、曹立庵、黄亮、陈义经等。

"你想参加,我就帮打听下一期开办的时间。20元学费,每星期天下午上课。半年时间。"

时隔不久,我报了名,几个月下来,有些进步。水平提高了就慢慢看出他的作品的问题:画面太堵,构图平板,笔力纤弱。可每当他摆出新作让我品评时,我言不由衷地只说"好,好。"他就不断地朝外拿他的近作,乃至捧出几捆,摊开一屋子。

有一次,我去他那里,床上、地上、桌上、椅上、墙上、柜上,到处都是画。他指指点点地说道:

"这四张是西山写生,回来成稿的。这是香山,可惜的是没画成红叶,季节不对。这就是五大连池了。你来看,五大连池位于黑龙江省,是火山口,不过现在是死火山,非常壮观的。你看这一幅。"

我看到一幅略好一些的,随口说道:

"这幅好,高远与平远结合,得范宽笔意。"

他得了鼓励,孩童似的,摸摸索索从抽屉里找出一个笔记本,手指蘸着唾沫,一页一页翻着,在找这幅的速写稿。

"章老,不用找了。"我已经有点儿不耐烦了。

---

[①] 此篇是我在军队时写的一篇与一位退休干部的交往日记。

"找到了。你看，曹老①总说我画得太满太多，我是省略了许多的，主峰也突出了。我这是站在老黑山画的，这个地方本有许多树，速写稿也省略了。还有，这亭子也是当地的，很清凉，我当时就坐在这亭子里画的速写稿。"

"章老，夜深了，您早些休息吧。"

"不要紧，我每天睡得很晚。……还有一幅新画的，你再看看怎样？"他勾了头这里那里找，又将床上地上桌上椅上都找个遍，没有找到。我赶紧说下次再来看吧。

在我告辞的时候，他要将那幅刚才我赞扬的画送给我，但又说道：

"不过，我要再把它加工一下，给你送去。"

隔了几天，果然，他一拐一瘸的，拿了一个卷子来了。说重画的几幅都不成功，还是这幅原稿送过来，并加了题款："初人②学兄教正五大连池为景物奇特的火山公园火山口计十四群锥耸立堰塞湖水相连石龙延绵数百里石海翻花古中近期火山特征无不具备地貌保留完好不仅为旅游胜地而且为当代科学研究者称为火山博物馆又是科研好地方甲子仲夏游此登老黑山窥览火山口写此并记"③。接着是两方红色印章，白文为："下相半叟"，朱文为"章氏少章"。

此后，我不大去他的画室了，他便主动来找我，拿了一卷一卷画稿请我欣赏和批评。几次下来，他终于看出了我的厌倦，后来就不大来了。而我，也因忙于工作，将画画的事丢到脑后。

这样过去了三四年。

后来，我参观了一个国画展览，又调动了我的绘画兴致，想起章老，想去看看他。

一进门，啊，远山近水，飞瀑危石，层林环湖，古树绕村！屋子里、墙壁上全部摆满了画、贴满了画，我顿生一种愉悦。可是走近细看时，还是几年前的用笔，构图也无变化。

---

① "曹老"指曹立庵。
② "初人"是我的一个笔名。
③ 题画不用标点，故此处原文直录。

章老先是让我欣赏这摆着的、贴着的画，然后又像往常一样，一次又一次进屋去，抱出了大捆大捆的画在摆着的上面铺开一层又一层。

"这一幅是春节那天画的，家里人拜年去了，正好，不用我做饭。"

黑乎乎的一片山！

"这是今年夏天画的，昆明山水。"

几根无力的树干插在黄土山上。

"这一幅，是送给老年大学的。"他指了一幅重彩山水说，"这是底稿。外屋墙上挂的是裱好的二稿，我一共画了三稿。创作真有灵感不假，那一天，区委邀请离休老干部去开座谈会，会上说市里办了老年大学，区要办分校，要我赠一幅画，表示庆祝。我当时接受了下来，可是画什么好呢，心里一直在想。有一个傍晚，雨过天晴，我散步到野外，一看那景色，天与地都是红彤彤的，心中一跳，就有了一个题目：'满目青山夕照红'。回来赶紧构图，当天晚上就画成这幅。我原来是不用重彩的，这回破例。'外师造化，中得心源'，这一回真是师了造化，得了心源。"

可是，我看到的依然是紊乱的线条，晚霞的颜色变成了泥土的颜色，没有一些儿生气。

章老还在不停地从卷子里往外拿，我又倦了。

"章老，你这几年画得不少，这些已经用绫绢裱好的，你打算拿出去办个人画展吗？"

"上次市老年大学杨副校长来，一看说不错，要我选送一部分搞个人展览，我说算了吧。我的画笔力有点弱，近一两年，我开始练毛笔字了。古人说画是写出来的，'写竹还需八法通'。你看……"他起身，踩上椅子，从书柜顶上又取下一大捆卷子来，"这是我每天写的字，一天一张大楷，一张小楷。大楷写《麻姑山仙坛记》，这是颜鲁公晚年之作，功夫到家的，我学颜体的中锋用笔；小楷还是写《兰亭序》，学王体的侧锋用笔。你看看。"

我在看着。

"最近成人教育经验交流会召开，又向我要了几幅画，前天预展。他们让我去提提意见，我能提什么意见呢？我三点多钟去了，曹老正在指挥人布置，看见我，说：'章老来了。'满屋的人都看着我，弄得不好意思。接着又是照相，又是领我看参展作品，都不错。一个8岁的孩子画的虾，活的一样，学齐白石的。"

"章老，一个人的画风是不是要不断变化才好？"我不知怎么突然说了这么一句。

"变，是要变的。我订了这些杂志，买了许多书，也就是看看别人怎么变。《中国画》《朵云》《迎春花》上面有些画，变得没有影了。这个谢赫的'六法'怎么变？刘道醇的'六要六长'、郭若虚的三病、饶自然的十二忌也要变嘛？自从隋朝展子虔《游春图》改变了'人大于山，水不容泛'以来，唐代王维、李思训一变，北宋荆关董巨又一变，南宋'一角山水'又一变，元四家一变，明清变化更多了，不还是'石分三面，树分四枝'吗？不还是皴是皴、擦是擦、点是点、染是染吗？我自己确实在变，开头水墨淡彩，后来浓墨重彩。"

我想找一点儿其他什么说说，看他的名章有趣，问道：

"章老，你为何用'下相半叟'这个号？"

他"呵呵"地笑起来，说：

"我原来不叫章少章，叫张绍谦，弓长'张'，绍兴的'绍'，谦虚的'谦'。"他从桌上拿了一张纸片，将三个字慢慢写出。"小时候，跟城南一位老先生读了5年私塾。这位老先生当时70多岁，就是我现在这个年纪，极有学问的。他自称'城南野叟'，对我说，'你改一个字，就叫张绍璋。半圭为璋，这可是个好名字。等你老了，到我这样大的年纪，你想取号，就叫"半甫"，"甫"通"父"。再老一点，就可以叫"半父"。"父"在金文中就有，刻章子也易。'这个'半'字，是很讲究的。'半圭'就是半块美玉。这'甫'字，是有学问人的雅称。'半甫'表示自己学问还不够。我现在还小，70小弟弟，不敢用'父''甫'二字，就用'叟'吧。我的先生用了一个'叟'字，我就称'半叟'，不为过吧？"

"那么这个'下相'呢？"

"下相是我的家乡。古人多有以家乡和住处为号的。我老家是宿迁的，江苏淮阴专区。'下相'是宿迁的古名，是项羽的故乡。《史记·项羽本纪》载：'项籍者，下相人也，字羽。初起时，年二十四。其季父项梁，梁父即楚将项燕'。他的家离城有三里地，我家在城里住。有时我也用'下相残叟'这个号。"

他翻出了几张画，说：

"你看，这几张都是。你不是看到我的腿走路一瘸一瘸的，有许多人以为我这是'文化大革命'中被造反派打残的，不是。我小时候得过小儿麻痹症，留下了后遗症。年轻时看不大出来，四十岁以后越来越明显了，走路不方便。我得小儿麻痹症的时候，我母亲守了七天七夜。现在我的名字不是'章少章'嘛，因为我家成分高，参加革命了，怕他们来找我。音没有改，三个字都改了，彻底革命。这几年，我才和他们通信来往。他们来信还是写'张绍璋'。我拿信给你看。"

他站起来，一高一低走了两步，打开柜子寻找起来，但没有找到。

"瞧我这记性。"他用右手拍着前额。

许久，我告辞出来，他只管送我。我劝他不回，只好站住。

站着，他又跟我说了许多话。

※ ※ ※ ※ ※ ※ ※ ※ ※ ※ ※ ※ ※

章少章是某军区空军的前任宣传部部长，是一位传统知识分子。他身上虽然有点儿知识分子的"酸"气，但除此之外，他那颗赤子之心、孩童的纯真，却值得赞颂。我当时还是一个 30 岁刚出头的年轻人，我们相处就像两个孩子在玩耍一般，这位长我 40 岁的老人要把自己的最心爱的玩具拿出来与我共同分享。他没有那种知识分子的虚荣与过度自尊，他在他所意识到的范围之内把自己暴露得很彻底。他劝我借他的书，好像他的书就是我们共有的一样。他的"好画"也并不是自己存留，而是不吝送人。他总是希望向别人学习，如果这种学习成果能够得到别人的鼓励，便为之兴奋。他将自己蹒跚学步的一捆又一捆画作搬出来，这不是"炫耀"，而是"裸呈"，只是想让别人对他一览无余。我的在场只是为他的自我展示提供了一个条件与背景。当我不再愿意去他那里听他那种不厌其烦的展示与谈论时，他就一拐一瘸上门来找我，原因是我曾经愿意与他谈论他的画；后来他不再来找我，又是因为我已经不再愿意与他谈论他的画；再后来他又开始滔滔不绝地谈论起画来，是因为我又开始重新对他的画有了兴趣。他认识到自己画作的弱点，就像他对自己的身体之"残"认识一样，又像他对自己的名号之"半"的认识一样。他70岁以后才学画，知道自己成不了一位出色的画家，但他并非为了当画家而去画画。"下相半叟"的名号隐喻了他的人格特征。

另一类我所赞颂的人，是那些不贪权、不滥用权力的人。由于他们的情性与我相合，我在赞颂他们的时候也包含着某种自诩。下面一则日记记载了军队 L 首长[①]的一件事。

### 52."电视机"[②]

我值班。

S 首长从他的办公室来到值班室，斜坐在椅子上：

"朱秘书，你说的电视机，怎么，要 1950 元？"

"嗯。"

"上次不是 1600 元吗？"

"上次价拨给个人 2400 元，价拨给集体 1600 元。"

"哪有那么认真的事。我去北京学习，其他军区空军一个接一个电话来问电视机的事。"

"我们这儿都没有这样办，其他军区空军有以个人名义买的，后来被发现了都补了钱，还通报批评了。"我说。

"哪有那么回事？买就买了。×空有一位首长，我们在一个组，家里来电话了，问他买不买，他说：'买，买，买'。他还问我为什

---

[①] 兵团级和军级干部（军区空军司令员、副司令员及司令部参谋长、副参谋长等）通称为"首长"，本民族志沿用这一军队称呼。

[②] 此篇为 1981 年 9 月 10 日所记，日记中 S 首长与 L 首长的行事形成对比。

么不买，他说我们这里的秘书不会办事，他是让秘书找一个连队以公家名义代买的。"

"这……"

下午，L首长来了，见我进去，问道：

"朱秘书，你上午说电视机是怎么回事？"

"1950元，日本东芝牌，20吋，彩色。"

"我想买一个。"

"不过这次贵了一点。去年1600元和这次一样。"

"去年对个人是2400元，公家买是1600元。"

"也有公家买了给私人的。"我心怀鬼胎，想试探他一下。

他笑了一下。

我立刻想起他今年春天买电扇的事。后勤部搞回来一批电扇，听说质量不太好，机关干部一个都没有要。可是他却自己到后勤去买了一台，买回来不到两天就坏了。让他去换，他说："算了。换了，人家也是要买回去的。"

"让您的警卫员搬到修理所去修一修。"我当时建议。

"算了，找个时间到大街上去修一修。"

※ ※ ※ ※ ※ ※ ※ ※ ※ ※ ※ ※ ※

L首长的自律与廉洁奉公，多少年都在军区空军机关传为美谈，真是到了彻底的地步。我亲目所见，亲耳所闻。在参加过的各种会议上，在各种出差的途中，在平时的各种日常事务与工作中，我从没有发现他有一件徇私之事、一句徇私之言。他是一个真正的军人，一个真正的"人"。

下一则日记记载的是我的一个学生，我赞颂她的一种求索精神。

### 53．"小白"[①]

小白天资聪颖，胆量过人，极富个性。记得在毕业论文田野点的

---

[①] 小白是我的一名硕士研究生，尊重她的意愿不使用真实姓名。

选择上，她提出独自去藏区做田野工作，我内心一震，但担心可能的危险，没有让她去。研究生田野工作课，我以往都是带他们到大理周城白族村田野点去实地授课，她热切地期盼着，但那一年由于行政工作繁杂，改用了另外的方式，她感到非常遗憾。后来，我有一个硕博连读名额，她本来可以作为入选的对象，但是我的脑筋封闭顽固，考虑所谓"第一学历"需要"985"高校而没有选择她。等到我后悔不迭的时候，她已经离开学校参加工作了。

就在她毕业的那一年，她说要送我一件礼物。我连说"不要不要"。临别之时，她才把礼物拿出来：一款由她与另外一个同学自己设计的T恤衫，正面的图案是一张蛛网，线条曼妙。蛛网的下端挂着一个抽象的人形，头倒悬着，既可爱又可怜，看不出这个人是想挣脱蛛网还是想回到蛛网之中。背面则是一只蜘蛛的造型。T恤衫分黑白两色，送同学的是黑底白纹，送我的是白底黑纹。我开头还皱着眉头看着她打开纸箱，当看到这一礼物的特殊意蕴时，我颇为喜欢，开心地笑着。大家都很高兴，赞扬她们对韦伯与格尔兹学术理念的深刻理解，将人与文化的关系视觉化，且表达得如此生动与鲜明。

毕业以后，我事情多，与她的联系很少，而她总是通过其他同学询问关心我的研究及身体状况，我也断断续续听说她一个人去了这里去了那里。开头我并不在意，信息积累多了，得到的印象似乎她在孤行天下，而且这些地方都是荒野偏远之地，如果是在读书期间我是决不会让她去冒险。她开头一边工作一边游历，后来居然将工作辞了。读研期间没有去成白族地区，后来她一个人去大理的时候，借了一辆自行车，连走带骑，从周城出发造访周边几地，之后又沿着洱海骑行。她没有跟我说去白族地区看到的、听到的、想到的，但我知道她以实际行动表示对我保守教学方式的抗争，也与我所依循的这种教育制度进行抗争。

不过，她的这些行动，着实早已感动了我。而我，也早就认识到我的失误和短见。

她的各种游历与思考，似乎已经形成了她思想中的某种东西。几年前，她就开始写作，经常寄一些文章让我们评论。有一次我将她寄来的几篇短篇小说,在去外地的火车上拿出来与我的博士生何菊、徐嘉鸿共同阅读与讨论。她当时立等我们阅读后的意见,不断发短信催促。我们三人将各自的意见告诉她,她说我们没有读懂。于是我们再读,再讨论,再发给她,她还是说我们没有读懂。后来,我们干脆就不给她意见了,她还在一直等着。好长时间了,她又来问。当知道我们已经在做其他事情时,她很是失望。

她的写作有着一种特殊的风格,我们的传统欣赏习惯已经不能适应,录一篇如下:

河童

大概他之前是军人,头部受伤退伍,一进来就是保安队长。

他也乐于当这个队长,手里管着大大小小十来号人,每天早晚挺直腰板在小区门口整队训话。被偷过的居民看着这场景也安心起来,路过大门看到他都要打声招呼。他呵呵一笑,抬手又觉不好意思,便用力抹一把头发。

直立如刺猬的头发中心,露出一小圈凹陷的肉色。

若是小区里爱管闲事的人——通常是往地里长的大爷大妈带着刚冒尖的小孩——断不会看到那浓密发丛的中心地带,年轻人又很少和保安、物管打交道,前额上方的直立头发遮住了一切视线。

你是河童吗?

我不叫河童。

小区居民偶尔会拿一些多做的吃的到保安室,当消夜刚好,后来一周里最多有五天晚上没回家吃饭——总有热情的居民邀请他和同事去家里吃饭。他和小区居民混熟了。

说来也奇怪,他来了以后竟没有一起入室偷盗事件发生。每过一小时,他就派人巡视小区,连墙体立面也不放过,晚上更是要用手电仔细搜索,晚睡的居民常常能看到夜里忽明忽暗的手电光。

这个福利房小区里,住了不少退休的人。也不知从哪儿打听来的消息，保安队长还是单身，女儿刚上高一，偶尔来看他。每到这时，他定会提前请假，穿上看起来最新的衣服，再把额头上那一撮头发笔挺地往上拎两下。同事笑他去会情人，他脸上乐开花，呵呵地加一句："前世的，前世的"。

只有一次，他早早回来后无精打采。老人结伴锻炼身体时闲说，女儿和前妻去见了另一个男人。也有人说是女儿自己去见的。总之，"和男人有关"。

他的头发慢慢开始往下耷拉，即使他不低头，那圈肉色也越来越明显。

你是河童吗？

不是。

居民安排他去相亲，每次都铩羽而归。老人结伴去买菜时闲说，本来看他高大结实的身板儿，条件好一点的女人还挺动心，可等他坐下来，人家不愿意了，说头顶没毛。也有人说他是笨嘴拙舌不讨女人欢心，条件不好的又看不上。总之，他头顶肉色化的趋势越来越严重。

女儿没再来过，他一天天萎靡下去。出入小区的常客名单里，除了各个公司的快递员，多了一名锁具公司的锁匠。

一天清晨，他突然神清气爽地向每个上班的居民问好。起先大家以为女儿要来，直到有人发现他头顶的发茬。老人结伴下棋时闲说，他住的那间小屋里有一沓厚厚的小广告。也有人说在他周围嗅到生姜和中药味。总之，他的头发长出来了。

他每天拿把小尺子，计量头发的高度。哪怕长了 0.3 毫米，他都精神抖擞。0.3 毫米哪里看得出来？他坚持认为自己没眼花。

没过多久，他值班时，身边多了个女人给他削苹果。

你是河童吗？

早！

锁匠渐渐不来了，居民又开始邀请他到家里吃饭。他笑嘻嘻地想抹一把头发，手到半路停下来，变成一个可笑的敬礼。有时他会笑嘻嘻地回绝，埋头吃桌上自带的一盒饭菜。

一天，老人结伴接孩子回家时，一滴雨打了下来，接着是两滴、三滴。

雨没完没了地下，小区前面的低洼路段淹成河。一切东西摸起来都是湿润的。米长霉，花叶腐烂，小区里悬挂的彩灯掉落在窨井里，小区外墙颜色越来越浅，提醒锁门防盗的红色横幅顺着雨水淌下血。

大雨下了三天三夜。

雨停的那天，小区的居民悉数涌出，晾晒蜷缩霉腐的身体。周围的一切现出最初的色彩：黑色的花叶、白色的横幅，还有灰色的楼房和地面。

他也从小屋出来，打量这个陌生的世界。一颗残余的雨滴落在了他的头上。那个重量如此真切，他毫无遮挡地感受到了雨水的冰凉，他甚至还感受到了包裹其中的灰尘和微生物。老人结伴活动筋骨时，发出了一声惊呼。接着，也有人发出了另一声惊呼。居民像第一次见面一样，好奇地打量他。

他诧异地点点头，抬手抹一把头发。这回，手停在半途，寻找着什么。

他的头发，他新长出的发茬，消失殆尽。

一声哀号从他喉咙里喷出，周围的居民摆摆手碎步跑开。

没有人再来邀请他去吃饭，值班时也只有一碗泡面打发饥肠辘辘的身体。他怏怏地提不起精神，老去摸越来越光滑的头顶。

没过多久，新的保安队长走马上任，给每人安排了一片值守区域。他守在最靠河边的墙根，墙外是高瓦数的照明灯，墙头上的监控摄像头每几分钟转一次。每天前半夜，这里安静得没有一丝声响，河水声在他耳边流过；后半夜，小区旁边提早上工的建筑工地开始施工，每一声敲击像在敲击他的头顶——没有一丝头发遮挡的头顶。他整晚整晚地焦躁不安，终于忍不住想找保安队长换个地方值班，每次都被告知队长在居民家里吃饭。

有多久没见到女儿了？他终于看到女儿拎着东西来看他。

"这是保健品，你老熬夜对身体不好。还有这件衬衣，试一下看合身不？"他又开始笑了，抚着新衬衣的领口合不拢嘴，他伸手抹一把头发，头顶竟然是一丛茂密的黑发。他顾不得女儿，冲到镜子前左右瞧。果真，头发全长出来了！他牵着女儿搭在他肩头的手："走，爸爸带你上街！"

他刚迈步，一激灵，女儿消失了，周围仍然是黑洞洞的一片。他抹了一把头顶，光秃秃的什么也没有。

第二天早晨交班时他才知道，小区凌晨被盗几十家，几个小偷大摇大摆地用钥匙开了门锁，又大摇大摆地离开。

保安队长心急火燎地调出监控录像，一帧一帧翻看，却没有小偷的踪影。门口值班的几个保安发誓赌咒连只老鼠也没瞧见。几十户人家堆在物业办公室门口讨要说法：保安不尽职，放小偷进来，这样就算换了再高级的锁也没用。

监控摄像头没拍下小偷，却有一个摄像头有些异常：原本拍摄建筑工地周围的摄像头，在几分钟内明晃晃一片，除了白色以外什么也看不到。他说那晚什么动静也没有，保安队长将信将疑地点点头。

尽管如此，保安队长还是把他调到了车棚旁边。车棚的灯有点问题，时不时亮了，又时不时灭了。角落里，只有他和老鼠的眼睛在黑暗里闪着光。

你是河童吗？

河童是谁？他疑惑地问我，那双小眼变得更小了，不知是因为皱眉还是衰老。

一种妖怪，滑稽的妖怪。

滑稽？

是的，就跟你一样。

有一年，她又专门寄来一位国外作家的文集，厚厚的一捆有近十本。她说一定要我读这些书。

※ ※ ※ ※ ※ ※ ※ ※ ※ ※ ※ ※ ※

　　小白在走着自己的路，一条并不是任何老师能够指引的独特的道路。的确我应该认真地读她送我的书，也更应该认真地读她正在写着的书。

※ ※ ※ ※ ※ ※ ※ ※ ※ ※ ※ ※ ※

　　以上，我从"痛恨""赞颂""厌恶""喜爱""轻蔑""怜悯"六个方面察看自己的个性取向，是想从"存在者"身上来解释"存在"。这是如福柯所言是我"关心自己"的表达。"关心自己"是"一种生存方式、一种态度"[①]。这六个方面，有些我是已经做到了的，如对侵略与攫取的痛恨，对崇尚金钱的鄙视，对嗜权者的厌恶，对社会不公平现象的谴责以及对弱者的同情，对那些素朴事物的喜爱以及身体力行地践行着素朴的理念。然而，还有些是我没有做到的，如在追求职业晋升中对于名望的看重，存在着知识分子那种讨厌的酸腐，亦存在着那可恶的虚荣，如此等等。不过，所有这些，都只是作为"存在者"的表现，而作为"存在"来说，我的个性取向所显示的对于自我、对于他人、对于世界的态度，包含着我对于胡塞尔所说的"生活世界"的理想。我总是按照这种理想去选择我的人生道路，如果不符合我的理想，我就会放弃并重新选择。"胡塞尔认为，他发现了'世界'就是作为主体的我们所认识到其存在的那个东西。"[②]一个人的"生活世界"，"绝不是感觉材料的心理物理过程这种意义上的单纯事实，相反它们是精神过程，作为这样一种过程，它们以本质的必然性行使构造意义的形态的功能。但它们总是用精神的'材料'构造意义形态的，而这些精神材料本身又总是一再地以本质必然

---

[①] [法]米歇尔·福柯：《主体解释学》，佘碧平译，上海人民出版社2010年版，第10页。
[②] [美]撒穆尔·伊诺克·斯通普夫、[美]詹姆斯·菲泽：《西方哲学史》，匡宏、邓晓芒等译，世界图书出版公司2009年版，第412页。

性表明是精神形态，是被构造的"[1]。人之所以为人，我们并不是生活在纯然客观的、科学的物质世界当中，我们是生活在我们的"生活世界"之中。在我已经做到的种种，我显得有些骄傲；在我没有做到的种种，我显得颇为沮丧，但我并非麻木与失聪，更非崇尚与追随，而是保持了一种清醒的意识。我对自己在展示中包含着检视，在呈现中包含着批判。对于那个异化的"我"影子般地跟随着我，我愤怒与排斥，并有一种强烈的自戕意识。

既然我的日记是作为主体的我所认识到的"生活世界"，是我观念中对我作为一个"人"的"存在"具有意义的那种东西，那么当理想与现实出现巨大张力的时候，学术的思考与研究成为我处理这种张力关系的重要路径。如果每个人的思想只有一句话属于他自己的，那么作为一个人类学者，我希望将我的这一句话用《对蹠人》系列民族志的形式表达出来。列维-斯特劳斯曾从"宇宙论"的视角对"人类"产生过巨大的困惑："这个世界开始的时候，人类并不存在，这个世界结束的时候，人类也不会存在。……从人类开始呼吸开始进食的时候起，经过发现和使用火，一直到目前原子与热核的装置发明为止，除了生儿育女以外，人类所做的一切事情，都只是不断地破坏数以亿万计的结构，把那些结构支解分裂到无法重新整合的地步。"[2] 如果将这里的"宇宙论"置换成"人类论"，也许我可以这样说：诚然，这个世界开始的时候，人类并不存在；这个世界结束的时候，人类也不存在。我的研究、我的思想、我的那句话并不重要，对于这个世界也是没有意义的。然而，当我来到这个世界的时候，人类已经存在，当我离开这个世界的时候，人类依然存在，对人的研究，对人类前途的终极思考与关心，是有意义的，是我作为一个人类学者与民族志者的情怀与责任所在。

---

[1] ［德］胡塞尔：《欧洲科学的危机与超越论的现象学》，王炳文译，商务印书馆2001年版，第136页。

[2] ［法］列维-斯特劳斯：《忧郁的热带》，王志明译，生活·读书·新知三联书店2000年版，第543页。

> 我年少时喜欢一幅画，
> 画着两位裹着头巾的农民，
> 盘膝对坐，抽着烟，
> 在说着我极想知道但至今仍然不知道的庄稼话。
> ——《庄稼话》

# 第五章　禀赋类型

我的个性取向虽然决定了我人生的道路选择，但它并非是对于自我的最深层的解释，因为个性仅是我的禀赋的一种涌现、显示。只有禀赋类型才是开启理解我作为一种"存在"不是作为具体的"存在者"的大门的一把钥匙。禀赋即生性[①]。生性的研究虽然受自然科学的成果所限而无法深入，然而，由于一个人的生性总是贯穿于他的全部的个人生活史之中，我们可以从他的人生的基本路径中发现线索。斯宾诺莎说："德性与力量，我理解为同一的东西。"人对自己的理解，在于人努力实现他的潜能，并"愈益接近人性模型"。[②] 故而，对于禀赋与生性，"虽然我不能提出不容怀疑的证据来证明它，但是却能以我主观的经验为根据而相信它"[③]。

在本民族志中，我不讨论人类是否有共同的本性这一类哲学家们争论不休、永无答案的抽象问题，我只在我的"主观的经验"范围之内

---

① 在本民族志中，禀赋、禀性、生性、心性、心志、心灵等概念具有大致相同的内涵。
② [荷兰]斯宾诺莎：《伦理学》，贺麟译，商务印书馆2014年版，第157—158页。
③ [美]埃里希·弗洛姆：《占有还是生存》，关山译，生活·读书·新知三联书店1989年版，第49页。

呈现与解释我的生性特征和禀赋类型。无论在理性思考还是在个体实践中，也无论在童年时代还是当下的晚年时代，我都知道我与别的个体不同，我是独特的"这一个"。我的生性一以贯之，并无变化。

## 第一节 一张成绩表的"粗描"

我保存下来的最初的文字材料，是夹在1964年开始写的第一本日记中、并作为日记组成部分的一张初中二年级的"1963—1964学年度靖江县初级中学学生成绩报告表"，其内容如下：

**54．"成绩报告表"**

政治：90，93，92。①

语文：80，80，80。

外语：82，77，80。

几何：75，90，75。

代数：66，68，75。

历史：80。

地理：60。

物理：95。

生理卫生：85。

音乐：64。

图画：68。

体育：69。

生产劳动：甲，甲。

旷课：8小时。

迟到：2次。

操行成绩评语（第一学期）：劳动积极，学习比较认真，但还须挖掘潜力，提高成绩。希平时多关心集体，自觉地严格遵守纪律。

---

① 这三项分别为"第一学期成绩"、"第二学期成绩"和"学年成绩"。下同。

操行成绩评语（第二学期）：学习成绩较好，还有潜力可以发挥；劳动积极、踏实，尊敬老师，团结同学；能积极参加体育活动，拾物交公。但平时缺乏朝气，有时要违反课堂纪律，要求进步不迫切（见图 5 - 1）。

图 5 - 1 "成绩报告表"

※ ※ ※ ※ ※ ※ ※ ※ ※ ※ ※ ※ ※ ※

一般的成绩报告表都应该将学习置于首位，但这张成绩单第一学期却将"劳动积极"放在评语的首要位置，第二学期也同样置于紧跟学习之后的重要位置，不仅重复了第一学期"劳动积极"的评语，而且添加了"踏实"二字进行强调。① 汉语中有一条特殊的"凸显原则"，使用"凸显原则"是作者将他的中心论题放在前面，

---

① 此处是逗号或顿号不甚分明。如果是逗号，那么则是"为人踏实"之意，具有更广泛的人格内涵，当然也包含了劳动踏实之意。

把次要问题放在后面,其目的是为了强调"说话人的兴趣、牵涉焦点"。① 此成绩报告表上的"劳动积极"项是被凸显出来进行特别强调的,两个学期"生产劳动"的成绩皆为"甲"等可作为重要的旁证材料。"积极""踏实"都是形容词,我的初中班主任陈浩生老师对我的观察与评价是非常准确的。热爱劳动是我生性的一个最基本的特质。

"学习比较认真,但还须挖掘潜力,提高成绩"以及"学习成绩较好,还有潜力可以发挥"这些可以看作是鼓励性的评语,准确地说是一种委婉的批评之语,其深层语意是说我学习不够认真,成绩不够好。我年少时极不喜欢到学校里去读书,从初小到高小,从初中到高中,都是如此。这个被称为"学校"的地方,我是被母亲强送去的。② 与"热爱劳动"相对立,"讨厌读书"是我年少时一个重要的行为特征。同样,与"乡下"相对立,"城里"是我年少时讨厌的地方。到城里去读书我无限反感,它与我的自然天性相违。在这个不喜欢的集体中我何能去"要求进步迫切"?我又何能生出"朝气"、"严格遵守课堂纪律"?学校使我郁郁寡欢。不仅老师这么看我,同学也这么看我。我同班的一个大龄同学恰好是我二舅家的亲戚。有一次在外婆家偶遇,她眼睛发亮,惊异于我在乡村天地中的活跃与生气。而我,从她的惊异中也看到了我在学校与乡村是两种完全不同的面貌。我的"缺乏朝气"显然与我厌恶学校生活相关,是学校生活对我生性的压抑所致。在学校的环境中,我感觉不愉快、很不愉快!

也正是对读书的厌恶,我上课时不大听老师讲解。我很不喜欢老师那嚅动着的下巴,我喜欢倾听那潺潺溪水,倾听那鸟语蛙鸣,可是这些在课堂上没有。我被固定在一间教室里,被捆绑在一个位置上,因为不自在,才会去做一些"小动作"。我经常在书的封面及书中的空白处画上一些树,树下再画上劳作后的人们正在歇息。我将乡村的

---

① James H – Y Tai:《以认知为基础的汉语功能语法刍议》,载《国外语言学》1991年第1期。

② 我父亲是国家正式职员,一直在县城商业战线工作。

场景、自然的场景、劳动的场景带到了课堂上，来缓解我内心的不快。每天放学，我往往最先冲出教室，回到家将书包一甩，就去做农活。我当时曾产生过一个疑问：为何在课本上找不到一篇描写劳动乐趣的文章呢？大概在初中一年级时，有一次数学老师上课时兴致不错，背诵了一首《二十四节气歌》；不仅如此，他还将前四句写到了黑板上。我兴奋至极，马上抄录下来。此歌后来被我补充完整后工整地抄录在第一本日记的第一页上。

迫于父母的意见和学校的纪律，我必须天天上学，这是何等难受的事情！读书压迫了我的天性，反抗的路径只有逃学一途，"旷课8小时"记载了我的逃学经历。我逃过好多次学，最后一次记忆犹新。太阳升得老高了，当头照着，我在一座围墙的拐角处蹲着。看到这边来了行人，就转到墙角那边去；那边来人了，就转到这边来。我那烦人的书包就依靠在我的身旁，它总是十分可恶地跟着我。我无事可做，不断地用手指的缝隙过滤着沙子，已经垒起一个大大的沙堆。不过，这也没有一点儿乐趣，因为我心情不好。忽而有一位荷着扁担的老人从身边走过，我已经来不及转过墙角，只好低着头不朝他看，一边继续盘弄着我那无聊的沙子。他在我身边略略停了一下，我无意中抬头瞅了他一眼，四目相遇，我赶紧退缩回来。他用一种慈祥的目光看我，什么都没有说，接着转过墙角走了。但我感觉他已经跟我说了很多话，不知何种原因，我特别羞愧、也觉得特别孤独。看着他的背影远去了，我已经觉出我是一个被那个荷着扁担的慈祥老人抛弃的孩子了，是一个被我的父母、老师、同学抛弃的孩子了。我这才知道逃学并不轻松，也不自由。从那以后我再也没有逃过学，重新去忍受那天天上学的苦楚。

逃学是我个性自由与社会文化之间的对抗关系的表现方式，在这种对抗中，我屈服了。但这只是外在的，我的内心并没有屈服。平衡的方式是努力去寻找一些我喜欢的语句与图片。我在第一本日记上的扉页上写上了"山清水秀农家乐"的题词，心中愉悦（见图5-2）。

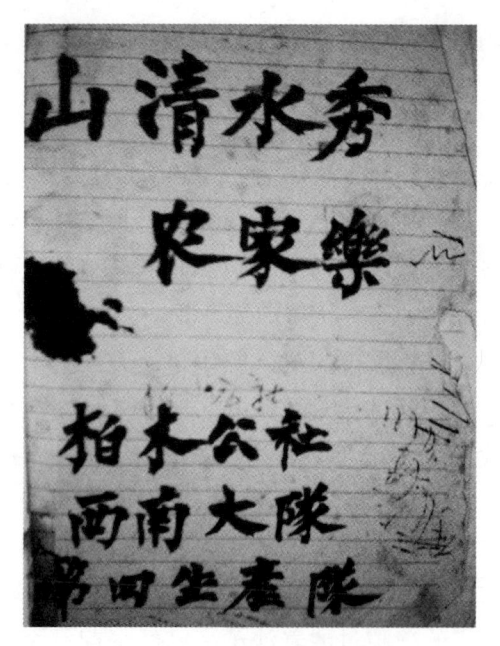

图 5-2 "山清水秀农家乐"

第一本日记的内容围绕着乡村、自然及农事劳作三个主题，显示了我的心智初开时禀性的趋向。我抄录了许多"农谚"①，又记载了一些相关于庄稼的知识，还抄录了大量天空中各种云彩的材料②。我又将小学五年级《自然》课本的扉页上那幅《大自然是什么》的彩页撕下来，十分精心地保存下来。画面的季节是夏天，绿树裹着村庄，一片清澈的河塘，河边生长着小草，河水中自由地游动着几只鸭子，岸边几个孩子在玩耍，地上有一些开着的黄色小花，远处是田野里的庄稼，天空中飞着几只鸟儿。这幅画一直跟随着我数十年，我每次在不开心的时候就拿出来看一看，顿生一种愉悦（见图5-3）。

---

① 如"立冬种晚麦，小雪断犁巴""茅针开花燕针香，燕针开花拔小秧"等。
② 如"天上有了扫帚云，三日雨来临""天上钩钩云，地下雨淋淋""天上起了鱼鳞斑，地下晒谷不用翻"之类。

图 5 - 3  "大自然是什么"

热爱大自然，也就会在符号世界中追寻大自然的表达。1983 年我学习过一段时期绘画，所临习的一些画，也都是乡村与自然中的常见事物（见图 5 - 4、图 5 - 5、图 5 - 6）。

图 5 - 4  庄稼地里的野草（临习稿）

190 | 自我的解释

图 5-5　山墙上的紫藤（临习稿）

图 5-6　自然之友（临习稿）

"尊敬老师""团结同学"这一组语词标示我禀赋中对于人与人之间建立和谐关系而不是争斗关系的一种倾向。我希望人与人之间是交好的，团结友爱的，相互帮助的，而不是敌对的。我不喜欢竞争，痛恨孩童之间的恶意打架。村民们对我儿时行状亦有所记忆。1982年10月我从部队探亲回家,村西的一对兄妹就说起我年少时的行状。哥哥说,有一次他从城里给生产队挑豆饼回村,正好路遇我放学回家。看他满头大汗,我就帮他拿了两个豆饼①,由于没有工具,我就一路轮流滚动着这两个豆饼向前移动。妹妹接着说:"那一年生产队分草,每家一堆,你去得早,反而挑了一堆小的。"这两件事我不记得了,不过它符合我的心性特征。我觉得一个人有力量多余,应该与他人分享;如果某个人有机会获得更多,应该考虑没有机会可能会获得更少的人。

至于"拾物交公",我更不记得是拾到了什么。不过,另一件完全相反的事件却记忆犹新:小学五年级的时候,我在上学途中偷别的生产队的胡萝卜被当场抓获。偷萝卜的有五六个同学,他们发觉有人追来,"哇——"一声立即跑掉了。而我,却没有来得及逃脱。啊——,那条大汉"呼——"地一声突然出现在我的背后,我犹如小鹿被猛虎袭击一般,头脑"嗡"的一声,完全不知道发生了什么就被活捉。我被带到了那个生产队的公场②,那天是学校的劳动课,要求学生带扁担与畚箕,我带的工具此时被放在公场的正中央。那偷来的三根萝卜还没有来得及吃下去,它们本是晶莹剔透的,现在完全蔫了,无精打采,被摆在那里作为"贼证"展览。我就站立在那个"贼证"旁边,太阳很亮,把我照得通体透明。我只希望脚下出现深渊,再危险我也愿意掉进去。那个生产队的萝卜经常被过路的学生偷吃,今天终于抓到一个"贼",这个"贼"就是我。不久,我感觉周围已经围拢了许多人,还有一些比我小的孩子盯着我看。那个大汉颇为兴奋,说:"你们快来看,就是这个孩子拔我们队里的萝卜吃。"于是有人问我是哪个学校的,我当然死也不说。不过学校就在不远处,望一眼就可以看到那里的白墙。

后来,不知为什么他们把我放了,扁担畚箕也归还给了我。当然,那三根还没有来得及吃下去的萝卜被没收了。离开以后我才想,

---

① 每个豆饼的直径约50—60公分,厚度约6—7公分,重3—4公斤。
② "公场"即生产队的晒场、打场。

那大汉是怎么抓到我的呢？我们偷萝卜时没有看见周围有人呀。哦，他一定先埋伏在什么地方，然后突然跳出来，将我捕获。不过，那片萝卜地一览无余，并没有可以埋伏的藏身之地呀？！

这一件事就这样过去了。但是过了不几天，就有同班的三个同学，同样是偷了萝卜，同样是被抓住，而且被一个老人用绳子捆着牵到学校。这一下轰动了，校长让他们站在操场前的高台上，然后集合全校师生训话。老人控诉，三个同学低着头。我只觉得我也同样站在那高台上，也低着头。不几天，校园里就流传着一首童谣：

> 来来红红网网①，
> 老头绳子绑绑。

我到现在都不能解释的是：为什么我在这些事情上可以去帮助别人搬运豆饼，为别人着想不利用机会贪图便宜，拾物交公，而在那件事情上却又自私利己，偷生产队的萝卜吃？

## 第二节 "庄稼话"：诗性的劳动

对一张成绩单的"粗描"，显示了我的禀性中热爱劳动的显著特征，这在我的日记中可以得到充分的佐证。在少年时代，日记倾注最大注意力的、占比重最大的就是"劳动"一项。这些日记至为清晰，至为细致，逐日详细记载了参加劳动的工种、参加人员、具体时间，有时还有地点。

我的最早的三则日记就是记载1964年7月24日至7月26日连续三天参加的劳动。

55．1964年7月24日："整理公场"
7月24日（星期五）下午。整理公场：曹桂祥，朱又林，朱灿

---

① "来来、红红、网网"是三位同学的小名。

林,朱汉余,左汉林,朱炳祥,朱三郎,徐明康,朱小宗,朱银生(见图5-7)。

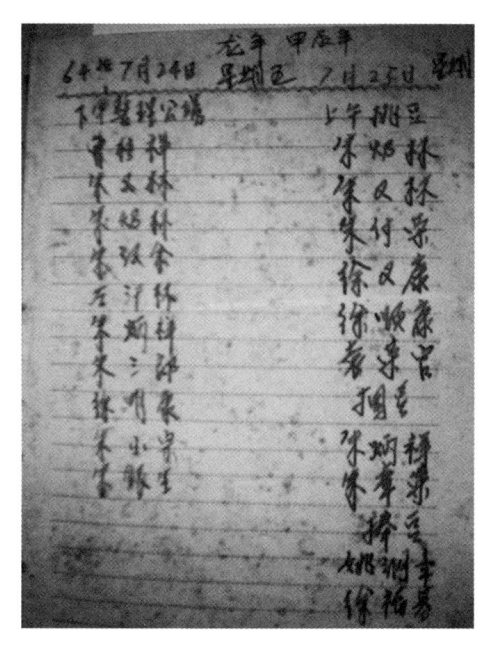

图5-7 "整理公场""捆豆"

※※※※※※※※※※※※※

这是我的第一篇日记。"整理公场"就是将生产队的打场清理一下,为收获的庄稼打晒脱粒作准备。"公场"是一个集体活动的公共场地。在人类学研究中,公共场地具有多种功能,它既是仪式的场地,也是集市的场地,但将其作为集体劳动场所的研究鲜见。"公场"对于我,是一个内涵丰富且寄托着诸多记忆与情感的语词。公场的中央那一大片被打扫出来的干干净净的平面,是为了打谷作准备的。周边的小草以及新生的麦芽、豆芽之类,绿中藏嫩黄,黄中带嫩绿,在那里自由自在地生长。在公场的集体劳动中,同样存在着仪式般的"集体欢腾",陶铸着集体情感。例如在夏忙中,青壮男劳动力都在田野里劳作,他们一担一担将地里的麦子挑上来。年轻的姑娘和媳妇们戴着草帽，在脱粒机的轰鸣声中一排一排抓着麦秆的根部从脱粒机后面走过去，机器带动着齿轮将麦粒从穗子上抽打下来，雨点般地飞舞着。一些中年妇女则在公场的另一端扬麦，风从疏疏朗朗的竹林中吹过来。她们将簸箕高高举起，微微抖动，麦壳被风吹送出去，盘篮内留着金子般的麦粒聚成尖尖的一堆。那一边老年妇女在捆麦草，她们的工作照样忙碌。孩子们则被驱赶到周边去玩耍，在那里可以寻找到树上的知了和浅滩上的小螃蟹。到了傍晚时分，需要将尚未脱粒的麦子和已经脱粒的秸秆堆成垛，这是一项技术性很高的工作，总是由经验丰富的老年男子担任，小伙子们则被叫上去帮忙。麦垛越堆越高，堆麦的村民越自豪。有一首山歌这样唱道：

> 麦堆堆得圆又圆，
> 堆麦村民上了天，
> 撕片白云揩揩汗，
> 凑住太阳吸袋烟。

总之，公场（公共场地）仅将其看作是仪式场所、交换的场所是不够的，它也是人与人、人与自然在"第一种生产活动"中产生最基本关系的重要场所，在这种场所中的人们同样有着协作劳动的"集体欢腾"。

### 56. 1964 年 7 月 25 日："捆豆"

7 月 25 日（星期六）上午。挑豆：朱灿林，朱又林，朱付荣，徐又康，徐顺康，袁荣官；捆豆：朱炳祥，朱章荣；捧豆：姚网章，徐福基。

### 57. 1964 年 7 月 26 日："捆豆"①

7 月 26 日上午。挑豆：朱又林，徐又康，徐顺康，袁荣官，曹桂

---

① 此则日记与上一则日记基本上是重复的。热奈特说："'重复'事实上是思想的构筑"，它具有重要的叙事学意义。这三篇日记是我最早的日记，所以这里不避重复。本民族志后文的劳动日记中有很多人名与劳动种类名称的重复，也同样是为了叙事学意义上对"思想的构筑"。

祥；捆豆：朱章荣，朱炳祥；捧豆：徐福基，杨素娣，王丫头。

※※※※※※※※※※※※※

"挑豆""捆豆""捧豆"则是在庄稼地里的劳作。庄稼地是生产豆子、麦子、稻子、棉花的地方，也是情感寄托的地方。挑豆是重体力劳动，只有18岁以上的成人男性才能担任。我那一年15岁，尚未成人，只能从事"捆豆"的工作。"捆豆"的劳作既是技术，也是艺术，它需要讲求均衡。这种均衡既合目的性，不至于使挑豆中途散架；也合规律性，使挑豆的扁担在肩上跳跃与身体的起伏相协调达到一种韵律之美。如果是捆稻和捆麦，因为穗子长在顶端，重量较大，担绳的位置大约在"黄金分割律"的点上。捆豆则有所不同，因为豆荚长遍全身，刺儿巴叉的，担绳的位置需适当偏中，方能达到结构的均衡。我开始屡屡失败，后来得到指点，才逐步掌握。看到大人们挑豆时扁担上下悠悠，豆捆左右摇摇，心中高兴。

7月的天气虽然炎热，劳作也很辛苦。但在紧张的劳动间隙，就可以到田头的大树下去歇凉。已经有人在那里准备下了一桶茶水，喝了一碗再舀一碗，清清爽爽，解暑热，除辛劳。傍晚休工之后，从地里劳动回来，我总是喜欢光着脚伸进清澈的溪水中。早出的月亮和河边的榆树一齐映入水中，沾满泥巴的脚在水中一摇，树干弯了，月亮也凫起水来；又一晃，树干断了又接起来，月亮碎了又满起来。如果中午时分到河边洗脚，就有小鱼小虾悄悄地游过来，依傍在脚边，情意绵绵。

日记中还有一些回忆童年时期关于劳动与公场的记载。

### 58. 1984年12月3日："割草"[①]

儿童每天的任务是割草，割了草给生产队沤肥。晨光熹微出门，

---

[①] 1984年回乡探亲时，写了几篇回忆童年劳动的日记，有《割草》《拾麦》《蒲哨》《朝朝豆》等多篇，此处选了一篇。

到了太阳初升之时，每个人已经满满的一篓子背回家了。

如果早上有了功劳，白天可以腾出大量的时间玩耍。特别是下午，天气闷热，体力倦怠，少割一点大人也不会责怪。在大路上找出一块光滑的路面，顶着太阳坐下来，"走五木""走直"，这些都是儿童们喜爱的简单游戏。用镰刀尖在路面上画几道横横竖竖的线，一方拾上几个硬土块，另一方折几段小树枝，布起阵便开始兴致勃勃地游戏。走路的人来了，一脚踩上去，鞋底便沾去了几个子，局面狼藉。接受了教训，便转移阵地，去那庄稼地的田埂上坐下，用镰刀剐出一小片平坦的面，重新开始。

倘若遇上一个特别闷热的天气，便知道下午有暴雨，孩子们特别兴奋。午饭后，太阳被云遮住了，不久，天边果然响起闷雷，风暴已在酝酿。不知什么时候，天边涌出来一大片乌云，接着一声接一声惊雷，乌云顷刻如万马奔腾，铺天盖地压过来。孩子们凝神注目，享受着暴风雨就要来临的那种紧张与激动。待到核桃大小的雨点打疼手脸时，才"哄——"一声拎起草篓，向公场飞奔，站在那一排生产队库房的屋檐下观雨。一阵骤风袭来，小树一齐弯了腰，但顷刻又立直了；又一阵风，再弯下去，再立直了。小树就这样不屈不挠，不畏强暴，"挺然相斗一千场"。雷霆霹雳，闪电挥剑，大雨倾盆。孩子们挤在一起，手拉着手，嚷着，叫着，跳着，笑着。

不一会儿，雷霆疲乏、风雨遁逃，小树依然直立。大地被彻底洗过一番，青青翠翠。当天空展现出一道美丽的彩虹时，孩童们将割的草倒在田头，用篓子到水稻地里捕捉那些在暴雨中"力争上游"的可怜而失算的鲫鱼。

※ ※ ※ ※ ※ ※ ※ ※ ※ ※ ※ ※ ※

我不喜欢读书，就是喜欢这些乡村天地中的细小之事，多年后回忆起来，依然觉得颇有情致。

放忙假是我最兴奋、最喜悦的时光，可以充分享受两个星期的劳动自由。1966年忙假是我在读高中一年级的第二学期，这一年忙假是 5 月 30 日至 6 月 14 日①，我逐日记载了"大忙劳动日记"。仅录 5 月 30 日与 31 日的日记如下：

### 59. 1966 年 5 月 30 日至 5 月 31 日："大忙劳动日记"

5 月 30 日农历四月十一星期一，晴。下午平墒沟（小宗家东面）。朱大坤，王苟郎，朱炳祥，徐又康，朱寿宗，徐明康，徐林康，朱灿林。下午栽秧（机路以南）3 行，王苟郎，包美芳，杨素娣，朱芦章，朱兰英，朱炳祥，左素珍，盛素珍，朱海英，朱华娣，朱华芳，苏平，徐福基，姚网章。

5 月 31 日阴雨。起早拔秧，上午拔秧。王苟郎，包美芳，朱玉珍，小兰英，朱炳祥，小宗，左素珍，左汉林，曹秀英，徐又康，朱华娣，朱华芳，徐洪基，曹桂祥。下午栽秧（机路两旁）：包美芳，王苟郎，朱玉珍，朱金生，朱芦章，小宗，小兰英，朱炳祥，左素珍，海英，左汉林，曹秀英，徐又康，徐福基。下午平田：朱保华，曹桂祥，姚网章，朱金生，徐洪基，徐又康，朱小宗，朱炳祥，王苟郎，左汉林。

※※※※※※※※※※※※※

在这些日记中，重复的人名，重复的劳动工种，对于读者并无任何意义，但对于我却意义重大，它们就是我的生活本身，就是情感本身，就是禀赋本身。举"起早拔秧"为例，这是一项醉人的农活，是一幅美丽的画图。启明星在东方的天空高高挂着，大地还在沉睡，村庄已经苏醒。村民们拿着小凳子和扎秧把的蒲草，在星光中朝着小秧田②走去。一脚踩进水田里，惊动了小蝌蚪的童年诗梦，它们生活在秧田中，虽天地狭小，却也各得其所。劳作进行了许久，东方才渐渐泛出鱼肚白，一会儿又泛出红光。太阳慢慢升起来，柔和地照射在禾苗尖上，白色的朝露珠珠相缀，映出一道又一道金色的光芒。

---

① 学校放忙假一般为两个星期，这一年忙假放了 16 天。
② "小秧田"为水稻秧苗的苗圃，在夏忙季节需要将其拔起，扎成把子，再将其移栽至大田之中。

我在拔秧中所感觉到的，是一种愉悦人心的劳动乐曲，这种乐曲是由重复的动作创造的。拔秧的要领是：双手抓握住少量秧苗，并非往上"拔"，而是往后"拖"，这样秧苗的根部才不会沾上泥巴。而这种往后平拖的动作总是有节奏地重复，像乐曲的节拍一般。在这里，每个人都是一个演奏者，整个身心处于一种参与创作与表演的美妙旋律之中。

我在这种劳动中感受到的节奏与韵律的诗性之美，后来学习文学理论，才从诗歌起源中找到了理论的解释。《吕氏春秋》说："今举大木者，前乎（呼）舆谔，后亦应之。"①《淮南子·道应训》引作"今夫举大木者，前呼'邪许'，后亦应之，此举重劝力之歌也。"这种"举重劝力之歌"是人们在集体劳动中为了适应劳动节奏和协调动作而发出的劳动呼声，是诗歌之源。而当读到《诗经·芣苢》的时候，将采摘芣苢的劳动与拔秧的劳动进行对比，又理解了劳动中的"重复"动作是怎样进入诗歌的节律的。《诗经·芣苢》：

采采芣苢，薄言采之；采采芣苢，薄言有之。
采采芣苢，薄言掇之；采采芣苢，薄言捋之。
采采芣苢，薄言袺之；采采芣苢，薄言襭之。

这首诗与拔秧何其相似，它虽然只是反复咏唱"采"（拔）的动作，却成为一首节奏鲜明、韵律优美的诗歌。

到了1967年，在"文化大革命"之中，学校停课，我回到农村劳动。这时我已是18岁的青年，我又逐日记载着我的劳动日记，其中有一本《秋忙劳动日记》记载的是9月20日至11月2日的日记。我简摘其中10月1日至10月31日的劳动日记如下：

60. 1967年10月："挖墒"②

10月1日：天阴（雨）队里放假。

---

① 《吕氏春秋·淫辞》。
② 这一月的劳动日记参加的劳动项目繁多，最有特征的是挖墒，故以此作为主题词。

10 月 2 日：挑泥。

10 月 3 日：挑泥。

10 月 4 日：上午挑泥，下午到花园殿抬电线（朱炳祥，朱三郎）。

10 月 5 日：上午拉电线，抬电动脱粒机（朱炳祥，徐顺康，曹桂祥，徐又康），下午脱乱草，开夜工脱粒。

10 月 6 日：上午脱粒。

10 月 7 日：打坝放水。

10 月 8 日：帮工，挑泥。

10 月 10 日：上午堆草垛，下午抬电动脱粒机（还）。

10 月 12 日：挖麦墒（小宗家门前）1 条。

10 月 13 日：全天挖墒（小宗家东面）1 条。

10 月 14 日：挖墒（荣官家东面第二块）1 条。

10 月 15 日：挖墒 1 条。

10 月 16 日：上午挖墒 1 条，下午浇肥田粉（萝卜地）。

10 月 17 日：起早挖墒，下午浇肥田粉。

10 月 18 日：上午挖墒，挑棉花 140 斤，135 斤，107 斤，下午浇肥田粉。

10 月 19 日：起早挖墒，上午上柏木桥卖棉花（朱大坤 136 斤，朱炳祥 135 斤），下午挖墒（汉余家后面）1 条。

10 月 20 日：起早挖墒，上午挖墒，下午挖墒，卖棉花 122 斤。

10 月 21 日农历九月十八：起早挖墒 1 条，上午挖墒。

10 月 22 日农历九月十九：起早挖墒，上午挖墒，下午挖墒。

10 月 23 日：上午挖墒（玉珍家东边）1 条，打防疫针，下午放麦水。

10 月 24 日：上午上柏木桥轧棉种（朱炳祥，朱大坤），挖墒，下午挖墒。

10 月 25 日：起早上柏木桥轧棉种，下午挖墒。

10 月 26 日：上午挑化肥 100 斤，下午拔棉秆（机路以北）。

10 月 27 日：上午挖墒 1 条，拔棉秆，下午拔棉秆。

10 月 28 日：起早挑粪 5 担，上午挑粪 12 担，下午挑粪 13 担。

10月29日：起早挑粪，上午挑粪，下午挑粪。

10月30日：起早上水，上午上水，拾山芋种，下午抬电动脱粒机（物资局）。

10月31日：起早开山芋窖，上午开山芋窖，下午窖山芋，因下雨而开夜工盖山芋窖。

※ ※ ※ ※ ※ ※ ※ ※ ※ ※ ※ ※ ※

"挖墒"是这一个月出现最多的词语，共21次。这是一项技术性很强的劳作，其技术指标有三：一是深度始终如一，二是底部平坦光滑，三是土块大小相等。技术精湛的老农挖出的墒沟土块排列整齐，沟底如镜面一样发亮，赏心悦目。挖墒所用的大锹，就是一种美的创造。那"S"形的锹柄，本身就是一首诗，制作它的过程也是一种审美体验。首先要寻觅到树上具有适当弯度的枝杈，将其锯下，然后用温火慢慢烘烤出适当的弧度。老农们的锹柄非常考究，合适而顺手，且长年劳作将其磨得光滑锃亮，呈暗红色，透出苍劲的力度，令我艳羡！那些年我梦寐以求能得到一杆优雅别致的锹柄，但开头既寻觅不到合适的材料也掌握不了烘烤技术。一段时间我天天抬头看树，后来才终于有所发现，学习制造了一杆锹柄。它粗粗笨笨的，但终究是自己所造，敝帚自珍。我现在写到此处的时候，都想伸手去摩挲一下它。

挖墒的进度是缓慢的。先是将锹口直立向下，沿拉线纵向切出宽度，再横向切出每个方块的长度。转而将锹面平放，右脚（或左脚）的前掌抵住锹的后根部，用脚掌的力量均匀向前"0"度推进。一锹一锹将土挖出端上来，左右均匀放置，排出长队，像两列卫兵守护着那条笔直的墒沟。虽说秋高气爽，体力劳动还是会感觉炎热，每个人的肩上都搭一条汗巾，随着身体的节奏荡荡悠悠。一边劳作一边交流着各种农事，可谓"相见无杂言，但道桑麻长"[①]。家庭琐事、个人

---

[①] 陶渊明：《归园田居》："野外罕人事，穷巷寡轮鞅。白日掩荆扉，对酒绝尘想。时复墟里人，披草共来往。相见无杂言，但道桑麻长。桑麻日已长，我土日已广。常恐霜霰至，零落同草莽。"

烦恼也可以倾诉，大家帮助排解。

一天的秋热过去，当晚风吹拂之时，又是一番新意。这是效率最高的时候，大家不再说话，注意力高度集中，工作也增加了紧张度。大锹在手中曲曲伸伸，上上下下。等到晚霞褪去色彩，到了收工时分，满意地看一看今天劳作的成果，拿上脱在地头的衣衫，搭在手臂上荷锹回家。月亮升起来，凉爽得很，明亮得很。

挖墒是一种美的意象、美的情感、美的景致。挖墒的人们头顶蓝天，脚踩土地，是在大自然之中的人类劳作，天、地、人和谐合一。大自然是什么？是清风，是雨露，是朝阳之辉，是新月之韵；是大地，是河流，是村边老树，是田野的芳香。在大自然之中的劳作，是诗篇，是画作。挖墒就是用大锹在书写诗篇，在绘制画作。

如果麦子与棉花轮作，田野中的农事劳动则更多集中于棉花的种植与管理。家乡有一首著名的《十二月棉花歌》，叙述的就是这种劳作：

### 61. 1973年9月："十二月棉花"①

正月棉花初起头，合家大小打念头：上年没收到棉花种，今年倒有十分收。

二月棉花暖洋洋，隔壁邻舍共商量：上年搬车搬轴郎吃苦，今年一心种高田。

三月棉花是清明，清明时节雨纷纷；别家棉花满把撒，我家一心挖塘沉。

四月棉花两瓣头，薅草娘子到田头；弯下腰来拔细草，家去一心叫郎打锄头。

五月棉花转黄梅，棉花又细草又青；半个月黄梅十六天雨，我棉花性命也难存。

六月棉花赛火烧，薅草娘子晒得背皮焦；天公天婆落一暴，等我棉花发嫩赛油浇。

---

① 这首歌是抄录入日记的。我开头对歌词记得不全，是我几个妹妹在我1973年第一次从部队探亲回乡时帮助回忆补充完整的。

七月棉花正打头，打了正头生丫杈；丫杈上生出嫩嫩果，根桩郎结果到梢头。

　　八月棉花正当开，乌风暴雨落下来；乌风暴雨落到南山去，等我棉花朵朵朝前开。

　　九月棉花正当收，拾花娘子到田头；弯下腰来篮篮满，倒系罗裙连衣兜。

　　十月棉花上淮州，淮州城里闹啾啾；合家大小买斤半，黄昏头摘到早跟头。

　　十一月棉花上绞车，半边籽来半边花；中弦头里粉粉碎，锭子头上出细纱。

　　十二月棉花上织机，摇篮里孩子哭兮兮；你别哭来你别吱，今年一心替你做寒衣（见图5-8）。

图5-8　家乡的棉田（朱炳祥1980年摄）

※※※※※※※※※※※※※

　　每次咏诵这首歌，我总是感觉与《诗经·七月》的意蕴高度相似。

> 七月流火，九月授衣。一之日觱发，二之日栗烈。无衣无褐，何以卒岁？三之日于耜，四之日举趾。
> 
> 七月流火，九月授衣。春日载阳，有鸣仓庚。女执懿筐，遵彼微行，爰求柔桑。
> 
> 七月流火，八月萑苇。蚕月条桑，取彼斧斨，以伐远扬，猗彼女桑。
> 
> ……

《诗经·七月》翻来覆去重复"七月""八月""九月"……既叙各月的劳作之事，也抒劳作苦乐之情。《十二月棉花歌》也同样，它传达出的是中国农民的一种坚韧不拔的韧性精神以及为他人着想的高尚品德。从童年到现在，这首《十二月棉花歌》一直感染着我，我每次用家乡的调口唱出，总是被感动得热泪盈眶。这首歌表达了一种乡村之魂，既有优美之情，又有崇高之志，内蕴着自新石器时代至今一万年农业文明的深度。"正月棉花"和"二月棉花"首先说的是村庄女性对男性的深层关心。"上年搬车搬轴郎吃苦"，是指种水稻时男子们的辛苦劳作，"搬车搬轴"指车水灌溉。今年女性们商量种棉花，为的是让自己承担更多的辛劳。她们经历了"晒得背皮焦"的艰辛，经历了黄梅雨的忧虑，经历了乌风暴雨摧残棉花的考验，那一年棉花终于获得了丰收。"九月棉花正当收，拾花娘子到田头；弯下腰来篮篮满，倒系罗裙连衣兜"，收获的季节她们的心情是何等喜悦！到淮州城里去卖棉花时她们的心情也是兴奋的，不过，因为生活贫苦，全家只舍得买了"（一）斤半"棉花。买回的棉花纺纱织布，首先是给摇篮里冻得"哭兮兮"的孩子做一件寒衣，当然她们的丈夫也不会被忘记，而唯独没有想到她们自己。在这里，体现出女性对家庭的浓郁的温暖之情。

《十二月棉花歌》高扬了一种人文关怀，充满了一种人与人、人与自然之间的和谐理念，荡漾着一种柔性的风格，呈现出一种静穆的崇高，彰显出女性的胸襟与品格。与《诗经·七月》一样，正因为它们都是劳动之歌,是土地之歌,是农民之歌,故而两首诗歌虽然相隔 2000 多年,却有着情感、精神、旋律的相似相通之处。

女性的付出当然也会得到男性的善意回报。我举现实生活中的例证来与歌中所咏相互说明。我年少时参加乡村的生产劳动,在那些艰苦的岁月中,听到男人们聚在一起谈得最多的话题就是讨论饥饿的感觉。有那么几次开完夜工以后,男人们聚集在一起,有人就提议"搭伙"。所谓"搭伙"就是要求在场的男人们每人回家去拿来一斤大米,统一煮成熟饭,吃一个饱①,也就是"今朝有酒今朝醉"的意思。这是考验男人们胆量以及在家中地位的关键时刻。每个人都回去了,不久,回来的人都很骄傲,因为他们拿来了大米。在高高兴兴开始煮饭的时候,他们说尽了讽刺、挖苦、讥笑着那些没有拿来米的男人。等到热腾腾的白米饭盛在碗里,饥饿感使男人们瞬间一吞而光。但是,我常常看到总有几个男人端坐不动,有的就会坦言,说米是强拿出来的,家里的女人在哭,因为这一斤米就是几个人一天的口粮!后来,他们还是将饭端回家去了,留下的是那些吃得碗底朝天的男人们的良心自责。②

1968 年夏我高中毕业,作为知青回到农村,当了一名真正的农民。自从 6 月 9 日起我又开始记劳动日记。我至今认真地保存着多个线装本日记,这是用买来的大张白纸,裁成 64 开小纸,在顶部用线装订起来的。它们虽已破旧不堪,但这些劳动日记所凝结的我的心志与情感是无法测量的,我每次见到它们总是激动不已,从字里行间看到那些生动的劳动场景,看到人们的欢快,看到我自己的愉悦(见图 5-9)。1969 年我又当了电灌站打水员。③ 这一年多的乡村生活是我一生中最美好的时光。

---

① "吃一个饱"并不准确,一斤米饭远不够一个饥饿的成年男子吃饱,但在那些年月里,这已经是一个奢侈的数字了。

② 我现在对于这一段《十二月棉花歌》及相关事项的分析,想起当年的场景,同样是含着泪水写出的。

③ 关于"电灌站打水员"的记事,参见《他者的表述》(《对蹠人》系列民族志之一),中国社会科学出版社 2018 年版,第十五章。

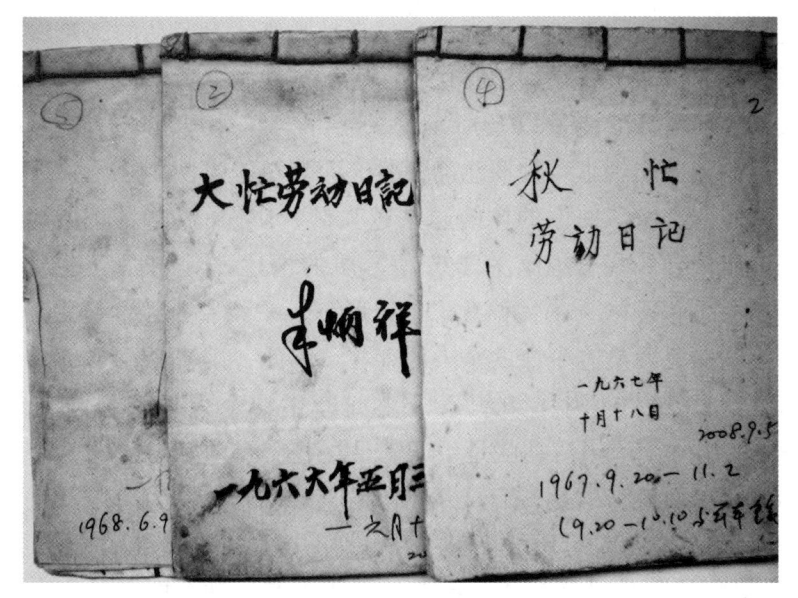

图 5-9　劳动日记本

总之，挖墒也好，拔秧也好，种棉花也好，割草也好，电灌站打水也好，这些诗性劳动的意义，在于它既是人之所以为人的初始状态，也是人之所以为人的终极状态；它既是文化的创造，也是自然的延伸。劳动的最初一批文化创造物就是庄稼，谷物是人类依赖其生存的资源。庄稼寄托了我对劳动的热爱、对劳动成果的欢欣。我年少时喜欢一幅画，画着两位裹着头巾的农民，盘膝对坐，抽着烟，在说着我极想知道但至今仍然不知道的庄稼话。这幅画虽然我再也不可能找到，也不打算用任何形式将其复制出来，但数十年来一直在我的心头，我对她的情愫一往而深。与那幅《大自然是什么》一样，她跟随我来到城市，来到书斋。她在任何时候任何地方都是我的心灵的慰藉，在我躁动的时候，我就去想象这幅画，心灵就会宁静；在我思考问题的时候，她总能给予我不竭的灵感；在我重新选择人生道路的时刻，她又总是能给出一种明晰的答案。

我在与一些朋友与同事的交流中，谈及喜爱劳动一事，他们中有些人感到难于理解。他们认为繁重的体力劳动给予人的是艰辛与身体不适，随着科技的进步，人类就会越来越脱离体力劳动的磨难，我对此说大不以为然。我在少年时代就已经领悟到体力劳动的一种奇妙的品质，它所消耗的能量以及所承受的苦累，经过短暂的休息即可恢复，其后就会产生了一种惬意的快感。而且在体力恢复之中，还有一个增量，这个增量使你的体魄越来越强健，使你的意志越来越坚强。后来，我读到一些思想家关于劳动本质的论述，对此理解进一步深入。马克思和恩格斯在《德意志意识形态》中说："全部人类历史的第一个前提无疑是有生命的个人的存在。因此，第一个需要确认的事实就是这些个人的肉体组织以及由此产生的个人对其他自然的关系。"①"第一个历史活动就是生产满足这些需要的资料，即生产物质生活本身，而且，这是人们从几千年前直到今天单是为了维持生活就必须每日每时从事的历史活动，是一切历史的基本条件。"② 这种"个人对自然"的最基础的关系就是物质生产活动，即劳动。恩格斯说："劳动是整个人类生活的第一个基本条件，而且达到这样的程度，以致我们在某种意义上不得不说：劳动创造了人本身。"③ 当然，在不同的文化背景之下，劳动有"异化劳动"和"非异化劳动"之区别。"在异化的活动中，我并没有体验到我是自己行动的主体，我体验到的是我的活动的结果，某种与我相脱离、超乎于我之上或与我相对立的'彼岸'的东西。从根本上说，行动的不是我，而是内在或外在的力量通过我来行动。我与我活动的结果相脱离。……在没有异化的主动（活动）中，我体验到自己是自己活动的主体。没有异化的主动是一个创造、生产的过程，我与我的产品始终保持着联系。也就是说，我的活动是我的力量和能力的表现，我、我的活动和我的活动的结果结为一体。我把这种没有异化的主动（活动）称做创造性活动。……'创造性'这里说的主要的不是我的活动的产品，而是我的活动的特

---

① ［德］马克思、恩格斯：《德意志意识形态》，见《马克思恩格斯文集》第 1 卷，人民出版社 2009 年版，第 519 页。
② 同上书，第 531 页。
③ ［德］恩格斯：《自然辩证法》，见《马克思恩格斯文集》第 9 卷，人民出版社 2009 年版，第 550 页。

质。创造性是一种性格取向。一个具有创造性的人可以赋予他所接触到的一切以生命。"① "诗性的劳动"是一种"非异化劳动"。

我从小就喜欢劳动，在读到马克思、恩格斯和弗洛姆的这些论述时，深感与我的心灵契合，于是我就将在劳动中所体验到的情愫概括为"诗性的劳动"的概念②，用来表述我的个人禀性。

## 第三节 离开原点

我的生性和禀赋归属于自然，归属于土地，归属于自然与土地相结合的劳动。在自然之中，在土地之上，在劳动之时，我感到愉悦，感到惬意。这是我生命的原点、心性的原点。但是，在1969年的夏天，我却离开了这个原点，到扬州报社去工作了。

追索起最初的心灵活动，更早一些时候就已经萌芽出向外的倾向。初中阶段看到"上海外滩"和"北京火车站"两张图片，作为一种文化符号，其纯净性、鲜明性、神秘性犹如巨大的磁石，将我少年的目光吸引了过去，诱发了我对外部世界的好奇与幻想。在这种"符号魔力"的蛊惑下，我产生了到外边去看看的浓烈兴致。除了视觉符号外，一些听觉上的语词符号，即使只是抽象的名称，也同样起到使我心往神驰的效果。如初三临近毕业时，老师在课堂上介绍哪些学校可以去报考，其中说到"丹阳化工学校"和"无锡卫生学校"，我根本搞不清楚这些学校到底是干什么，以及是否适合我，只是这几个词语所组成的名称，就形成某种魅力，对我产生了听觉冲击，引发了我的诸多想象。当然，符号的诱惑对我来说是多向度的，既有向外的力量也有向内的力量。有一幅动员青年到农村去的宣传画，画了一位与我同龄的中学生，手中举着一根麦穗遐想着，题词为："做一颗红色的种子，到祖国最需要的地方去生根、发芽、开花、结果"。这

---

① [美]埃里希·弗洛姆：《占有还是生存》，关山译，生活·读书·新知三联书店1989年版，第96—97页。

② 我在创构这一概念时，借用了意大利哲学家维柯《新科学》（朱光潜译，商务印书馆1989年版）中"诗性的智慧"中的"诗性"一词，并将其移位于"劳动"之前。

张图片将我整个的热血调动起来，激励着我从学校回归农村，使我在初中毕业时萌生一个很强烈的想法："学习董加耕，立志回农村"。

文化符号引发的纠结，钟摆似的忽左忽右地来回晃动，当摆到某一端并且恰好出现某种机遇时，就会付诸行动。我在当知青时的表现不错，县里指派我去扬州报社当工农兵通讯员（实习记者），如果我坚定地固守乡村，我本可以拒绝这次指派，但我没有。在那个年龄上，我对自己是什么，身处何处，前面是什么，一概不知。

报社是我从未接触过的新的文化单位，我第一次接受了"文化冲击"。时间在这里有一种特殊的新的安排方式，即按照人工制造的"钟表"进行。我需要适应八小时的工作制度，按时上班下班。每天看稿、选稿、编稿，参加各种采访活动。这里没有晚风，没有朝霞，没有麦浪滚滚的田野，没有秧田中的小蝌蚪，更没有我喜爱的那杆曲曲弯弯的大锹柄。这里甚至没有天，没有地，没有太阳和月亮，这里只有重重叠叠的高楼，只有办公桌与办公椅，只有报纸和稿件。这是一个何等陌生的世界啊！在这里，我有了一个工农兵通讯员的身份，我说话、行事都需要与这个身份相符合。我不能再穿补丁的衣服了，也第一次感到"面子"的重要性。我的生活讲究起来了，例如喝水要喝开水。我们每天早晨都要到楼下去打水，开水房师傅和我们熟了，他的两个漂亮女儿也成为我的那些室友们晚上闲聊的谈资。此刻的我，已是另一种做派，过去读中学时即使在最饥饿时三分钱的脆饼都不舍得买吃，除夕发给我的几角压岁钱到了青黄不接时，也要主动拿出来交给母亲应急；而现在，27元的工资每月要花去三块五块，余下22—24块寄给我的母亲。我买了新的洗脸盆、开水瓶、茶杯、毛巾，晚上阅稿饿了，还要与同事一同上街吃面条。扬州人是那样的精致，有工夫把面条做得细如丝线，八分钱一碗，上面漂着几片小巧的菜叶，口感很好。

然而，很快我就不喜欢这里的生活了。最大的问题是不自由，整天被固定在一张办公桌前，天地狭小，心情压抑。我开始想念家乡，惦念那片田野，思念农事劳作（见图5-10）。傍晚的时候，倚靠在通扬运河的桥栏上，凝望着远方的故土，"目送征鸿飞杳杳，思随流水去茫茫"①。几个月以后,我等来了探亲假。汽车在林荫道上穿来穿去,公路两边的树木和周边的庄稼地伴我回家。我有一个好心情。

图 5-10 "我惦念那片田野"(朱炳祥摄)

1969 年中苏边境发生了"珍宝岛事件",我的个人生活因此出现了重大转折。这一年 9 月初,报社传达了中央的"八·二八命令",里面有一句话:"全党、全军、全国人民要团结得像一个人一样",我热血沸腾。到了年底,征兵的命令传来,我即打理行装,辞去报社工作,回到家乡报名参军。报社的一位老记者送我两句话:"为国之志可嘉,中道废业可惜。"征兵动员是在战争的背景下进行的,说新兵经过一段训练要开赴前线。"捐躯赴国难,视死忽如归",一种英雄主义与家国情怀融汇于一处,使我激动不已。接兵的张排长一见面就决定要我,跟着我一处一处检查身体。我终于体检合格应征入伍。当穿上新军装从县城回乡告别父母和乡亲时,我走在回村的熟悉小路上,闻着那身军装奇特的味道,顿生一种说不出来的勇气与热情,就想:"我就要去死了,我要去战死沙场!"我自己把自己感动了,觉得英勇悲壮,第一次体验到赴死的感觉竟然如此美妙(见图 5-11)!

---

① 句出(唐)孙光宪《浣溪沙》词。

图 5-11　"回村的熟悉小路"（朱炳祥时隔 30 年后摄）

村上组织了欢送会，一朵红花佩戴到我的胸前，伴着歌声：

光荣的红花，
红又红哟；
红花献给解放军，
红花献给解放军哟！

从县城出发，背着背包步行 18 里到轮船码头，我的一位同学张留荣跟随队伍送行了 18 里，有点儿古人"阳关之别""长亭之别"的意味。乘坐着东方红 3 号轮船，我们开始了"在途中"的行程。新兵们紧张而兴奋，设想着"前线"是怎样的情景。然而，下船后坐在江汉码头上等待部队接车的时候，才听说我们并不是如征兵宣传所说的开赴前线。啊——，崇高感一落千丈，英雄主义情怀也消失殆尽。不过异样的感觉还在，在这身有着一股特殊气味的新军装包裹之下，我已经不再属于我自己了，我已经将自己交给军队了。轰轰烈烈也好，平平淡淡也好，听凭！听凭！

自我牺牲的豪情壮志很快转换为渴望成为一名合格军人的动力。与扬州报社不同，我几乎没有感觉到任何的文化束缚以及过渡时期的不适反应，很快就热烈地爱上了军营生活，整天都有用不完的力量。首先是队列训练。"起步走"的步速每分钟116步，步幅75公分，大臂带动小臂，向内摆动，不超过衣缝线；"跑步"双臂前后运动，前不露肘，后不露手；"敬礼"臂与肩平，中指贴紧帽檐。还有，左肩右斜是挎包，右肩左斜是水壶；紧急集合两分钟，包裹袋当作枕头用；补衣不用求别人，拿起针线自己缝；等等等等。这一切多么新鲜，多么刺激，又是多么与众不同，多么浪漫和有趣！

队列训练以后新兵连的分配开始了，我被分配到报务训练队参加报务学习。

报务员工作的重要性可以用泰坦尼克号沉没事件来说明。泰坦尼克号是20世纪最先制造的巨型豪华客轮，1912年4月处女航时撞上了冰山沉没。如果说当时有一个可以救出这1000多个不幸罹难的人，那么这个人就是船上的报务员。当时行驶在泰坦尼克号前方的加利福尼亚人号曾经通过无线电发出前方有冰山的警报，可并没有人重视它。直到泰坦尼克号撞上冰山，那个报务员才意识到无线电的重要性，立刻发出"SOS"求救信号。第一个回复的是一艘德国船，但它远在泰船西南136海里的地方。紧接着从纽约开来的卡帕夏号也收到了呼救信号，可是它距离泰船58海里，最快也要四小时才能赶到。报务员没有放弃，一刻不停发出求救信号。而原先发电报提醒泰船的加利福尼亚人号就停泊在离泰船大约10海里的地方，连船上的灯光都隐约可见，完全来得及赶来救援；但此时已经是夜半时分，加利福尼亚人号的报务员已经休息，没有收听到泰船的呼救信号。泰坦尼克号的那个报务员直到被海水吞没之前的最后一秒钟，他还在发着"…———…，…———…，…———…"①，但是永远也

---

① 此为摩斯码"SOS"。摩斯码设置10个数字符号和26个英文字母符号，分别用"·"（读作"的"）和"—"（读作"答"）两个符号组合而成。"…———…"即"SOS"，为国际通用遇难求救信号。如《尼罗河上的惨案》电影中的侦探何克·保罗面临眼镜蛇的攻击时，他敲门求救就是用手指敲出此信号。

不可能有人理会他了，永远不可能有另外一个报务员用"·—·"①来回答他。我们报训队的几个教员都是严格认真的教员，他们无数次教条式地强调报务工作的重要性，如果当时他们能够讲述这个故事，那该激发起我们多大的学习热情啊！

新兵分到老兵连，上指挥所报房后实行"一带一"，即一个老兵带一个新兵。我的师傅是一个技术精湛且高傲的北京兵，性子很急。刚上机时，只听见耳机里"沙沙沙"有千百种信号，我根本不知道哪个是所要寻找的信号，师傅就说我"太笨！太笨！"我那时收发报的速度也不快，每分钟只能发100个摩斯码，抄报在无干扰的情况下也只抄120个码，师傅又说我"太慢！太慢！"他发报真是迷人，不用"跪姿"用"立姿"②，立姿是被认为不严肃认真的姿势，战备值班不被允许使用。但我的那个师傅是"老兵油子"，不听这一套，急起来的时候，把眉头一皱，用两个手指立在电键上，"…——""——…"地跳动起来，像双鹤之舞。有时甚至单用食指或中指在键盘上抖动。有一次连长带班，检查岗位时已经站在他的身后。而他，正在训我愚笨，并且表演着他那高超的技术。那天，连长也被他迷住了，只是看他发报，并没有制止，欣赏了一会儿，悄悄地走了。当天晚点名的时候似乎说到此事："我们有些老兵，技术很好……"后边说的原话我就不记得了，大意是战备值班要认真，不要搞表演之类。我师傅的抄报则又是一种风度，将脑袋朝左边侧过去，很俏，很雅致，压码抄收可以压到一组信号③以上。如果抄收机器播放的均匀信号，他的速度每分钟则可达160个摩斯码以上。那时候他有很多崇拜者，所以总是昂首走路，最崇拜的人当然就数我这个徒弟了。我经常向他讨教，可是我谦虚他却骄傲，有时只用手指在空中随意地画出一条漂亮

---

① 在通报用语中，"—·—"意为"请回答"，这是要求对方回答的用语；"·—·"意为"听到了"，这是回答对方的用语。

② "跪姿"为中指跪在电键上的发报姿势，"立姿"为并用食指和中指（或单用一食指或一中指）立于电键上的发报姿势。

③ 报务员在抄报时都需要"压码抄收"，一般压2—3个码，即在听到第3或第4个电码时抄第1个电码，这样可以保证思维对电码有一个辨别过程。这一位老兵压了一组信号即4个电码，即在听到第5个摩斯码后才抄第1个码。

的弧线,说:"就是这样,这样!"

我很快熟悉了电台工作,加入到战备值班的行列。我的伙伴是电键、耳机、铅笔、抄报纸和一台收信机。我们对于下属的军、师、团级单位是主台;对于上级单位则是属台。每个机组四五个人,一天分为五个班次。我后来调到警报台工作,警报台需要极强的责任心。我不知道人脑到底有着怎样的功能与储量,在一种责任心的驱使下又有着多少潜能可以发挥,但是对于报务员来说,确实被训练出某种特殊功能。警报台正是适应当时的紧张的战备形势而设置的,我在军委警报台担任机组长①。报务员的责任是重大的,一个摩斯码弄错就可能造成指挥的错误,而对于一个警报台报务员来说,如果漏了警报,遇有敌国导弹、原子弹的袭击,后果无法设想。每个报务员一上机就高度紧张。但是,人毕竟是一种生物,当生物钟被搅乱时,即使最优秀的报务员也不能保证夜晚值班不打瞌睡。我们一方面用极强意志力以及各种刺激手段来克服和控制我们的睡意,另一方面也训练出一种自我调节功能以及一种听觉上的特殊技术,即能够在睡意朦胧中准确捕捉到耳机中的警报信号进而立即唤醒意识系统。这就等于说,我们已经成为特殊材料制成的人:在瞌睡中大脑的其他部分处于休息状态,唯独耳朵及其联结的听觉神经还在紧张地、负责任地有序工作。这种训练极为艰难困苦,因为它需要将高度责任感以及高度紧张感这些精神上的东西,转化为一种身体上的生物功能。在训练的初期,听觉哪怕只有一秒钟处于沉迷状态,下一秒马上就会从座位上弹簧似的蹦跳起来,犹如被晴天霹雳击中。此时就有一种犯了死罪的感觉:刚过去的那几秒钟内是否有警报信号通过?到底是"有"还是"没有"?在这种反复的自我追问与惊恐之中,身体技术②逐渐被精神力量训练成熟。草原上的马儿可以站着睡觉警惕狮子,我们人当然也可以训练出一种特殊功能。"·———·———·———"是警报信号的预警摩斯码,我们每个警报台的报务员将此视为生命信号。一次,机组一个

---

① 机组长相当于陆军部队的班长。
② 关于"身体技术",参阅莫斯《各种身体技术》,见[法]马塞尔·莫斯《社会学与人类学》,佘碧平译,上海译文出版社 2003 年版,第 299—320 页。

报务员上午补觉突然惊叫着从床上跳起来,大声喊道:"快!警报信号!"揉揉眼睛才醒悟是梦境。

搞副业生产比战备值班则是轻松多了。伏虎山那边的山坡上有很多茅草地可以开垦种菜。我们机组年年种小青菜,有的机组种白菜,有的机组种萝卜、茄子之类。施肥、锄草、培土,傍晚和中午菜地里都是战士的身影。那青青绿绿的一片长起来的时候,大家心里欢喜。有时连长指导员也来察看一番,发表一番评论。收获的菜蔬交给食堂,第二天就吃到我们自己种的菜。

连队的战友看重的是友谊。我们虽然没有机会体验同一战壕中的生死情谊,但平时连队的日常小事也同样凝聚起彼此的感情。即使是起个外号,都饱含情意。我们每个人几乎都有一个或几个外号,来源于这个人的特点或某个特殊事件及场景。军区警报台有一个"东埔寨",那是一次连队午餐,他积极地给大家念报纸。由于不识"柬"字,就将"柬埔寨"念成"东埔寨"。开头大家吃饭没有注意,后来听到一个大大的声音在念"东埔寨西哈努克亲王",大家哄堂大笑,于是这个外号就叫响了。大家喊习惯了,都没有取笑的意思。我也这么叫他,他也自认是"东埔寨",以此勉励自己好好学习知识。他家庭很困难,我送了他20块钱①,他千谢万谢。在复员的那一天,他房前房后四处找我告别,还动情地郑重提及此事。我也有一个外号,但不太生动。那是1972年有一天,我请每天上街买菜的连队上士②刘大章,帮我到新华书店买一本达尔文的《物种起源》。中午时分,他回来了,很兴奋,菜篮还未卸下,就在连值班室前连声高叫:"朱炳祥,朱炳、朱炳、朱炳祥,你要的书买到了!朱炳!!"我十分欣喜,也跟着喊道:"朱炳来了!"一边跑过去。从此,我的外号就是这个了。大家这么叫过去叫过来,我自己也忘记了第三个字,跟着以此自称,在挎包、水壶、背包带上写的全都是"朱炳"。我们军委警报台机组有一个"大头",外号是根据他的脑袋形态命名的。"大头"名不虚传,脑子很好使。有一阵,我们机组很久没有登上连队黑板报的稿

---

① 战士津贴第一年每月6元,第二年7元,第三年8元。20元相当于三个月的津贴。
② "上士"属战士,相当于班长。

子，我是机组长，催促"大头"写一篇。那天他值了早班回来，一上午没有补觉，稿子终于登了一篇头条，大概就像我们现在发了一篇权威刊物，全机组的人都很高兴。星期六晚上大操场有露天电影，轮到他值小晚班，几个人都说"大头"写稿立了功，要替他值班。我说你们别操心，我去。他不肯，我们争来争去，两个人都进了指挥所报房。电影开映了，他还是不肯下来。我只好自己下来搬个小凳去操场，那天没有看到电影的前半段。

没有战争的环境，千里野营则是一种模拟训练。虽然我们是空军部队，在战争背景下也有可能遭遇地面战事，故而依然要有陆军行军打仗的本领。行装已准备好，全部东西都在一个背包中装着：一床被子，一双鞋，一件雨衣，一个当枕头用的包裹袋，里面装一套换洗衣服。然后背上水壶和挎包，束上腰带，再扛一杆枪，站到队伍中马上出发。1970年是第一次野营，每天行军路程在50—80里，最多120里。有时也会安排10里的急行军或10里的强行军。行军最怕的是走在炊事班背锅的战士后面，因为夜行军常常一边走路一边睡觉。猛地撞上去，锅底正好对着鼻梁，碰了一鼻子灰不说，且疼痛难忍。途中苦与累之时，那首《野营训练好》颇为激发斗志。"顶风冒雪吃大苦，跋山涉水耐大劳"的歌词也只有在这种环境中才体验到它的壮美，才感觉到那股无形的力量。那年另外一件事我也记忆深刻。有一天下午，在一次急行军之后每个人都疲惫到极点。转过一道山梁，出现了一片平坦之地，部队这才吹号休息。大家几乎都瘫坐着，又累又渴，水壶中的水早已喝光。忽然有一群村民提篮携桶走过来，大多是老人和孩子，原来是给我们送茶送水的。真是天降甘霖！此时的我，一边喝着温情的茶水，一边擦着汗水，颇有兴致地欣赏起这群山叠翠之中的动人场景。几个小孩拿着葫芦瓢穿来穿去递水，有一个特别可爱，蹲在我身边不走。他先是摸我的枪，又玩我的水壶和腰带，接着用手摩挲着我的五星帽徽。我知道他的小心思，可我不能送给他，就从挎包里拿了一个昨天宿营那家老乡塞给我的苹果给他。他不接，只是扭着脖子。我又在挎包里摸来摸去，摸出一支旧笔。他还是不要，亮亮的眼睛仍然盯着红帽徽。于是我找了一张小纸片，用这支笔画了一个小孩，这下他很好奇，拿去了。

在"前线轮战"①中，我在飞行部队亦体验到战友情愫。

### 62. 1977年7月1日："打空飘气球"

昨天下午打空飘气球，天空中出现了5个。第一次陆贤木上去，转来转去说看不见目标，地面引导了好几次，说就在正前方，但他就是看不见。无功而返，很丧气。第二次卫晓东副大队长上去打中了一个目标。第三次牛振国又升空一次，地面观察好像又击落一个，但胶卷上看不出来。晚上开会，介绍经验。

卫晓东："我在地面就看好气球在鼓山的北面一点。起飞时看不到，上升了600米在座舱中又看到了。我想首次进入就把它干掉，由于心情比较急，第一次在距离1600米就开了炮，只看到炮弹的浅光从气球上面过去了。我想太高了，赶紧推杆，继续开炮。这一炮出去又太低了。再开炮来不及了，飞机擦着气球过去了。第一次进入没打下来。飞机转弯以后，我老怕气球丢失，脑袋往后看，死死地盯住它。转过后改平对准第二次进入时，我接受第一次教训，这次射击不能太高也不能太低，又打了一炮，还是太低了。两次都未打中。再转过来对准以后，我决心靠近瞄准，打不下来就是撞也要把它撞下来。500米，400米，300米，200米，100米，我都没有开炮。飞机朝气球冲去，只见眼前一片白花花的，我不自觉地开了炮，这次把它打掉了！通过这次打气球我的体会有三条：一是注意搜索发现，在地面看好关系位置；二是发现后不能丢掉，要死死地盯住它；三是要有勇敢精神。"

牛振国："我上去以后，这头上一个气球开始没有发现，我把希望寄托在地面。经过机场上空时，我老怕下面看不到我，就使劲地晃机翼，让下边看见，然后把我引导上去。后来发现了，可是又丢了。

---

① "前线轮战"指的是1977年6—10月参加福建前线轮战，担任作战参谋。此时大陆与台湾处于严重对立的状态，台湾海峡被称作"前线"。而且当时国家正在执行"7713工程"打捞第二次世界大战中沉船的任务，歼击航空兵部队轮换执行此任务，故被称为"前线轮战"。

指挥我去打东南面的一个气球,这次引导发现了,开了炮,太高了一点。我没有经验,只有教训。我的教训是搜索发现不好,今后像我这样搜索发现能力不好的人关键在于地面引导。"

陆贤木不开口,低头坐着。

※ ※ ※ ※ ※ ※ ※ ※ ※ ※ ※ ※

无论是牛振国自我批评,还是卫晓东有分寸的骄傲,抑或陆贤木的低头无语,飞行员的爽朗与直率,毫无虚饰。

### 63.1977 年 6 月 24 日:"理发"

清晨,接收飞机完毕,大家都休息了,我这个作战参谋也没有事了,正好记日记。

上星期六(18 日),这是卫晓东机组的最后一个班,下午他们通过个人的学习和工作措施。卫晓东的措施很具体,他发现最近找他理发的人少起来了,检查自己已经脱离群众,就写道:"希望同志们以后多找我理发。"

过了两天我见了他,摸摸头发,他立即会意,扭头就要去找推子。我说逗你玩的,头发不长。他却肯定地说:"嗯,头发该理了。"第二天吃完晚饭后,他一本正经地来找我,我不去。到了第三天中午,他看见我了,说这下无论如何跑不了。我被他捉住,就让他理。一边理着,他说他的手艺不巧。恰好三大队的刘振明经过,说听他的就能理得好。他就在我的头上指指点点,我能感觉到卫晓东那把理发推子跟到这跟到那。有时遇到解决不了的问题,两个人就在那里商量或争论,一直到理完。

※ ※ ※ ※ ※ ※ ※ ※ ※ ※ ※ ※

"理发"亦别有一番意蕴:卫晓东不会理发,却热心地、真诚地要给人理发;刘振明也不会理发,却热心地、真诚地担任"指导"。

而我也被卷入其中，以善的心态成全了两个善意的人。

在军营生活中，我喜爱我的工作，喜爱电键、耳机、喜爱收信机，喜爱我机组的战友，喜爱半夜被叫醒用冷水冲下头走向报房的感觉，也喜爱那个叫作"朱炳"的外号。我还喜爱卫晓东、喜爱牛振国，喜爱刘振明，也喜爱那个上天连气球都没有看见的木头木脑的陆贤木。我们在工作中电台统治着我们，我们在被统治中生活，可是我觉得很快乐，我的心灵是自由的，没有在报社被束缚的感觉。我严格遵守纪律，出色地完成各种任务，每年都被评为五好战士，而且不断受到嘉奖，还立过一次三等功。我完全按照军队的文化规范要求自己，我被军队的文化单向地磁化了。戈夫曼说："新兵最初只是为了避免受体罚而遵守军规的，但后来却变成为了不给他的部队丢脸，并得到长官与战友的尊重而遵守军队纪律。"① 我不能赞同此语，可能他没有这种经历，根本不能懂得战士的心灵。

现在坐在书桌前的我，所思考的问题是：为什么离开原点后，我不喜欢报社生活，而对军营基层生活却情有独钟？军营同样并非乡村，并非大自然，军营中同样没有拔秧、挖墒等劳动。对于这个问题，我后来在马克思和恩格斯的《德意志意识形态》中找出了答案："只要分工还不是出于自愿，而是自然形成的，那么人本身的活动对人来说就成为一种异己的、与他对立的力量，这种力量压迫着人，而不是人驾驭着这种力量。"② 到报社工作我是"被"分工的，而参军则是我主动选择的分工。我自愿成为军队这一战争机器中的一个部分，前提是：这部战争机器执行的是反侵略任务而不是侵略的任务。正是因为我选择的主动性，我在军营的生活中才有那种愉快，而军队各种工作，也同样被我看作了"诗性的劳动"。

然而几年之后，我又"被"进行了一次选择，这种被选择对于个人来说，则是在军队的层级制度中的位置提升。在经过了四年的连

---

① ［美］欧文·戈夫曼：《日常生活中的自我呈现》，冯钢译，北京大学出版社2008年版，第17页。
② ［德］马克思、恩格斯：《德意志意识形态》，见《马克思恩格斯文集》第1卷，人民出版社2009年版，第537页。

队生活和一年多的师团机关工作以及"前线轮战"的锻炼之后,我被选拔出来,先后担任某军区空军司令员和军区空军参谋长的秘书。司令员是一个好司令员,是朝鲜战场上的英雄,正直、果敢、不谋私利。① 参谋长也是一个好参谋长,廉洁奉公,从来不用权徇私。秘书的工作主要是出主意、写文章、办事情三大任务,其工作对象对下接触军、师、团主要领导,有时也接触连队,对上参与接待空军首长乃至国家领导人的检查与视察。他们处在各种人与人、人与物、单位与单位、上级与下级等错综复杂的关系之中,工作极其忙碌紧张。有一次一位首长批评我们说:"李鹏总理的秘书的办公室有八部电话,有时四五部同时响铃,那些秘书处理起来得心应手。你们这里有几部电话?你们的工作效率比人家如何呢?"秘书的权力也是很大的,可以狐假虎威,可以假传号令。然而,在这种高层机关的生活中,我重新又回到不愉快的状态之中。我发现我的心性和理念与这种工作实践有较大的距离。我感觉到在这种生活中,存在着"与接为构,日以心斗"② 的人际关系,它使我窒息,使我厌恶,使我焦虑不安。

## 第四节　心性的陡度

从下面这些日记,可以清晰地窥见我在这种生活中的思虑和焦躁。

**64. 1981 年 8 月 15 日:"弄鸡、要狗、抓鸟、挖花"**③

一顿饭处理四件事:弄鸡、要狗、抓鸟、挖花。

我左手拿着话机,右手从碗里夹起一片藕放到嘴里,乏味地嚼着。电话里是警卫员小田的声音:

"朱秘书,不行啊。那只小狗他们分队长不同意给,油机房也

---

① 这位司令员在某军区空军工作的时间不长,便升任空军副司令。
② 语出《庄子·齐物论》。
③ 这则日记是我被指派去某地下指挥所执行任务所记。我不是 S 的工作秘书,但 S 是带队首长。

不给。"

"找副队长！"

"副队长也没有办法。"

一个声音叫我："朱秘书，S首长叫你。"

"好了，你想办法。"我压了话机，挖了一团饭放在嘴里，跑了过去。

"那鸡都已经弄好了？"S问道。

"鸡早就买来了。昨天晚上我作了交代，分工小田负责，今晨五点半他就出发去……"

"现在哪儿？"他打断我的话，急于知道结果而不是过程。

"在维护队的伙房里养着呢。"

"这就好。要把捆着翅膀的绳子解开，脚也放开，还要让它们吃东西。"

"嗯，吃东西。"我应着。

"那你快吃饭吧。"

"嗯，吃饭。"

我正挪开脚步，又是一个叫"朱秘书"的声音进了门，维护队的副教导员和另一个战士抬着一个纸筐笑嘻嘻地朝门口走来：

"这鸡……"

我急急朝他递去一个眼色，想止住他的话。可是他们不懂，大约是抱着献功心切的心理直直地走进来。

"你看看，你们这些人不会办事。刚才我还说要把它们养起来。"还没有等他们开口，S就开始批评了。

"……"

"算了，算了，既然拿来了就找个地方养起来。"

"下午就带走，不养也没关系。"副教导员插了一句。我狠狠地盯了他一眼。

副教导员又挨了一顿训，这才明白即使这半天也需要"养起来"。我们开始找地方，库房，宿舍，车棚都看过了，没有找着地方。最后决定放在澡堂子里，因为想到上午和中午没有多少人洗澡。副教导员说可在大门上贴上纸条，写上："内是首长的鸡，不准入内洗澡"。这个主意不错，可 S 不同意，说部队会对他有意见。不过，最后还是瞒着 S 放在了澡堂。

办完了这件事，我又端起碗继续吃饭，可又看见 S 站在门外叫我。我知道这回该轮到那倒霉的狗了，抢先说：

"S 首长，那狗……正在办。"

这时，迎面走过来维护队副队长和警卫员小姚，四只手空着，见了 S，露出难堪的神色。我知道这件事没办成。

"朱秘书，那狗的事，是不是请你给 S 首长报告一下……"

"我不报告，你要报告你自己去吧。S 首长刚在门口站着，现在屋里坐着。"

"为了一条狗，下个命令也不好，有损首长的威信……"

"反正你要想办法弄到那条小狗，这才是最重要的。"

"他们不愿意给。从 603 那边弄比这多，比这好。我马上打电话，让他们挑一个最好的送下山等着首长的汽车路过。"副队长说。

这个主意总算顺利通过了。

办完了这两件事，脑子里想的是第三件事：抓鸟。昨天晚上散步时，战勤连战士不知从哪里弄到一只鸟，S 散步走到那儿认出是画眉。当时他怕战士不给，没有开口要。今天想起来去要，可鸟已经死了，只好再派人去抓。鸟天生就有翅膀，是不容易随便抓到的，派出去的人的确没有抓到。没办法，只好硬着头皮把这事向他报告。

还有一件事是挖花，也是昨天的事。他看见 601 的山花好看，有浓香，像兰花，又不是兰花。他要我派人去挖，已经派了，但下大雨没法出门。刚才天放晴了，S 又要我去催一下。我拿起电话，那边说人已经上山去了。

我的碗还托在手中……

※※※※※※※※※※※

这是一幅 S 的丑态图，也是一幅秘书的丑态图，这个秘书就是

"我"。弄鸡、要狗、抓鸟、挖花,是 S 在一顿饭的时间内要我做、我也做了的四件事情。我的角色很不光彩,在为一个玩物丧志者张罗。我实在不愿意过这种生活,我的内心存在着巨大的张力。

工作推诿更是一种常态,我也十分厌恶。

### 65. 1981 年 9 月 21 日:"智斗"

政治部张科长推开门,先是脑袋探了一下,随后身子才进入。刘科长拉开凳子,倒了一杯茶:"请坐"。

"还是领航处 × 参谋的事。"他站着说,"××师给空军写了告状信,说他私自在前线几个机场飞了。空军保卫部门出面处理这件事,给空军首长写了报告,政委批示:'查一查那天 X 空是哪一位领导在指挥所值班,谁批准的?'请你们协助查一查。"说完回头就走。

"你直接去查,不就行了嘛。"刘科长将他拉回来。

"这事涉及到司令部几个处,如领航处、指挥所等。"

"你直接查是可以的,我们跟他们打个招呼,那里的门都为你开着。"

"别谦让了,× 参谋是你司令部的一个参谋,你查好些。"

"我们没经过全部过程,不知道来龙去脉。你查了,直接报司令部首长就行了。"

"别这样相互推了。这件事本来就是你们办的,军区空军 W 副政委批示:请 Y 首长处理这件事。Y 首长的事由谁来办,当然是你们了。而且开始就是你们起草的报告,以司令部的名义送到空军去的。你认为这件事复杂,一点儿也不复杂。"

"报告不是我们起草的,领航处写了来,我们只在文字上把把关。老兄还是辛苦一点儿,好事做到底。"

"这不是做好事的问题,这是工作职权范围的问题,再说我们也不好直接报司令部首长。"

"大案要案亲自掌握是可以的,这正和目前中央的精神一致。"

"那也有个职权问题,你比较熟。"

"你刚当科长,新官上任三把火。你不要拐了,一个人捅到底,首长也会说你办事利索。"

"我说老刘,别再这样推诿好不好,我不想与你智斗。这本来就是你们的责任。你不查,我只有报军区空军首长,说你们不查!"

尴尬了一会儿,刘科长答应同意协查,说:

"这事 W 副政委批了,总得要查,没有查不查的问题。那你的意见让我们怎么查?"

"我的意见说了一百遍了。"

"那天听说是 Z 副参谋长值班。我们先查一查,然后报参谋长,参谋长说要给 Z 副参谋长本人通个气,我们再报,别到时候空军下通报本人没有思想准备。其实这件事也不关值班首长多少事,主要是 × 参谋自作主张飞了几个机场。听说拉某军区空军的一个副主任到哪儿去买东西。给空军报时不要把其他军区空军扯上,否则影响两个大单位之间关系。不过,听说不光是 Z 副参谋长值班,第二天飞机也去了,那天是 H 副司令值班。"

"反正涉及到军区空军首长得跟司令、政委汇报一下,你们就都办了。"张科长说。

"我们司令部的事办完了,就告诉你。我们是承办单位,你的任务落实到我这里,至于该不该给军区空军首长报,那我们就不管那么宽了。你刚才不是说职权吗,这就是我们的职权。你又不是不知道。"

"给军区空军首长报事,当然是你办公室的事。这件事比较急,空军让今天下午报情况。昨天空军保卫部科长打电话问我们查了没有,是不是有什么'困难'?我说本来说是要昨天报的,我撒了个谎,说飞行动态登记表那个保管不在家。……现在已是五点了,今天晚上能不能查报上去?"

"晚上恐怕不行了,大家都休息,你叫我们到哪儿去查,又有电影。"

……

我当时在办公室所听到的就是这些,后来我就办别的事去了。几天以后,我又从领航处那里得知,后来查了,是 H 副司令值班。H

说:"是我值班,也是我批的,我负责。我批的机场都是可以去的。"就这样给空军报了。

※※※※※※※※※※※※

当这种工作推诿成为常态并且我每天不仅旁观而且也必须参与其中时,加之秘书们处在权力的纵横交错运作的缝隙中,拍马者、钻营者、弄权者交互混杂,我在这种环境中工作心情很坏,很坏很坏!

对于一些权力的徇私行为,也总是激起我的愤慨。

### 66. 1982年11月28日:"婆婆找到X首长"

航空兵某师政治部黄××,是我轮战时的一位战友,今天来办事,说起他最近碰到的一件事:

"一次,我接了一个电话,是F首长的家属打电话为其儿媳的妹夫××调动之事。她说:'××的工作调动之事,你们办得怎么样了?'我说我刚回来,还不知道此事。她说:'上次X首长到师里去说的,你去问问告诉哪个领导了,办的情况告诉我。'放了电话,我就去问,谁都说不知道。干部科说没有这事,几个副师长也说没有跟他们说过。但不管怎么的,这事还是要办的。我跟团里说了一下,团里很爽快地说:'我们放,留也留不住的。'写了报告,说是为了照应家庭困难,将其调去W市。报告送上来,有一次刚好,碰到他本人了,我问他此事,他说:'我从来没有要求调动工作的事,我根本不想调到W市去,这是怎么回事呢?我自己也不知道。'后来才知道是他的爱人思夫心切跟她姐姐说了调动的事,姐姐又找到婆婆,婆婆找到X首长。"

※※※※※※※※※※※※

这则日记涉及的是夫人用权,有三点值得注意:第一,X到底跟某师哪一位领导说了此事?第二,F之妻为何不让自己的丈夫直接给某师说此事，而要转个弯子请 X 带话？第三，即使不让 F 直接出面，F 之妻为什么自己不跟某师说而要委托 X 转话？这几个问题涉及中国式人际关系的大学问，我对此无法参透，这里只对第一个问题作些推测：根据多年的秘书工作经验，我基本可以肯定，X 根本不可能给 F 之妻带话。X 与 F 同为副兵团级，由他给同事的妻子传话是不合适的。但 F 妻并不明白这种"不合适"。高层领导的女性家属因为生活在丈夫权力的光照之下，她们自我感觉身上也披上光环，甚至她们就把自己当作了她们的夫君。但是，由于缺乏权力运作的实践经验，导致在有些具体问题上，她们狐假虎威取得了成功；在另一些具体问题上，她们又做出了令人啼笑皆非的愚蠢举动。

不过，如果是上下级或正副职之间，副职则可能出面协助正职徇私。

### 67. 1983 年 12 月 4 日："不知是哪个浑蛋搞的鬼"

我值班，D 首长跑来找我，说 S 首长接到儿子来信，分配到"电子对抗"专业，他征求老伴的意见，两个人商量还是让儿子学无线电专业或机务。D 让我跟某军事院校校长讲一讲，接着给了我一个条子，上面写着：

××机务学校一大队二中队三区队

姓名：×××

现分专业：电子对抗

要求改专业：1. 无线电，2. 维护歼击机机务

D 口头交代说："这最后的两项，'无线电'和'维护歼击机机务'，你打听一下，哪个好，就改哪个。"我答应着，接过那张条子，找了一位与某军事院校校长熟悉的秘书，他很乐意办此事，说："朱秘书你不用管了，这件事全都由我来办好了。"

几天以后，S 首长又接到儿子的一封信，他当着我的面拆开。信中写道："不知是哪个浑蛋搞的鬼，把我的电子对抗专业改成无线电

专业了。真是浑蛋，听说是某军事院校的一个什么处长一手办的，还说要让我学习维护歼击机机务。让我去吹西北风，让我去烤太阳！爸爸，你管管我的事。我还要学习电子对抗，一千个不愿意学无线电专业和维护歼击机机务。"

※ ※ ※ ※ ※ ※ ※ ※ ※ ※ ※ ※ ※

D是S的副职，故帮助S办私事。S之所以当着我的面拆信，大约因为这件事最初是交给我办的，想让我与他分享信息。但是他遭到儿子痛骂，在我的面前也丢了面子。

还是这个S，另一则日记又记载了他：

### 68. 1983年12月20日："宣传部长电话"

宣传部长电话：

"喂，朱秘书吗？我是×部长。有件事情要请示S首长，请您报一下。省作家协会召开青年创作会议，要借我们的地方，而且他们愿意出租金。但S首长不同意，不让进大院。请S首长是否重新考虑一下，考虑与地方的关系问题。

"另外还有一件事你一说他肯定就会同意的。昨天S首长的老婆领着女儿到我家里来了，她女儿是什么音乐系毕业的，要想进省艺术团，S首长也给我打了电话。省作协与省艺术团都是文艺单位。现在你又求人家，又不给人家办事，你看这……当然，我们不要把这两件事联系在一起。你跟他报的时候，不要说起这个事，你不要说，你只说前边那一段。你就说是我给你打的电话，让你向他报告此事。"

宣传部长将"我""你""他"作了强调。

※ ※ ※ ※ ※ ※ ※ ※ ※ ※ ※ ※ ※

当个人关系与工作关系夹缠在一起时，私心就会对工作造成掣肘。对于这件事，S是同意好呢，还是不同意好呢？是按制度办事呢，还是不按制度办事呢？他首鼠两端。

我在这种环境中生活，使我透不过气来，我与周边越来越格格不入。我的情志与我的工作不能统一，我身离我心，且渐行渐远，这样的日子非常难过。就像山坡一样，我的心性存在着一定的陡度，当陡度增大到一定的程度时，原先吸附在我心灵上的文化尘埃就会被抖搂出去。我心里清楚：只需要一个契机，我就会下决心离开。

这个契机终于到来了。

**69．1983年12月25日："尼制衣料"**

办公桌的抽屉里躺着一张票，上面印着"2.7米"，是一张尼制衣料的领取票证，值班秘书用铅笔写着我的名字。

"这票还不拿走？"有一位领导问道。

"朱秘书不要。"值班秘书回答。

"为什么？"

"他说捐献给灾区了。"

我在隔壁套间听到他们的对话。是的，我是将这发给机关干部做尼制衣服的衣料捐献了。那天看到军人服务社的门口贴着一张通知，说某地遭灾，有小孩、老人的衣服捐献的，统一交到居委会办公室。

尼制衣料票证上写着"本月三十一日前有效，过期不领，自行作废。"军需科邝科长已经打了三次电话来催：

"朱秘书哎，来领回去。不来，我派人送给你了。你知道，朱秘书哟，我和你说实话吧。你知道这里面的底细吗？今年年底，大家辛辛苦苦一年了，发件料子，是我们的意思，首长也同意。你不领走，这倒不好办了。首长们都领了，你一个人捐献，这不是给别人出难题吗？你就不要讲什么雷锋精神了，大家就这样过吧，过得舒服一点就好。"邝科长说。

"原来这是不符合财经纪律的？"

"朱秘书呀，你可不能这么说。谁说不符合财经纪律了？就等于连队副业生产地种的菜，大家没有吃，卖菜得来的钱买的嘛。"

"那究竟是不是卖菜的钱呢？"

"你就不要这么顶真了,快来呀!我这上午就在这里等你朱秘书一个人!"

我没有去。

隔了不久,上级机关的财经纪律检查组来了。还真是由发衣料的事引发的,有人告到空军了。司令部召开了会议,各处也召开会议,布置工作,迎接上级检查,要求"实事求是"地反映问题。当然管理处已经通知各单位,钱的来源是从副业生产费用里支出的,食堂也稍稍有点节余。领导在会上说:

"每个人都要服从组织,实事求是地向上级反映问题。也可能最后检查组要召集大家去开个座谈会什么的,大家反映问题时一定要'实事求是'。"

检查结束了,空军×副部长作总结说:

"衣料你们是做错了的。错了就错了,开支不符合手续,却要掩掩盖盖,说这是副业生产,你那副业生产纵然安排了,食堂伙食也不是所有人都在你干部食堂吃饭。这种作风不好。对空军的指示要执行,不要另外搞一套。你们还动用飞机拉东西做生意,油机房的柴油机为地方发电收费,汽车队的车也找不到了,一看在大街上跑,里面坐着的都是老百姓。还有,有的连队派战士买了彩电,录了像到轮船上去放。你们这有没有啊?所以请你们领导深思。

"当然你们的工作还是值得肯定的,如飞行训练比较安全,没有发生事故。领导干部的工作姿态还是好的,勤奋的。广大指战员的热情很高,完成任务很好。对待一些不正之风,有的同志也是敢于抵制的。我们这次来,你们有没有开会呀?说要'实事求是'啊?不少同志跟我们反映,他们'实事求是'地把开会要求他们'实事求是'的事给我们也讲了,讲得实事求是嘛。"

※ ※ ※ ※ ※ ※ ※ ※ ※ ※ ※ ※ ※

我觉悟不高,并没有去告状,不如那些敢于抵制不正之风的干部。我当时只是想:我不喜欢西装革履式的一本正经,穿不着这种尼制衣服，正好有捐献广告贴在那里，那就捐献出去吧。于是，我成为一个揭露家丑的家伙。这件事起到了一种特殊效果，犹如卤水点进了豆浆，一切都有所不同了。

突然有一天我想明白了，我要求转业。

转业到哪里去呢？做什么工作呢？组织上说可以帮助联系省市机关，我想我的禀性最不能适应的就是这种机关工作了，我绝对不去！因为我在部队工作的后期读了大学，已经积累起专业知识，我希望去高校从事教师职业。在那里，我只要搞好教学科研就行了，而且每年寒假、暑假几个月时间全属于我，多么好！1985年底我从部队转业到某大学，经过了一年机关工作过渡，1987年初开始，我担任了一名教师，并希望在这里找到一片心灵的净土。

教师的生活又是别一番风景，面对的是书本与纸笔，并由此与黑板、讲台、学术会议和出版社打交道。书本上的文字与笔下的写作都不直接生产食物，教师们的物质生活来源则依靠另一种劳动——脑力劳动——所获得的工资来与种地的人交换粮食。于是，体力劳动与脑力劳动分离了。体力劳动要在田野中劳动，忍受着暑热与冬寒，脑力劳动则是四体不勤，在教室里、在图书馆中、在书斋中忙忙碌碌。然而，开头没有想到的是，教师的职业并不单纯，这里有着数不清的各种会议，需要你申报的各种课题；你需要填写各种复杂的表格，需要在各种场合发表不同的意见；你不得不为发表文章出版著作着想、不得不为职称晋升而费尽心力……

最使人苦恼的，还在于这里同样存在着追名逐利的争斗和不愉快，甚至因为这种争斗具有知识水准而变得更为尖锐、更为隐蔽、更为复杂。韦伯在《以学术为业》一文中说：一个助教，是否有朝一日当上终身教授，"纯粹是一场赌博"。偶然事件"在很大程度上起着决定作用。"大学就是"大学企业"，机遇，而非真才实学，之所以起如此重要的作用，"原因在于人事协调制度"。"学术命运的决定如此广泛地靠'撞大运'……学院生活是一场疯狂的赌博"。[①] 无论

---

[①] ［德］马克斯·韦伯：《以学术为业》，王容芬译，见韩水法编《韦伯文集》，中国广播电视出版社2000年版，第74—77页。

东方和西方，在当今世界的高等院校，学者职业的外部条件都不好，学者们失去独立思考的外部环境，处处都是一种"催眠术"的东西。而当我顺着这条路朝前走的时候，我无法做到不申报职称。而当我在教师的职阶上一级一级向上攀登的时候，我有一种患得患失的卑微心态。一旦被批准晋升，昨天的我与今天的我似乎就大为不同。"名者，实之宾也"，我为什么对这个属于"宾"的东西这么看重呢？而当我已经攀登到教职的高处时，我的心灵却是一片空虚，寂寞而凄凉。我自问：我志于教师职业就是为了这个吗？而且，学术界各学科之间、同一学科的各山头之间所形成的那种自我中心、自我封闭的"圈子"，也使我对学术界的许多事物充满了怀疑。我发现这里并非我一直要寻找的"心灵的土地"。

　　尴尬之处在于：与参军的选择一样，当教师同样是我的主动选择。现在的我，还能再逃离一次吗？我30多岁的时候可以从部队逃至高校，从机关逃至教师岗位，现在我已经过了不惑之年，在一种麻木状态中随波逐流又到了知天命之年。在长期的城市生活中，我的身体再也不能适应繁重的体力劳动，我能逃到哪里去呢？当然，细细想来，还是可以找出路径。可以如美国诗人狄金森那样，用有形或无形的门、墙壁和栅栏把自己与周围隔开，拒绝发表作品，躲进书房不出来，隐遁地思考。[①] 但是，我很浮躁，我没有拒绝发表作品，没有拒绝永远不申报职称。不过，另一重考虑是，如果我不发表作品，不申报职称，我就失去了工作岗位，而我又已经确定了要将人的研究作为我的学术研究的责任与义务，没有其他岗位较之教师岗位更能提供学术研究的条件。我该怎么办？我需要找出一条自救之路。我也终于找到了这条道路：把门锁好了出外，把锁头打开回家；出外是逃避近处的侵扰，回家是允许远处的进入。这就是"田野工作"。

　　到异文化中去做田野工作的念头，是相当一段时间以来各种因素的激荡下逐步形成的。自1987年我开始学习人类学，读的第一本人类学著作是《文化模式》。我将本尼迪克特的照片一直贴在书

---

[①] ［美］阿尔弗雷德·哈贝格：《我的战争都埋在书里：艾米莉·狄金森传》，王柏华等译，北京大学出版社2013年版，作者序言第9页。

柜上，照片下郑重地写着："我的启蒙老师"，并从那时起，已经开始做短期的田野调查。1995年以后田野工作已成为我自觉的行动，每年寒暑假全部在田野中度过。我先是到哀牢山地区摩哈苴彝族村，后又到湘西捞车土家族村，还走过茫茫千里戈壁、跨越巍巍青藏高原（见图5-12、图5-13）。

图5-12 茫茫千里戈壁（朱炳祥摄）

图5-13 在藏北高原与藏民合影（当地人摄）

到了 1999 年底，我争取到可以外出做一年田野工作的宝贵机会，随机地选择了大理周城白族村，自此至 2015 年我在该村进行了 700 多天的田野工作，其中包括 2000 年一个完整年。田野工作是"归去来"，是返乡运动，是心性上的复归"原点"。在田野中，我重新回归土地，拥抱自然，总是心旷神怡。在体力能够支持的情况下，我也可以适度参加生产劳动。在田野中，诸多文化事项与我的理想相合，与我的灵魂的旋律相同，从而引起了我的强烈共鸣。我念念不忘 1987 年立秋街所遇到的三件小事，念念不忘在摩哈苴深山夜遇那种意境，念念不忘摩哈苴人打扑克争着钻桌子的情景，念念不忘摩哈苴的孩童与小羊的情意，念念不忘在傍晚的苍山脚下的守林汉子讲述一些神秘的故事，念念不忘捞车村四五岁女孩独自开动"拉拉船"的生动场景，如此等等。这些美丽的花朵，只有在田野工作中才能看到；这种动人的旋律，只有在芬芳的土地上才能听到（见图 5-14 至图 5-16）。

图 5-14　寅街市场由买者出价（朱炳祥摄）

图 5-15 "摩哈苴的孩童和小羊的情意"(朱炳祥摄)

图 5-16 "捞车村四五岁女孩独自开动'拉拉船'"(朱炳祥摄)

这些触动过我的事件或事物,与我的生性相契合,使我的心灵得到润泽,学术得到滋养。2001 年 8 月 14 日我被当地授予周城"荣誉村民"(见图 5-17)。

234 | 自我的解释

图 5-17　2001 年 8 月 14 日被授予周城"荣誉村民"（当地人摄）

时隔 32 年后，这是对我村民身份的重新认可，周城村成为我的第二故乡。田野，是我最终寻觅到的真正的"心灵的土地"。

> 小小桃树生丫杈，
> 又结桃子又结瓜，
> 又结葡萄山野果，
> 又结柿子海棠花。
>
> ——靖江山歌

# 第六章 文化性—个性—生性

我从乡村走向城市，从城市又回归乡村（田野），经历了乡村、报社、军队基层连队、军队高层机关、高等院校、彝族地区、白族地区、土家族地区这些不同的地方；我从一名知青变成了一名报社实习记者，从一个电灌站打水员变成了一个人类学者，从一个机关秘书变成了一名教授。我在人生道路的各种不同的文化模式之中，在同一文化模式的各种不同位置之上，扮演着不同的"角色"，进行着不同的"表演"。那么，我到底是否具有同一性呢？如果确定具有同一性，那么又如何解释自我在各种不同文化中的变异性呢？这种同一性与变异性之间到底存在着怎样的关系，又具有怎样的形态学特征呢？

在本章的结论中，我尝试着回答这些问题。

## 第一节 "自我"的同一性

"自我"是一个自在的事物，是一个具有生命特征的事物，自在的事物、有生命特征的事物具有同一性，对此斯宾诺莎的论述至为肯定与明确：

命题六：每一个自在的事物莫不努力保持其存在。证明：因为个体事物是由某种一定的形式来表示神①的属性的样式，这就是说个体事物乃是由某种一定的形式来表示神之所以为神的力量的事物。且没有东西具有自己毁灭自己或自己取消自己的存在之理。反之，一切事物莫不反抗凡足以取消其存在的东西。因此凡物只要它能够，并且只要它是自在的，便莫不努力保持其存在。此证。

命题七：一物竭力保持其存在的努力不是别的，即是那物的现实本质。证明：从每一事物的某种本质，必然有某种结果产生，并且，任何事物除了按照其一定的本性所必然产生的结果外，亦不能做出别的东西。故一物活动的力量，或被迫而不得不做某事的努力，不论出于自己或是出于与他物合作——这就是说，一物竭力保持自己的存在的力量或努力不是别的，即是那物自身的某种本质或现实的本质。此证。

命题八：一物竭力保持其存在的努力，并不包含任何确定的时间，而是包含不确定的时间。证明：如果一物保持其存在的努力包含着任何有限的时间，则这有限的时间将要决定这物的绵延，于是，单是从一物借以保持其存在的努力即可以推知，这物经过一定限度的时间之后，即须消灭，不能存在。但是这实不通。故一物赖以存在的努力，并不包含任何确定的时间，反之，如果这物不为某种外因所消灭，它将赖它此时借以存在的同一力量，而永远继续存在。故一物赖以保持其存在的努力自身包含不确定的时间。此证。②

斯宾诺莎反复说明一物的"本质""本性"不会随时间的变化而变化。他在《伦理学》一书中，将"本质""本性"理解为"上帝的

---

① 斯宾诺莎的"神"的概念全部可以译为"自然"。
② ［荷兰］斯宾诺莎：《伦理学》，贺麟译，商务印书馆2014年版，第104—106页。

源初力量""神的属性",这种力量当然不可能出现变化。

海德格尔关于"此在的存在论"与"此在在存在者状态上"的区分及联系的论述,进一步为"自我"的同一性提供了理论基础。他说:"此在在存在者状态上离它自己'最近',在存在论上最远"。① 海德格尔强调对"生存状态上的解释"需要"进行生存论的分析"。"存在者状态"(生存状态)是"此在"(人)作为存在者当下的文化状态,而"存在论"(生存论)则是影响那个当下的生存状态深层的东西,二者相互关联,却不在同一个层面上。如果对"存在状态"进行"生存论的分析",就看到"此在一向如它已曾是那样存在并作为它已曾是的'东西'存在。无论是否明显,此在总是它的过去,而这种不仅是说,它的过去仿佛'在后面'推着它,它还伴有过去的东西作为有时在它身上还起作用的现成属性。大致说来,此在的存在向来是从它的将来方面'演历'的,此在就以它的存在方式'现在正是'它的过去。此在是以它当下去存在的方式,因而也就是随着隶属于它的存在之领悟生长到一个承袭下来的此在解释中去并在这种解释中成长"②。在这一论述中,海德格尔是将"当下"与"过去""将来"关联起来看"存在"与"存在者状态"的关系的。在第一章中我们曾引述海德格尔的一段论述亦可与此相映照,那段论述认为存在者就其存在来说本质上是将来的,而作为将来的存在者同样是曾在的和在眼下为"它的时代"存在。③ 当存在者作为"他的时代"而存在时,他是一种文化的存在,现象的存在;当存在者作为"本身向来所是的那种存在者"④,作为"将来的""曾在的""在眼下"共同存在时,他就是一种本质的存在,"为我的存在"。"我"作为"存在者"的本质在于我的"存在"。"我"每时每刻都在生成,但这种生成是按照我的始源性"存在",即生性的"原始配置"而生成的,各

---

① [德]海德格尔:《存在与时间》,陈嘉映、王庆节译,生活·读书·新知三联书店1987年版,第20页。
② 同上书,第25—26页。
③ 同上书,第452—453页。
④ 同上书,第10页。

种变动不居文化只能提供我生成的养料，而不会改变我的生成的方向。

　　法国哲学家利科承继了斯宾诺莎和海德格尔的思想，他从时间与空间两个维度讨论了"自我"的同一性问题。在《作为一个他者的自身》一书中，利科对于"自身性与相同性"的概念讨论的是时间性关系，"自身与他者"的概念讨论的则是空间性关系。

　　关于"自身性"与"同者性"（相同性）的问题，利科说："海德格尔正是在自身性和我们每次的存在样式之间建立一种直接的依赖关系中，确立了自身性本体论。也正是以对自身的理解样式与在世界之中的存在方式之间的这种依赖性的方式，自身性得以出现在生存者之间。在此意义上，它对于'此在'的意义就是范畴（在康德的严格意义上）对于在者（海德格尔把在者置入'现成性'的存在方式之下）的意义。因此，自身性的本体论地位是牢固地奠基在'此在'和'现成性'这两种存在样式的区分上。在这一方面，我自己的分析中的同者性范畴与海德格尔的'现成性'之间的关系，是与自身性和'此在'的存在方式之间的关系同类的。"[①] 既"一直在此"，又"当前在此"，二者的关系是"自我"在时间中的辩证关系。对于这种辩证关系，利科赞同斯宾诺莎的论述，即在时间关系中，自身性不变。"此在"与"现成性"虽然应该区分开来，但一物的"本质"并无变化，"永远继续存在"，直到"为某种外因所消灭"。

　　关于"自身性"与"他者性"问题，利科认为，自身性内部存在着"他者性"。他说："如果我们把他者性与自身性当作一对，那么情况就完全不同了。他者性不是——或者不仅仅是——比较，而是说它可以是自身性的构成部分。'作为一个他者的自身'从一开始就暗示着，自身的'自身性'包含着他者性，这种包含达到了十分密切的程度，以至于没有对方，自身也是无法想象的，而且一个进入了另一个之中，就像人们用黑格尔的语言所说的那样。我们想赋予

---

[①] ［法］保罗·利科：《作为一个他者的自身》，佘碧平译，商务印书馆2013年版，第448—449页。

'comme'强烈的意义，它不只是一种比较的意义（类似于一个他者的自身），而是一种蕴含（une implication）的意义：作为……他者的自身（soi-même en tant que；autre）。"① 自身性包含着他者性，它们之间是一种蕴含关系，他者性"属于自身性的意义内涵和本体论构成"②。

那么，当他者性进入自身性之中，自身性会不会发生彻底的变化呢？利科认为不会。"他者"有两种情况。第一种情况是，他者是正义的老师。第二种情况是，他者是冒犯者。利科说在这两个情况下，"他者"都可以进入"自我"。③ 但是由进入的可能性变成现实性，是主体的选择。当"他者"是正义的老师时，能否进入自我，要看他者与自我有没有相似度，如果没有，自我就不会去主动选择。"如果他者的命令是与自身的证实不一致的，那么它就丧失了它的命令特征，因为缺少一个在它面前作为一个回应者的被命令的存在。"④ 当他者是冒犯者时，此时自我成为人质。但是即使在那种情况下被动地选择了他者，"人质"也不可能是永远的，当人质终将获救时，作为冒犯者和刽子手的他者将被永远排斥。因此，利科的看法是，自我是一个同者，具有"'相同'（idem）的不变性或'自身'（ipse）的自身恒定性"⑤。

本民族志所述个体的人生经验正好佐证了上述斯宾诺莎、海德格尔和利科的逻辑。首先，在时间关系中，"自我"作为自在的事物其本质即要求"努力保持其存在"，故而它不受时间变化的干扰，它"一直在此"，其本质不会改变。其次，在空间关系中，"自我"受到"他者"（文化）的影响而使"自我性"包含了"他者性"，但"他者"进入"自我"要么是"自我"主动的选择，这时"他者"与

---

① ［法］保罗·利科：《作为一个他者的自身》，佘碧平译，商务印书馆2013年版，第7—8页。
② 同上书，第461页。
③ 同上书，第491—492页。
④ 同上书，第517页。
⑤ 同上书，第462页。

"自我"具有相似性；要么"自我"是被动的选择，这时"自我"作为"他者"的人质也只是暂时的，他终会获救。"他者"无论是融入自我，还是俘获自我，自我同样永远不可能成为他者。

1949年农历九月十九（公历11月9日）出生于江苏靖江一个小乡村的这个孩童，如今已经走过了69年的人生道路。他丑年丑时所生成为一种隐喻或谶语，被他晚年应用于对自我的解释，察看他的"自我之丑"，同时也反思与拷问着社会文化。

这个孩童在很小的时候，就对"人"的类属特征有一种特殊的敏感。这种动物是多么奇怪啊！与一般动物不同，他直立行走，脑袋翘翘地被安插在最上方。他的力气比牛马小得多，甚至推搡不过一只大羊，但是他却把它们都牵在手中。这种生物建立起一座座城市，并且把自己包裹在那些见不着天日的高楼大厦之中。在五六岁的时候，这个孩童意识到自己与别人的不同，希望交换灵魂相互了解。从童年到青年时代在乡村生活的日子里，他喜欢劳动，喜欢挖墒，喜欢庄稼话，喜欢大自然，喜欢河畔的山野果和葡萄，喜欢河水中依傍在脚边的小鱼小虾。他不喜欢读书，感觉压迫了他的天性；硬着头皮去上学，却常常逃学。高中毕业当知青，他回到土地上，回到乡村，回到劳动之中，那是他一生中最愉快、最惬意的时光。他将参加劳动的时间、地点、人员点点滴滴记载下来，作为值得珍藏的记忆。在乡村电灌站担任打水员的数月，一间十几平方米的小屋，他不分白天黑夜地工作，每日与一台只会发出单调轰鸣声的抽水机为友，所接触的是八个生产队的八名放水员，他觉得这是一种人与人、人与自然的和谐生活，将其视为理想。那满天的繁星，那夏夜的清凉，那野田的禾稻，那抽水机霸道的轰鸣，成为他可亲的伴侣，是他心中美妙的诗行！

在他20岁的时候走出乡村之后，他变成了另外一个"他"。他先是在扬州报社当工农兵通讯员（实习记者），但他不喜欢那里的生活。接着在珍宝岛事件中投笔从军，想去捐躯报国，可是却没有上战场的机会。然而他非常喜欢连队的生活，处在一种忘我的工作状态之中。后来他被选拔到军队高层机关，工作状态本来也不错，有很好的"前途"，但他感觉很不愉快，颇为焦虑，因此要求转业。到了高校机关，在经过很短一段时间的适应之后，他也获得了领导的信任与同事的好评[1]，但他又一次离开了，当了一名教师。在教师岗位上，在别人眼中，他是最适应者，职称不断地破格提升，科研成果一次又一次获奖，当了武汉大学二级教授，但是他依然感觉不到心灵的自由。正因为如此，他重新走向乡村、走向田野，选择了人类学。"选择人类学工作是一种比较激烈的选择"[2]，他从书斋走向几千里以外的各种异文化之中，去寻觅"对蹠人"。在田野之中，他的身心得到一次极大的释放和舒展，他重新体验到大自然的亲切，体验到乡村的温暖！他的人生形成了一个"S"形的历程，即离开"原点"以后，又在另一种意义上复归"原点"。

在对这个"他"（我）进行解释时，我看到我从乡村走出来之后，经过各种文化的浸染，我的谈吐、习惯、衣着、知识都发生了重大的变化，但是我的内质未变。我并没有被各种不同经历中的文化所决定，而是在个性的驱使下，不断地舍弃，又不断地重新选择。因为痛恨侵略者的个性，所以选择投笔从军；因为厌恶滥用权力的个性，所以放弃仕途走上教师岗位；因为喜欢自然、喜欢纯朴、喜欢和谐，所以选择了田野研究。社会文化对于我来说仅仅是职业与社会身份的塑造，而不是禀赋的塑造。我的禀赋与生性并未发生任何变化，我依旧故我，我的自我具有同一性。我的生性热爱自然、热爱乡村、热爱

---

[1] 1986年8月31日日记：校长在去北京开会临行前亲自写了一个条子交给李副校长："孙处长已同意，调朱炳祥到校长办公室工作。"第二天，李副校长拿了条子找到人事处明处长："放人吧。"1986年9月7日日记：明处长找我谈心，要我留在人事处工作，说"我相信你有才学。现在党政干部素质较差，你到我们机关来了，办事也见了一些人，包括我们这些人都在内，素质都比较差，一个文件十几天拿不出来。比如说上回你写的高等院校行政干部工资问题的调查，你是用了两天时间就写出来了，要换一个人，毫不夸张地说，起码要个十天八天吧。你看看，就作为一种社会责任感吧，你是不是愿意作出一些自我牺牲呢？目前你的情况很好，大家都佩服你的。"

[2] ［法］列维-斯特劳斯：《忧郁的热带》，王志明译，生活·读书·新知三联书店2000年版，第488页。

劳动①、崇尚和谐,这是我灵魂的旋律。我的生性是我人生中各种主动选择之根源,亦是我学术思想之根源。

那么,怎样解释我在各种不同的文化模式之中的各种不同的文化位置上的相异性呢?我进入各种不同的文化模式之中以及在各种不同的文化位置上的最显著的标志是我的职业变化,这种变化可以认为都是由于我读了书(接受文化知识)的一种结果,那么,是否读书使我改变了呢?

我年少时不喜欢读书、更不愿意去主动读书。在中小学阶段上课不听讲,从来没有课后复习的任何记忆;并且,除寒暑假作业以外,也从来没有回家做作业的习惯。② 但是后来,我变得很喜欢读书了。对读书态度的变化,自 1968 年高中毕业当知青时即已开始,当年 10 月 1 日我制定了一份《作息时间表》,其中写道:"早晨五时半起身看一小时书。六时半早饭。吃过早饭二十分钟习字。七时到生产队参加劳动。十一时休工。十一时十五分吃午饭。十二时至一时读报。一时至六时半劳动。七时吃晚饭。七时半至九时半学习。如果生产队开早工,应争取早起,如果生产队开夜工应采取晚睡的方法,保证每天三至四小时的学习时间。"后来在连队的紧张生活中,我已经开始读

---

① 在我离开乡村的日子里,每次回家探亲重归乡村之时,只要有条件,我都要去参加集体劳动。举 1981 年探家我参加生产队的劳动为例。此次探亲假时间为 5 月 12 日—6 月 11 日共一个月,除去途中的日子,我是 5 月 14 日下午四时到家,6 月 9 日离开家,从 5 月 15 日算起至 6 月 8 日共 25 天中,相关于劳动的日记摘录如下:"5 月 14 日:上午 8 点从南京乘汽车出发,11 点到扬州,乘下午一点的汽车,4 点钟踏上了家乡的土地。5 月 17 日:上午去横港边割麦子。下午挑灰。5 月 18 日:上午割麦。5 月 19 日:傍晚到公场上帮打场。5 月 21—23 日:去长里公社进步大队第九生产队实行生产责任制情况作调查。写了一份 15 页的报告,大约有近 4000 字的调查报告。5 月 24 日:上午挑麦。5 月 25 日:下午四时半撒化肥。5 月 26 日:上午挑麦。5 月 29 日:下午撒化肥。6 月 1 日:上午打麦。有扬麦的,有拣草的,有漏麦的,有堆乱草的。后 9 点 50 分到 11 点挑麦。下午挑麦。6 月 3 日:下午挑麦。6 月 4 日:上午捆麦。下午挑麦。6 月 5 日:病。6 月 6 日:病。6 月 7 日:上午挑草。6 月 8 日:打猪草。"在这一段日记中,除了去长里公社搞社会调查 3 天(5 月 21、22 日、23 日),因劳累而生病 2 天外,在 20 天当中,有 12 天参加了劳动,其中 11 天参加生产队的集体劳动,1 天给自己家里打猪草,只有 8 天没有参加劳动(5 月 15 日、16 日、20日、27 日、28 日、30 日、31 日,6 月 2 日)。劳动的时间占 60%。我每次回到家乡参加劳动以后,都要生病发烧,然后打三天青霉素针。

② 那时作业不多,一般在自习课完成。寒暑假作业一般在假期的头三天突击完成。

《物种起源》这些书了。再后来，我的读书意识愈趋强烈，每年都要订立一个庞大的读书计划。在整个读书过程中，我贪婪地阅读了大量人类学、文学、哲学、考古学、历史学、语言学和社会学著作，记下了上百本的读书笔记，这些读书笔记包括内容摘要、观点摘录、思想日记，等等。一些重要的书读完后我要作三遍摘要，即先作五六万字的"全书摘要"，然后做一两万字的"摘要的摘要"，再做几千字的"摘要的摘要的摘要"。

我们在随便哪一本传记或自传中都可以看到这一类的表述：由于主人公读了什么书然后思想与行动受其影响。人们总是认为，读书使一个人发生了彻底的改变。诚然，我去报社工作、在军队担任高层领导的秘书以及现在当一名教授，都是由于我掌握了某种知识使然；但是十分奇异的是，我读了书依靠知识所得到的诸种职业岗位有些是我不喜欢的，相反，我喜欢的那些工作都是我生性中本来就喜欢的，与读不读书并无直接关联，如果说读书对其有影响，那也仅仅限于知识滋养作用的范围之内。我读书具有非常强烈的主观选择性，所读书目大概可分为三类。第一类是我喜欢的书，这些书与我的心性或心性的某个方面一致。我喜欢《礼记·礼运篇》，喜欢庄子，喜欢《诗经》中的"国风"，喜欢陶渊明的田园诗以及他敢于放弃既得利益的气魄，喜欢法显的求索意志与牺牲精神；我喜欢马克思，喜欢斯宾诺莎，喜欢高更，喜欢弗洛姆，如此等等。这是因为我的心志与情性与他们的书中的论述相合。当我读到《礼记·礼运》篇对于大同社会的描述①、读到《归去来兮辞》、读到"少无适俗韵，性本爱丘山"的诗句、读到《镜花缘》中的集市贸易的"好让不争"的交换方式②时，我又兴奋又激动。当我读到马克思的理论创构、读到《伦理学》的一些篇章、读到《占有还是生存》的精彩观点、读到《诺阿·诺

---

① 《礼记·礼运》："大道之行也，天下为公。选贤与能，讲信修睦，故人不独亲其亲，不独子其子，使老有所终，壮有所用，幼有所长，矜寡孤独废疾者，皆有所养。男有分，女有归。货恶其弃于地也，不必藏于己；力恶其不出于身也，不必为己。是故谋闭而不兴，盗窃乱贼而不作，故外户而不闭，是谓大同。"

② 参阅李汝珍《镜花缘》第十一回所记诸种例证，人民文学出版社1955年版。

阿》中"伐木"时的自我批判，我都会沉醉，乐而忘返。但即便如此，说我受到这些书的影响并不准确，而应该说这些书正与我的生性以及心志与情感相合从而引发了强烈的共鸣。第二类是那些具有思想深度和知识厚度的书，这些书增加了我的学养，在知识上给我滋润，帮助我建立起人文知识的一般性基础以及专业知识的基本结构。它们丰富了我，使我趋于成熟。这一类的书有《道德经》《四书五经》《古诗源》《楚辞》《山海经》《史记》以及先秦诸子和历代的文学作品与哲学著作等诸多中国古代典籍；还有亚里士多德、笛卡尔、休谟、洛克、维柯、叔本华、莱布尼茨、雅斯贝尔斯、海德格尔、萨特、伽达默尔、霍克海默、维特根斯坦、玻尔、博厄斯、本尼迪克特、列维－斯特劳斯、贝特森、格尔兹、萨林斯、弗雷格、维特根斯坦、罗蒂、利奥塔、蒯因、巴尔特、康定斯基等诸多西方学者的著作。很显然，这一类的书更不能影响和改变我的心性。第三类是与我的个体心性及思想观点相反的书，这一类书主要用于对话与反思的目的，例如带有殖民主义色彩的著述。总之，在读书的过程中，显示了我的主体性选择，这种主体性选择是由我的个体的禀赋所决定的。书本不是"普照的光"，并不是每个人都接收同等的热量；书本也不是普降甘霖，所有生物都受之浸润。读书并不改变我的生性，而只是丰富了我的知识。我的生性决定了我的读书，决定了我对书的喜爱或批判态度。

由于我的生性并未改变，我离开原点，并非往而不返，而是行之未远。我的文化上的变异性仅仅是在生性与禀赋所规定的范围之内所发生的"有限的变异"，而且这种变异总会复归。我一次又一次地舍弃与选择不同的工作，以及我在中晚年的时候选择田野研究，就是"变异的复归"的生动体现。

对于个体的生性不同的认识，应该作为对个体进行解释的基本前提。世界上不仅不同物种特性各异，而且同一物种的不同个体亦相异。小麦的种子长不出水稻，榆树的根系生不出竹枝，这是由于物种的不同。此马刚烈，彼马柔顺；这人霸道，那人亲和，这是由于同一物种的个体具有不同的禀性。暴风袭来，树折草偃，而群山则岿然不动；雨滴石穿，而河水却随之溢涨。以刚克柔，遇至柔者则不克；以柔克刚，遇至刚者则又不克。这些都可以说明事物的内质不同，对于相同的外界环境的影响表现各异。达尔文在《物种起源》中对于生物的本性与生活条件的关系作过如下的说明："生物的本性，似较条件尤其重要。因为据我们所能判断，相似的变异能在不同的条件下发生；而另一方面，不同的变异，又能在相似的条件下发生。"① 这一原理也适用于对人的分析，对自我的分析。每个人都是一个特殊生性的个体，变异只是生活条件和文化条件的作用，并不涉及生性问题。因为个体的禀赋与生性不同，"行动并不是规则的单纯执行，也不是对规则的服从"②，而显示出不同个体在实践中对于文化模式的选择性的使用甚至改变某种文化规则。③

生性与文化的关系应该是：生性为本，文化为用。生性是内部信息源，是 DNA 基因，是基本图式。莱布尼茨论述道："我也曾经用一块有纹路的大理石来作比喻，而不把心灵比作一块完全一色的大理石或空白的板，即哲学家们所谓 Tabula（白板）。"④ 每一个人都是"一块有纹路的大理石"，这是人的个体的"质"的差异性。生性决定个体文化的选择性的隘口，只有在生性的开口处文化方能进入。文化虽然可以浸染个体，但这只限于外表，不能及于内质。墨子说："人性

---

① ［英］达尔文：《物种起源》，谢蕴贞译，科学出版社1972年版，第11页。

② ［法］布尔迪厄：《所述之言：布尔迪厄反思社会学文集》，陈逸淳译，台湾麦田出版社2012年版，第36页。

③ 这里举一个吉登斯引用贝特海姆《有教养的心灵》的中事例，用来说明同一文化环境中的不同类型的人其人格变异是不同的。贝特海姆说到在纳粹集中营中的人三种类型：一是有些集中营的犯人成了"行尸走肉"，这些男男女女很快就死去了。二是有些人在日常生活中成功地维持了一小块属于自己控制的领域，只有这些人可以幸存下来。以上是说在集中营里待不满一年的犯人。三是那些在集中营里幸存了几年的"老犯人"已经把自己纳入集中营的生活，仿佛能将自己重新构建成行动者。他们往往回想不起往昔生活中的人物、地点与事件，绝大多数——并不是全部——老犯人最终对压迫者即集中营看守产生了认同，并以此为基础，发展出一种经过重构的人格，他们将党卫军的价值规范投射到内心深处。这是"再社会化"。这三种人可以说明他们生性的差异，而无法说明文化决定人性。即使对于第三类人，即那些老犯人虽然行动上可以"制度化"，但是并不能说明心灵也同样如此。参见［英］安东尼·吉登斯《社会的构成》，李康、李猛译，生活·读书·新知三联书店1998年版，第134—136页。

④ ［德］莱布尼茨：《人类理智新论》，陈修斋译，商务印书馆1982年版，第6页。

如素丝，染于苍则苍，染于黄则黄"①，其悖谬在于：他只看到外观变了，未看到内质不变，因为棉布总不能染成麻布，蛛丝亦不能染成蚕丝。一种生性不能转换为另一种生性，直至这种生命死亡为止。种类的变异是在胚胎的遗传过程中变异，而不是在生命完成以后变异。

本民族志所强调的是，个体的生性总是不同的，社会文化并不重塑生性，而只是覆盖生性，并力图扭曲生性。然而，这种覆盖与扭曲都是有一定限度的，并且具有时间性、空间性和条件性。而当时间、空间与条件出现了变化，覆盖层可能会被揭去，重新回归到他原先的生性方向。我的人生道路不是一个任由文化模式塑造并变化得完全失去自我的过程，而是受着自我生性所规定，是作为主体的自我生长、展开、最后完成主体自身、实践主体"存在"的过程。

## 第二节 "树形"的隐喻：第三种型式

自我的同一性，这是自我的基础。在这一基础之上，我们进一步讨论自我在时间与空间的变迁中、在与各种文化中的"他者"交互影响中所具有的形态学特征。

格尔兹在《文化概念对于人的观念的影响》一文中讨论过自然性与文化性的关系问题。他首先强调的是文化的重要作用："人性可能会与他的处所、他的职业以及他的信仰如此纠缠不清，以致不能把它们分开。正是出于对这种可能性的考虑，导致了文化概念的兴起和人类一致性观点的衰落。……我们坚信，不被特定地区的风俗改变的人事实上是不存在的，也永远不曾存在过。"② 但这段论述并不能说明格尔兹是一个文化决定论者，只能说明他认为文化性与人性是纠缠在一起的。

格尔兹更为全面的、基本的关于"人"的构成诸要素之间的关系的思想，则是通过"地层学"这一更为重要的概念表达出来。他说：

---

① 《墨子·所染》。
② ［美］克利福德·格尔兹：《文化概念对于人的观念的影响》，见格尔兹《文化的解释》，纳日碧力戈等译，上海人民出版社1999年版，第41页。

"在大量习俗中对人进行定位的努力有几个取向，采取了不同策略；但它们全部或实际上全部按照单一的总体理性战略来行事：我愿意称之为关于人类生活中生物、心理、社会和文化的因素之间关系的'地层学'观念，以便抓住它的把柄。在此观念中，人是'分层'的合成物，每个都位于它下面那个层面之上，支持着它上面那些层面。"[1] "生物、心理、社会和文化的因素之间关系的'地层学'"是一个相当重要的思想，这个概念有两个基本要点：首先，每一个分层是不同的，生物、心理与社会文化是三个不同的分层；其次，不同分层之间在同一个人身上是被关联起来的。既然每个位于下面的层面都支持着上面的层面，那么这里的生物、心理与社会文化三个分层就处在一种关联之中。"文化事实可以在非文化事实的背景中得到解释，但无须将文化事实融入非文化事实的背景中，也无须将这种背景融入这些文化事实中。人是等级分层的动物。"[2] 三个层面的"地层学"概念奠定了格尔兹关于人的概念的基本思想。

当"分层"的概念被确定之后，现在的问题仅在于，格尔兹的这个"分层的合成物"的"生物""心理""社会和文化"各个层面中，哪个是最基本的层面，哪个是表层，那个则处于中间位置？对此，格尔兹也有清晰的论述："人的定义，既不仅仅依据他的天生能力，就像启蒙运动所追求的那样；也不仅仅依据他实际的行为，就像许多当代社会科学追求的那样；而是要依据它们之间的联系，依据前一种转化为后一种、他的遗传潜能凝聚到他的具体活动中的方式。我们正是透过人的生涯，透过他生涯的特殊进程，看到了他的属性。"[3] "天生能力"转化为"实际行为"，"天生能力"当然就是基础性的；"遗传潜能"凝聚到"具体活动方式"，"遗传潜能"当然就是基础性。而"实际行为""具体活动方式"都指的是文化性，"天生能力""遗传潜能"指的是生性与禀赋。在下面一段论述中，他又说："当

---

[1] [美]克利福德·格尔兹：《文化的解释》，纳日碧力戈等译，上海人民出版社1999年版，第43页。
[2] 同上书，第44页。
[3] 同上书，第60页。

文化被看作是一套控制行为的符号手段和体外信息源时，它在人天生能够变成什么和他们实际上逐一变成了什么之间提供了链接。成为人类就是成为个人，我们在文化模式的指导下成为个人；文化模式是在历史上产生的，我们用来为自己的生活赋予形式、秩序、目的和方向的意义系统。"① 既然文化只是一种"体外信息源"，是一种"控制行为的符号手段"，它相比于"人天生能够变成什么"的生性问题就应该是外在的而非内在的。

法国思想家莫兰提出的"半岛"概念与格尔兹的思想相互辉映。莫兰曾说到当下"人"的研究的情况是：关于人的占统治地位的理论是建立在人的概念和动物的概念、文化的概念和自然的概念不仅分离而且对立的基础上的。他则指出文化的秘密存诸于自然中，而自然的也存诸于文化中。人类属于哺乳纲、灵长目、人科、人属、智人种的动物，我们的身体是一部由300亿个细胞组成的机器，这部机器也可以看作是由碳、氢、氧和氮等化学元素构成。"人性"这个问题，从苏格拉底以来困惑不已。在卢梭的著作里，人性是美好的，但是已经被放逐。在20世纪的人类学著作中，人性的概念更被摘去了核心而变成柔软的原浆，随着社会发生变化，人性就不过是一种可塑的原料，只有文化或历史才能赋予它形式。他批评这是一个封闭的范式。针对在传统的思维中，"自然和文化的对立取得了范式的地位，也就是说成为指导一切推论的概念模型"，莫兰认为"人—兽"、"文化与自然"的二元对立与割裂的思维模式是与明显的事实相抵触的，这种"岛屿似的人类学"就遇到了不可克服的矛盾，于是他提出"人的半岛似的概念"。这个概念既表现了人在自然中的特异性，又使人不孤立于他的自然起源。"基础人类学应该抛弃所有把人或者看作是超动物的（人类学圣经），或者称作是严格动物的（新的流行的生物学圣经）实体的所有定义；它应该承认人类是生物以便把他区别于其他生物，同时它应该超越自然和文化之间的本体论的非此即彼、二者择一的论题。它既非泛生物学主义，又非泛文化主义，而是一种更加丰富

---

① ［美］克利福德·格尔兹：《文化的解释》，纳日碧力戈等译，上海人民出版社1999年版，第60页。

的真理。它给人类生物学和人类文化以更大的作用，既然这是一种两者之间彼此交互施加的作用。"① "岛屿"是与大陆完全脱离的，而"半岛"则与大陆紧密相连。莫兰形象地说明了自然与文化之间的有机联系。

美国社会学家戈夫曼在讨论"自我"时区分了三种概念。第一个概念是"self"，即"自我"，这是整本书所论述的核心概念。第二个概念是"performer"，这是"表演者"。第三个概念是"character"，这是"角色"。三者统一于个体，又有着不同。

"角色"是什么？戈夫曼认为，角色"即一种形象，一般而言，是一种美好的形象"。在戈夫曼的思想中，"角色"与那个"存在于躯体高级部分内"的"自我"有点相符，又有点不相符。"角色"是"自我"的"占有者"，"因而，在对自我的分析中，我们必须把自我和它的占有者分离开来，让自我从因它而受益，或因它而受损的人身上退离下来"。② 他说："表演出来的自我（performed self）被看作是某种通常可信的意象，舞台上的个体和角色中的个体都竭力诱使他人认为他合乎这种意象。……所以，自我作为演出来的角色，并不是一个具有专门定位的有机物，不是一个遵循出生、成熟和死亡这一基本过程的有机的东西；它是一种戏剧性的效果，是从被呈现的场景中渗透出来的效果。"③ 可见，角色是个体的文化性，是社会文化所赋予个体的，是社会文化的面具符号，并要求个体进行扮演。犹如在一个京剧剧团中，要求你演的角色，就分配给你相应的脸谱面具。一个男人在家庭中要先后扮演儿子、丈夫、父亲、爷爷、太爷爷的角色，在科层制内要扮演科员、科长、处长的角色，如果运气不错，还要扮演厅长、部长的角色。

"表演者"是什么？戈夫曼认为，"作为表演者的个体"是一个

---

① ［法］埃德加·莫兰：《迷失的范式：人性研究》，陈一壮译，北京大学出版社1999年版，第4、173页。
② ［美］欧文·戈夫曼：《日常生活中的自我呈现》，冯钢译，北京大学出版社2008年版，第214—215页。
③ 同上书，第215页。

具有个性的个体,它与"作为表演出来的角色的个体"是不相同的。"表演者的品行与角色的品行不同",他"具有学习的能力""有想象和幻想的习惯""它们本质上具有生物心理学的性质"。[①] 他引用的威拉德·沃勒所描写的小说人物普里迪可作为一个有趣的个性的"表演者"的例证:

> 是时候炫耀一下了,完美的普里迪的炫耀。他巧妙地握着一本书,以便任何想要瞟他一眼的人都有看到标题的机会——这是荷马著作的一个西班牙译本,古典而非附庸风雅。然后,他收起海滩上的毯子,把它放入一个干净的避沙处(有条理和明晓事理的普里迪),接着,缓缓起身,悠闲自得地舒展一下他那宽大结实的身躯(巨猫般的普里迪),并把凉鞋踢到一边(毕竟是无忧无虑的普里迪)。[②]

这个普里迪个性鲜明,即使没有观众在场,并没有人欣赏这个"有条理和明晓事理的普里迪",这个"巨猫般的普里迪"以及这个"踢凉鞋的普里迪",他也要自我表演一番,因为他就是这样的一个具有过度虚荣个性的人。他在海滩上并不是在扮演着"角色",而是他的个性的自然展现。

戈夫曼的"自我"的概念纠缠于"角色"与"表演者"之间,从《日常生活中的自我呈现》全书的思想看,他的"自我"与"角色""表演者"虽然密切关联,但与它们并不完全相同。"角色"也好,"表演者"也好,这些作为"存在者"的自我的底层,还有一个作为"存在"的自我。

依据格尔兹的"地层学"概念、莫兰的"半岛"概念以及戈夫曼的"自我""角色""表演者"的分层概念,本民族志将"自我"既看作结构性的存在,也看作生成性的存在。作为结构性存在,它是

---

① [美]欧文·戈夫曼:《日常生活中的自我呈现》,冯钢译,北京大学出版社2008年版,第214、216页。

② 同上书,第4页。

"文化性—个性—生性"三者共同存在所显示的表层、中层、深层的关系;作为生成性存在,这种"文化性—个性—生性"是一个有机体,三个层面相互关联,结为一体,成为不可分割开来的活的生命体。本民族志第三、四、五章分别就"表层"(文化性)"中层"(个性)"深层"(生性)三重不同层面的"自我"进行呈现与解释,目的在于达到真正的自我"存在"领域,在这个领域内三者融为一体。

自我的"文化性—个性—生性"作为有机体的存在是一种新的构型,这一构型较之本尼迪克特的"文化模式论"的一元型式以及斯皮罗的"文化—个性"的二元型式,形成了第三种对于人的解释型式。在这里,我用大自然中实际存在的一种有机体来作为其隐喻,它就是"树"。在"树"的隐喻中,文化、个性、生性三者分别表示树冠、树干、树根,"生性之根"通过"个性之干"支撑起巨大的"文化之冠"。如图 6-1 所示。

图 6-1 磨盘山之树(朱炳祥摄)

这棵树是我在彝族做田野工作时所摄磨盘山之树,在《对蹠人》第二卷中已经展示过,由于它的形态学特征太适合表达这里的三个层次，所以我再一次重复使用了它。从外在观察来说，这棵树首先吸引我们注意力的是树冠，它枝繁叶茂，郁郁葱葱，万千姿态，象征个体所经历的各种不同的文化形态，我们在分析解释个体的人生历程时最先就会注意到它。但是，被这些枝叶遮拦住的具有个性特征的树干，却是一种中坚力量，它支撑起全部巨大的伞形树冠。而深植于大地的那看不见的更为巨大、更为坚深、更为基本的则是根系，是这棵大树之所以获得生命的生性之根。生性之根、个性之干、文化之冠三者共同构成了一个完整的解释系统，这是我在本民族志中，对于不仅作为"存在者"的"自我"而且作为"存在"的"自我"的解释所得到的基本结论。

# 主要参考文献

费孝通：《乡土中国》，上海世纪出版集团 2007 年版。
鲁迅：《野草》，人民文学出版社 1973 年版。
庞朴：《一分为三——中国传统思想考释》，海天出版社 1995 年版。
阎云翔：《礼物的流动》，李放春、刘瑜译，上海人民出版社 2000 年版。
杨美惠：《礼物、关系学与国家：中国人际关系与主体性建构》，赵旭东、孙珉译，江苏人民出版社 2009 年版。
陈纪、南日：《自传式民族志的发展概况及其社会效用浅析》，《湖北民族学院学报》2018 年第 1 期。
蒋逸民：《自我民族志：质性研究方法的新探索》，《浙江社会科学》2011 年第 4 期。
李亦园：《二十一世纪中国人类学的关怀与祝愿》，《贵州民族学院学报》2000 年第 4 期。
乔健：《中国人类学发展的困境与前景》，《广西民族学院学报》1995 年第 1 期。
[爱尔兰] 泰特罗：《本文人类学》，王宇根等译，北京大学出版社 1996 年版。
[奥] 维特根斯坦：《逻辑哲学论》，张申府译，北京大学出版社 1988 年版。
[奥] 维特根斯坦：《哲学研究》，李步楼译，商务印书馆 1996 年版。
[澳] 德里克·弗里曼：《玛格丽特·米德与萨摩亚——一个人类学神话的形成与破灭》，夏循祥、徐豪译，商务印书馆 2008 年版。

[澳]林恩·休谟等：《人类学家在田野》，龙菲等译，上海译文出版社 2010 年版。

[澳]迈克尔·扬：《马林诺夫斯基》，宋奕、宋红娟、迟帅译，北京大学出版社 2013 年版。

[德]贝克等：《自反性现代化》，赵文书译，商务印书馆 2001 年版。

[德]恩斯特·卡西尔：《人论》，甘阳译，上海译文出版社 1985 年版。

[德]费希特：《全部知识学的基础》，王玖兴译，商务印书馆 2009 年版。

[德]伽达默尔：《真理与方法》，洪汉鼎译，上海译文出版社 1999 年版。

[德]海德格尔：《存在与时间》，陈嘉映等译，生活·读书·新知三联书店 1987 年版。

[德]黑格尔：《精神现象学》，贺麟译，商务印书馆 1979 年版。

[德]胡塞尔：《欧洲科学的危机与超越论的现象学》，王炳文译，商务印书馆 2001 年版。

[德]胡塞尔：《现象学的观念》，倪梁康译，上海译文出版社 1986 年版。

[德]霍克海默：《霍克海默集》，曹卫东编选，渠东、付德根等译，上海远东出版社 2004 年版。

[德]卡尔·雅斯贝尔斯：《智慧之路》，柯锦华、范进译，中国国际广播出版社 1988 年版。

[德]康德：《纯粹理性批判》，韦卓民译，华中师范大学出版社 1991 年版。

[德]康德：《实用人类学》，邓晓芒译，重庆出版社 1987 年版。

[德]莱布尼茨：《人类理智新论》，陈修斋译，商务印书馆 1982 年版。

[德]李凯尔特：《文化科学与自然科学》，涂纪亮译，商务印书馆 1986 年版。

[德]马克斯·韦伯：《社会科学方法论》，李秋零、田薇译，中国人

民大学出版社 1999 年版。

［德］马克斯·韦伯：《韦伯文集》，韩水法等译，中国广播电视出版社 2000 年版。

［德］叔本华：《作为意志和表象的世界》，石冲之译，商务印书馆 1982 年版。

［德］斯宾格勒：《西方的没落》，齐世荣等译，商务印书馆 1963 年版。

［德］尤尔根·哈贝马斯：《包容他者》，曹卫东译，上海人民出版社 2002 年版。

［法］埃德加·莫兰：《迷失的范式：人性研究》，陈一壮译，北京大学出版社 1999 年版。

［法］保罗·利科：《作为一个他者的自身》，佘碧平译，商务印书馆 2013 年版。

［法］迪迪埃·埃里蓬：《今昔纵横谈——列维-斯特劳斯传》，袁文强译，北京大学出版社 1997 年版。

［法］笛卡尔：《第一哲学沉思集》，庞景仁译，商务印书馆 1986 年版。

［法］杜蒙：《论个体主义：对现代意识形态的人类学观点》，谷方译，上海人民出版社 2003 年版。

［法］利奥塔等：《后现代主义》，赵一凡等译，社会科学文献出版社 1999 年版。

［法］列维-斯特劳斯：《神话学：裸人》，周昌忠译，中国人民大学出版社 2007 年版。

［法］列维-斯特劳斯：《野性的思维》，李幼蒸译，商务印书馆 1987 年版。

［法］卢梭：《忏悔录》，黎星译，人民文学出版社 1980 年版。

［法］马歇尔·莫斯：《礼物》，汲喆译，上海人民出版社 2002 年版。

［法］马歇尔·莫斯：《社会学与人类学》，佘碧平译，上海译文出版社 2003 年版。

［法］米歇尔·福柯：《词与物》，莫伟民译，上海三联书店 2001

年版。

［法］米歇尔·福柯：《主体解释学》，佘碧平译，上海人民出版社 2010 年版。

［法］米歇尔·塞尔：《万物本原》，蒲北溟译，生活·读书·新知三联书店 1996 年版。

［法］皮埃尔·布尔迪厄：《男性统治》，刘晖译，海天出版社 2002 年版。

［法］皮埃尔·布尔迪厄：《所述之言：布尔迪厄反思社会学文集》，陈逸淳译，台湾麦田出版社 2012 年版。

［法］皮埃尔·布尔迪厄：《自我分析纲要》，刘晖译，中国人民大学出版社 2017 年版。

［法］萨特：《存在与虚无》，陈宣良等译，生活·读书·新知三联书店 1987 年版。

［法］雅克·德里达：《书写与差异》，张宁译，生活·读书·新知三联书店 2001 年版。

［荷兰］斯宾诺莎：《斯宾诺莎文集》第 1—5 卷，贺麟等译，商务印书馆 2014 年版。

［美］阿尔弗雷德·哈贝格：《我的战争都埋在书里：艾米莉·狄金森传》，王柏华等译，北京大学出版社 2013 年版。

［美］埃里希·弗洛姆：《人心：人的善恶天性》，范瑞平等译，福建人民出版社 1988 年版。

［美］埃里希·弗洛姆：《为自己的人》，孙依依译，生活·读书·新知三联书店 1988 年版。

［美］埃里希·弗洛姆：《占有还是生存》，关山译，生活·读书·新知三联书店 1989 年版。

［美］埃里希·弗洛姆：《自我的追寻》，孙石译，上海译文出版社 2012 年版。

［美］奥斯卡·刘易斯：《桑切斯的孩子们：一个墨西哥家庭的自传》，李雪顺译，上海译文出版社 2014 年版。

［美］邓津、林肯：《定性研究：经验资料收集与分析的方法》，风笑

天等译，重庆大学出版社 2007 年版。

［美］弗兰兹·博厄斯：《原始人的心智》，项龙、王星译，国际文化出版公司 1989 年版。

［美］何伟亚：《怀柔远人：马嘎尔尼使华的中英礼仪冲突》，邓常春译，社会科学文献出版社 1995 年版。

［美］华勒斯坦等：《开放社会科学》，刘锋译，生活·读书·新知三联书店 1997 年版。

［美］霍埃：《批评的循环》，兰金仁译，辽宁人民出版社 1987 年版。

［美］霍莉·彼得斯-戈尔登：《改变人类学：15 个经典个案研究》，张经纬、夏航、何菊译，北京大学出版社 2012 年版。

［美］柯文：《历史三调》，杜继东译，江苏人民出版社 2000 年版。

［美］克利福德·格尔兹：《地方性知识》，王海龙等译，中央编译出版社 2000 年版。

［美］克利福德·格尔兹：《地方知识》，杨德睿译，商务印书馆 2014 年版。

［美］克利福德·格尔兹：《论著与生活》，方静文、黄剑波译，中国人民大学出版社 2013 年版。

［美］克利福德·格尔兹：《文化的解释》，纳日碧力戈等译，上海人民出版社 1999 年版。

［美］克利福德·格尔兹：《追寻事实》，林经纬译，北京大学出版社 2011 年版。

［美］拉宾诺：《摩洛哥田野工作反思》，高丙中、康敏译，商务印书馆 2008 年版。

［美］理查德·罗蒂：《后哲学文化》，黄勇译，上海译文出版社 2009 年版。

［美］理查德·罗蒂：《偶然、反讽与团结》，徐文瑞译，商务印书馆 2003 年版。

［美］理查德·罗蒂：《哲学和自然之镜》，李幼蒸译，商务印书馆 2003 年版。

［美］理查德·钱包曼：《作为表演的口头艺术》，杨利慧、安德明

译，广西师范大学出版社 2008 年版。

［美］流心：《自我的他性——当代中国的自我系谱》，常姝译，上海人民出版社 2005 年版。

［美］露丝·贝哈：《动情的观察者》，韩成艳、向星译，北京大学出版社 2012 年版。

［美］露丝·本尼迪克特：《文化模式》，何锡章等译，华夏出版社 1987 年版。

［美］罗伯特·墨菲：《文化与社会人类学引论》，王卓君、吕乃基译，商务印书馆 1991 年版。

［美］罗纳托·罗萨尔多：《伊隆戈人的猎头：一项社会与历史的研究》，张经纬等译，北京大学出版社 2012 年版。

［美］马蒂尼奇编：《语言哲学》，牟博等译，商务印书馆 1998 年版。

［美］马歇尔·萨林斯：《历史之岛》，蓝达居等译，上海人民出版社 2003 年版。

［美］玛格丽特·米德：《三个原始部落的性别与气质》，宋践等译，浙江人民出版社 1988 年版。

［美］欧文·戈夫曼：《日常生活中的自我呈现》，冯钢译，北京大学出版社 2008 年版。

［美］帕特里克·威肯：《实验室里的诗人：列维-斯特劳斯》，梁永安译，新世纪出版社 2012 年版。

［美］乔姆斯基：《句法结构》，邢公畹等译，中国社会科学出版社 1979 年版。

［美］乔纳森·斯珀伯：《卡尔·马克思：一个 19 世纪的人》，邓峰译，中信出版社 2014 年版。

［美］乔纳森·特纳、简·斯戴兹：《情感社会学》，孙俊才、文军译，上海人民出版社 2007 年版。

［美］乔纳森·特纳：《人类情感》，孙俊才、文军译，东方出版社 2009 年版。

［美］撒穆尔·伊诺克·斯通普夫、［美］詹姆斯·菲泽：《西方哲学史》，匡宏、邓晓芒等译，世界图书出版公司 2009 年版。

主要参考文献 | 259

[美] M.E. 斯皮罗：《文化与人性》，徐俊等译，社会科学文献出版社 1999 年版。

[美] 唐纳德·戴维森：《真理、意义与方法——戴维森哲学文选》，牟博译，商务印书馆 2008 年版。

[美] 威拉德·蒯因：《从逻辑的观点看》，江天骥等译，上海译文出版社 1987 年版。

[美] 希拉里·普特南：《理性、真理与历史》，李小兵、杨莘译，辽宁教育出版社 1988 年版。

[美] 约翰·布鲁德斯·华生：《行为主义》，李维译，浙江教育出版社 1998 年版。

[美] 约翰·布鲁德斯·华生：《行为主义》，李维译，浙江教育出版社 1998 年版。

[瑞士] 索绪尔：《普通语言学教程》，高名凯译，商务印书馆 1980 年版。

[意] 维柯：《新科学》，朱光潜译，商务印书馆 1989 年版。

[印度] 泰戈尔：《榕树》，冰心等译，人民文学出版社 1987 年版。

[英] 爱德华·泰勒：《原始文化》，连树声译，广西师范大学出版社 2005 年版。

[英] 爱·摩·福斯特：《小说面面观》，苏炳文译，花城出版社 1984 年版。

[英] 安东尼·吉登斯：《社会的构成》，李康、李猛译，生活·读书·新知三联书店 1998 年版。

[英] 丹皮尔：《科学史》，李珩译，商务印书馆 1975 年版。

[英] 格里戈里·贝特森：《纳文》，李霞译，商务印书馆 2008 年版。

[英] 怀特海：《过程与实在》，李步楼译，商务印书馆 2011 年版。

[英] 马克·柯里：《后现代叙事理论》，宁一中译，北京大学出版社 2003 年版。

[英] 马林诺夫斯基：《西太平洋的航海者》，梁永佳、李绍明译，华夏出版社 2002 年版。

[英] 马林诺夫斯基：《一本严格意义上的日记》，卞思梅等译，广西

师范大学出版社 2015 年版。

[英] 奈吉尔·巴利:《天真的人类学家》,何颖怡译,广西师范大学出版社 2011 年版。

[英] 奈杰尔·拉波特、乔安娜·奥弗林:《社会文化人类学的关键概念》,鲍雯妍、张亚辉译,华夏出版社 2005 年版。

[英] 维克多·特纳:《仪式过程:结构与反结构》,黄剑波等译,中国人民大学出版社 2006 年版。

[英] 英国皇家人类学会编订:《人类学的询问与记录》,周云水等译,国际炎黄文化出版社 2009 年版。